# 你也可以引爆流行

赵立敏 著

西南财经大学出版社
Southwestern University of Finance & Economics Press

图书在版编目(CIP)数据

你也可以引爆流行/赵立敏著.—成都：西南财经大学出版社,2014.9
ISBN 978-7-5504-1474-7

Ⅰ.①你… Ⅱ.①赵… Ⅲ.①市场营销—研究
Ⅳ.①F713.50

中国版本图书馆 CIP 数据核字(2014)第 144459 号

你也可以引爆流行

赵立敏 著

责任编辑：王 艳
助理编辑：李晓嵩
责任印制：封俊川

| | |
|---|---|
| 出版发行 | 西南财经大学出版社(四川省成都市光华村街55号) |
| 网 址 | http://www.bookcj.com |
| 电子邮件 | bookcj@foxmail.com |
| 邮政编码 | 610074 |
| 电 话 | 028-87353785　87352368 |
| 印 刷 | 北京合众协力印刷有限公司 |
| 成品尺寸 | 165mm×230mm |
| 印 张 | 17.5 |
| 字 数 | 230千字 |
| 版 次 | 2014年9月第1版 |
| 印 次 | 2014年9月第1次印刷 |
| 书 号 | ISBN 978-7-5504-1474-7 |
| 定 价 | 35.00元 |

版权所有，翻印必究。

# 前言

随着数字化时代的到来,营销和广告观念已经发生了很大的变化。这使得我们不能再守着传统营销的老方式,而应该主动出击,大胆拥抱新的营销理念,使用新的营销工具和手段。在"新营销"中,社会化营销无疑是那颗最闪耀的星。利用社会化媒体,营销人员可以制造并引爆话题,从带有"蝴蝶效应"的原始素材触发,逐渐发展成为"雪崩式"的舆论狂欢,通过病毒式传播掀起一波又一波的流行热潮。在社会化媒体上,营销人员其实都是"讲故事的人",他们在公关活动、品牌发展历程中讲述值得报道的故事,制造各种引人入胜的剧情,引起消费者的共鸣;他们与消费者展开对话,分享那些有趣的事儿。此外,营销人员还利用社会化媒体监测这些对话,收集网民的评论和观点,及时解决顾客的问题,实现真正的精准营销。如果说营销人员是幕后的导演,那么顾客则是演员,他们共同制造了各种流行现象。

"流行"可以说是最富有魅力的一个词了。无论是企业主、电视节目编导还是营销专家、广告人都试图制造流行。一旦一个商品成为流行品牌、一句文案语成为流行语,或者一种生活方式成为时尚,那么它就会带来让人震惊的商业奇迹。我们看到"果粉"们像崇拜偶像一样崇拜着苹果公司的产品;同样,小米手机也拥有一大帮发烧友。每当苹果手机或小米手机公开发售的时候,粉丝们会排成长长的队伍彻夜等待。短短几分钟内,上万部手机就会被一扫而空。苹果手机、小米手机的流行让众多企业羡慕不已。而我们需要问的是,苹果公司、小米公司是怎么做到的?它们制造流行的秘诀是什么?

我们再看看网络上各种"××门"、网络红人及各种流行"体",这些纷繁芜杂的流行现象背后到底是什么在驱动呢?"贾君鹏,你妈叫你回家吃饭"、"我爸是李刚"、"凡客体"、"陈欧体"、"元芳体"等网络流行奇迹带给企业的启示是什么呢?"不是所有的牛奶都叫特仑苏"、"妈妈再也不用担心我的学习了"、"地球人都知道"等广告语红极一时,它们究竟与耐克的知名广告语"Just Do It"有什么不同呢?带着这些问题,本书将为您开启一道破解流行密码的大门。特别是对于那些营销者和广告人来说,本书将告诉他们如何引爆流行,如何制造流行热潮。

事实上,我们发现大部分的流行现象都是在网络尤其是在社会化媒体上发酵的,而网民则是流行的主推手。所以,如何制造话题,如何发动网民卷入到话题之中,参与话题的演绎,进行自发自主的分享、传播,就成为了流行需要解决的关键问题。而这一问题的原点又最终回到社会化营销的原理和方法上。掌握了原理和方法,就掌握了制造流行的秘密武器。社会化营销有点像广场式营销、关系式营销、喷嚏式营销和集客式营销,都是通过情绪的传染引起消费者共鸣,借助参与者的体验、互动、分享,实现病毒式传播。社区、分享、口碑是社会化营销的关键词。对于营销人员来说,社区平台的搭建是制造流行的第一步;通过创作具有吸引力的内容或故事,让粉丝参与进来成为剧情中的角色或见证者,实行粉丝经营是制造流行的第二步;通过激励、体验和梦想的达成,让粉丝分享他们的感受,从而引发口碑传播是制造流行的第三步。

在现代营销的丛林之中,特别是在网络2.0时代,消费者已经发生了根本变化。过去的消费者被动接受信息,现在的消费者不仅主动选择信息,还像媒体一样制造信息。自媒体的诞生,让消费者同时担任读者、记者、编辑、发行等角色。在社会化浪潮下,消费者呈现碎片化趋势。不仅消费者的需求越来越个性化,而且他们的阅读时间也越来越分散化,接受的信息也越来越碎片化。长篇累牍的书写已经不合时宜了,现代人习惯性地用微博、帖子、关键词、网络符号来实时地记录和简化各种信息。这种碎片化风格的写作不同于传统报纸和杂志的专业化报道，它属于大众的自由、散漫的写作。

在社会化浪潮中，现代人获取信息的方式也发生了改变，他们更多地利用网络搜索引擎。网络的"长尾"特性让过去那些根本不可能触碰的或者极度偏僻的信息都能被人们接触。有人说："在互联网上，没有人知道你是一只狗。"也有人说："在互联网上，没有什么是能够被隐藏的。"过去，人们了解他人对商品的看法主要是通过亲朋好友以及销售人员的推荐。现在，评论人已经突破了地域和空间的局限，任何人都可以参与进来对商品进行评论，而这些评论对人们最终的购买决策产生了决定性影响。互联网打破了时空的局限还表现为：企业的客户不再局限在本地，客户可以来自世界各地；人们购买商品的时间也可以是任何时候。在网络2.0时代，人们的购买行为也改变了，网络购物成为了时下最流行的购物方式。对于很多女性而言，现实中的商场可能只是试衣间。在商场试完衣服后，最后她们还是会选择去网上购买。总之，社会化媒体下的消费者对信息的阅读、选择、接受都不同于以往，整个商业的生态环境也都发生了根本的变化。在复杂多变的商业洪流之中，如果企业不想落后，就必须追随时代潮流，紧紧抓住社会化营销这艘"诺亚方舟"，利用社会化媒体制造对自己有利的流行热潮。

正是出于对现代商业环境和消费者变化的敏感觉察，本书试图以社会化营销为突破口，寻找流行的制造之道。本书以大量当下流行热点和案例为基础，分析了流行是怎么兴起的、流行如何引爆、如何让昙花一现的流行变成持续的流行？本书提出了制造流行的七个步骤，并以全新的角度去看待那些人们习以为常的东西，撕开商业面具，让人们一探那些潜伏在新闻、综艺娱乐背后隐秘的商业动机。

在本书付印之际，回头再看看自己对当下流行现象和社会化营销的思考，其中或许有很多不成熟之处，但社会化营销就如同一个百宝囊，只要我们愿意持续研究，紧紧盯住前沿变化，总能发现一些新的关于社会化营销的东西，而这些新东西将是对本书不足的补充。我要特别感谢邓春梅、赵梁平、肖跃，他们为本书提供了很多宝贵的资料和最新的案例。感谢熊永珍、邓义甫、熊雅静三位同志为本书提出的宝贵意见，正是在他们的建议下这本书才得以完成。我还要感谢赵茂棠，是他点燃了我创作的火焰，让我坚持完成这本书。每当写作遇到困难，只要一想起他，一切困难都不在话下了。诚挚地铭记、感恩那些在我前进的道路上支持我的朋友和亲人们。尽管著者为本书付出了十分的努力和心血，但书中仍存在不足之处，恳请广大读者批评指正。

赵立敏<br/>2014年8月

# 目录 CONTENTS

## 01 草根、娱乐、广场
### ——揭开流行兴起的面纱

一、社会化流行背后隐藏的商业目的 // 2
二、草根族是流行的主要推手 // 5
三、流行是一种娱乐化消费 // 11
四、流行是一种"广场效应" // 18

## 02 情绪：流行的内在动力

一、营销人员如何利用情绪制造商业流行 // 24
二、案例综合分析：利用社会中的普遍情绪和期待 // 29

## 03 偶像：流行的指向灯

一、苹果手机、小米手机的"流行之道" // 34
二、品牌经营与偶像塑造 // 37
三、企业营销中的粉丝经营 // 39

## 04 话题：流行的助推剂

一、流行话题要具有争议性 // 44
二、流行话题要具有公共性 // 47
三、商业话题与社会话题的区别与联系 // 49

## 05 真实：流行制造的大前提
一、网络是流行的策源地 // 56
二、利用网络做正当合法的社会化营销 // 58
三、真实——社会化营销的前提 // 62

## 06 跨界：巧借新闻的力量
一、"猎杀无人机"活动背后的玄机 // 66
二、在原来的流行话题上再制造新的话题 // 67
三、跨界：广告与新闻如何携手合作 // 69
四、传统新闻媒体响应推动流行浪潮 // 72

## 07 文本：从广告语到流行语的转变

一、网络流行语中的各种"体" // 82
二、流行"体"和流行广告语之所以流行的奥秘 // 85
三、如何维持流行的热度 // 92
四、制造一个有态度或有用的文本框架 // 94

## 08 引爆点：流行的导火索

一、流行引爆点 // 100
二、引爆点的策源地 // 104
三、罗列关键词，找准流行引爆点 // 107
四、让用户自己确定话题 // 111

## 09 意见领袖：流行的主推手

一、可口可乐与8888名火炬大使 // 116
二、谁是意见领袖 // 119
三、如何找到意见领袖 // 122
四、社会化媒体上的两类意见领袖 // 125
五、意见领袖要不断制造新的内容或话题 // 126

## 10 制造流行：流行策划的步骤

一、流行模式一：引爆话题—提供动力—产生效果 // 130
二、流行模式二：制造话题—引导传播—形成舆论—自动传播 // 131
三、流行制造的七个步骤 // 134
四、电通广告公司的 SIPS 模型 // 142
五、不要忘记设置奖励计划 // 144
六、舞动流行的四只翅膀 // 148
七、利用社会化营销制造流行的五步法 // 154

## 11 流行的温床：Web 2.0时代的社会化媒体

一、什么是 Web 2.0 时代 // 160
二、Web 2.0 时代下社会化媒体的发展现状 // 162
三、社会化媒体上的参与者 // 169
四、Web 2.0 时代的社会化媒体的传播特征 // 171
五、Web 时代下的社会化营销 // 175
六、社会化媒体与大数据 // 180

## 12 流行的工具：一些典型的社会化营销形式

一、微时代下的社会化媒体——微博 // 188
二、论坛类社会化媒体 // 200
三、网络视频 // 203
四、游戏化应用（APP）// 207
五、自建互动网站 // 211

## 13 流行的受众：社会化浪潮下的新型消费者

一、消费者呈现碎片化的特征 // 214
二、消费者接受信息的方法变了 // 216
三、消费者聚合方式和形态变化了 // 218
四、消费者购买行为发生了变化 // 220
五、社会化媒体上的六类人 // 222
六、洞察消费者的工具和方法变化了 // 223

## 14 流行的对话策略：如何利用社会化媒体开展对话

一、不期回报地对话 // 230
二、真实而有态度地对话 // 232
三、从四个层面选择对话的内容 // 236

## 15 流行的叙事策略：如何应用社会化媒体进行书写

一、选择一个典型的叙事模式 // 246
二、社会化媒体上的书写变化 // 251
三、利用社会化媒体书写故事 // 253
四、社会化媒体上的四种写作策略 // 259
五、以小见大：从日常生活中发现有价值的故事 // 261

## 参考文献 // 263

# 01 草根、娱乐、广场
## ——揭开流行兴起的面纱

## 一、社会化流行背后隐藏的商业目的

"流行"涉及社会生活的各个方面，从衣饰到音乐，从美术到建筑，从娱乐到语言，从产品到企业家，我们都可以找到"流行"现象。总之，"流行"可以涉及很多东西。例如，我们这样用"流行"造句：最近这种穿衣的方式很流行；近年来关于吸血鬼题材的影视剧很流行；这款网络游戏在女性玩家群里非常流行；近一个月这种款式的沙发面料在中产家庭中很流行；最近"我的小伙伴"这个说法在网民之间非常流行……这些句子说明"流行"具有两个特性：一方面，"流行"往往是在一段时间内的流行。尽管有一些流行在历史的沉淀和洗礼之下最终成为"经典"，但绝大部分流行现象都只是昙花一现，这对那些一心希望在商业中制造流行浪潮的营销人员提出了巨大的挑战，如何维持流行的热度成为他们绞尽脑汁的事情。事实上，我们看到很多网络上的流行事件几乎都像一阵风一样，来去匆匆，待这阵风刮过之后一切似乎又归于平静。另一方面，"流行"一般是在特定群体里的流行。这些群体往往表现出共同的偏好以及共同的意见和行为倾向。不过，既然称得上"流行"，那么这个群体一定要达到一定规模。

有人说，商业流行和社会流行是两码事，不能混为一谈。例如，某一品牌的流行，是通过赤裸裸的广告包装和市场营销，引起消费者关注和喜好的结果。而社会化的流行一般无须经过包装和策划，只要某一事件能够点燃社会大众的普遍情绪，就可能在社会大众中间广泛流行。尽管商业流行和社会流行如此不同，但是我们看到很多商业策划借助社会流行的翅膀而大行其道。例如，"贾君鹏，你妈叫你回家吃饭"这句话流行一时。据当事人透露，最初这句话发布在百度贴吧魔兽世界吧的游戏论坛上，关于它背后的商业目的引发了人们种种猜测。有人指出"贾君鹏事件"是由幕后团队一手策划出来的，"贾君鹏"其实就是"假君鹏"，是策划者虚构的一位人物。后来，这句话慢慢发展成为一个社会话题，从商业领域一脚跨进了社会公共领域，而这句话的社会化流行又有意无意地实现了商家推广游戏的商业目的。同样，有一个女孩为了圆病重老父亲的一个梦想——去看某明星的演唱会，于是小小年纪就在街头为别人擦皮鞋挣钱。这件事情一经新闻报道便引发了广泛的关注，人们被这位小女孩的孝心深深地打动了。新闻媒体之所以愿意报道这件事，无疑是因为小女孩的故事包含了很多信息，具有较高的新闻价值。对于策划这次明星演唱会的商家来说，这一事件则成为了宣传演唱会的一次千载难逢的良机，因为在新闻媒体大肆报道以及社会普遍关注这个小女孩的同时，这场演唱会也会顺带被人们关注，这将帮助商家卖出更多门票。

> 2010年7月，"凡客体"诞生。所谓"凡客体"，其实是凡客诚品公司（一家在网上推销时尚服装、鞋类的网购企业）创作的一种广告文体。没想到这种文体在媒体上投放后便被网民纷纷效仿，一夜之间，上千张含有"凡客体"文字的图片被下载和转发。"凡客体"的流行毫无疑问提高了凡客诚品公司的知名度，给公司带来了巨大的经济效益。据当时的创作人员透露，他们都未曾预料到这个广告会有这么火，广告的热度让他们感到十分震惊。
>
> 现在不妨想一想，"凡客体"之所以如此流行，是因为它是一条成

> 功的广告，还是因为它是一个好玩的"文字游戏"？抑或是其他什么原因。可以想象，人们绝不会因为它是一则广告而模仿它，我们可以从群体动力学、社会心理学或者从文化研究的角度去探讨"凡客体"流行的秘密。总之，"凡客体"的流行是"社会化流行"，而不是单纯的"商业流行"。不过"凡客体"的社会化流行对凡客诚品公司实现商业目的却是大大有利的。如果说"凡客体"的流行具有一定的偶然性，那么这种流行现象是不是可以刻意制造出来呢？能不能再制造一个类似于"凡客体"的广告文体并再次引发流行呢？

过去企业只做与"商业话题"有关的事情，在社会化媒体日益发展的今天，很多企业不仅做与"商业话题"有关的事，还参与制造"社会话题"，通过"社会话题"引爆流行，并通过人们对"社会话题"的关注顺势宣传自身企业的品牌，这比起赤裸裸的商业宣传可能更加有效。现代营销一直面临着一个难题，那就是广告和推销越来越被人们排斥了，营销及广告的效果越来越低，成本却越来越高。这时把商业目的隐藏起来不失为一个解决难题的办法，很多社会化流行看似是偶然发生的，但是只要细心观察，就能发现它们总是有意无意地与商业目的联系在一起。

在网络时代，尤其是在社会化媒体上，流行现象似乎变得越来越普遍了。网络作为自由表达的空间，在中国6亿网民的巨大群体中，极容易催生一些话题和事件的"流行"。特别是随着社会化媒体的发展，各种网络红人、网络流行语、网络"门事件"层出不穷，几乎平均一两个月就会有新的话题产生，也就会产生新的流行势力。在纷繁的社会流行现象背后，有些流行刻意与商业目的纠缠不清；有些流行无意中为企业宣传提供了"东风"；有些流行则成为了企业的"达摩克利斯之剑"，让企业难以招架；还有些流行似乎与企业毫不相干。对于企业来说，一些"社会化流行"

似乎是无法预料的，企业不知道它什么时候发生，也不知道它什么时候终止。一旦一个话题被人们议论开来，既可能导致一场商业灾难，也可能给商业带来前所未有的发展契机。除了一些确实无法预料的"社会化流行"外，其实还是有很多"社会化流行"可以一手制造出来。很多企业都在策划对它们有利的流行，规避不利的流行。现今，越来越多的商业策划都依赖社会化媒体这种平台来制造流行，借助网络的力量形成口口相传的品牌传播效应，从而扩大和延伸品牌知名度。可以说社会化营销的魅力恰恰在于它能制造一场"蝴蝶效应"般的流行浪潮。

基于此，很多企业把社会化媒体当成是现代营销的重要阵地。一些人就指出随着社会化媒体的发展，传统推播式营销将过渡到社会化集客式营销。有人还指出了社会化营销的三个关键词：社区、口碑、分享。但是目前的情形是：绝大部分人依然不清楚如何利用社会化媒体进行分享式的口碑传播。人们不知道这背后的原理是什么，以及如何利用社会化媒体制造流行。人们只是隐约感到这是一个全新的时代，只是觉得社会化媒体很重要，对于社会化媒体是如何引爆流行现象的，还不是很清楚。

为了弄清流行是如何制造的，首先我们有必要了解流行的一些特征。具体来说，现代社会的流行是草根族推动的流行，其实质是一种娱乐化消费，是一种广场效应。

## 二、草根族是流行的主要推手

草根族喻指平民百姓，多指在互联网上发表个人观点的百姓网民。他们的个人势力较弱，但是数量众多。这些特征与政府、大型企业或其他社会强手的特征相反。草根象征着平民百姓，属于大多数阵营，为弱势群体。随着网络2.0（Web2.0，下同）时代的到来，草根族通过掌握社会化媒体来发声，于是原本沉默的他们开始爆发，他们的权力越来越大，社会影响力也越来越大。单个草根的力量也许微不足道，但是社会化媒体就像是黏合剂，它能把所有草根联合起来，让他们朝着共同的方向和目标集体发声，制造舆论声势，形成一股不可忽视的社会力量。过去，草根族有时被误认为是媒体操纵的受众，他们被视为一群愚昧的乌合之众，见异思迁，缺乏主见，容易被控制。但随着社会化媒体的发展，"被操纵的受众"已经变成了"能动的受众"。受众中的草根族逐渐获得了主导权。如今，很多社会流行现象都是在草根族中酝酿、发展的。有些引爆流行的导火索是由草根族一手点燃，再由草根族分享、传播，最终形成声势浩大的流行浪潮。可以说草根族参与，甚至主导了"流行"的制造，流行的秘匙就掌握在这些草根一族手中。能不能流行，很多时候由他们说了算。由于草根族的重要性日益凸显，加之其传播方式与传统的硬性主导式宣传不同，现代营销不得不放低姿态，专心聆听草根族的声音，唯草根族的口味和喜好是瞻了。

若要制造流行，营销人员就必须懂得草根族的特性和需求，并加以利用。草根族显示出如下一些特征：

## 1. 策划"流行"的风向标——草根族追求集体快感和娱乐精神

"流行"类似于一种"广场运动"，草根族就是广场中的"舞蹈者"。草根族的成员很容易受群体气氛的驱使，产生从众行为。参与网络社区的讨论，既能使他们成为其中的一员，又能赢得集体式快感。我们经常见到这样的流行现象：从带有"蝴蝶效应"的原始触发点逐渐发展成为"雪崩式"的网民集体狂欢。在这场狂欢中，存在一种"集体无意识"的东西。

在社会化媒体上，如在论坛、微博上，还会产生一种"马太效应"的效果，集聚人数越多就越能吸引人们加入，"流行"就像一个巨大的漩涡，人们越是活跃，越是议论纷纷、争执不休，流行的兴起也就越快。很多草根可能都来不及思考，就完全被集体的热烈气氛卷入其中，不由自主地投身到集体狂欢中去。在网民狂欢中，既有大量围观者，也有大量评论者。他们时而旁观，时而参与其中，时而"冒泡"，时而从热闹的社区中遁迹得无影无踪。

草根族的身上还具有天生的娱乐精神。他们会在网上挖掘那些新奇、有趣、好玩的东西，还会用自己的方式制造娱乐。例如，戏谑、模仿、恶搞是草根族制造娱乐惯用的方式。通过这些秘密武器，哪怕最严肃的政治议题都会被网民变成一幕轻松的"喜剧"。"我爸是李刚"，反映的是人们对社会上存在的"拼爹"这种现象的怒斥，具有鲜明的政治意义。尽管如此，网民却模仿出各种不同的"我爸是李刚"的版本，其中不少版本语言诙谐幽默，使网民在嘲讽之余还收获了快感。

很多人认为，草根族的娱乐精神，似乎让"意义"隐去了。文学、艺术、政治、教育等精英式的议题都可以被草根族拿来戏弄一番，把它们变成大众化的议题，并通过一番恶搞获得痛快淋漓的快感。在网络世界，人们享有传播的自由。一些人认为这种自由是非理性的放任的自由，并非理性的自我约束的自由。于是有些人对草根族产生了悲观的论调，认为他们极端情绪化、缺乏理性、爱跟风、容易被愚弄、容易被操纵。伴随那些严肃的政治议题被草根族消解成了"娱乐游戏"，"意义"也随之消失了。似乎在网络上一切都变得浅浮、聒噪、缺乏深度。在批评者看来，草根族的文化是一种没有深度、不追求意义的娱乐文化。好像草根族的唯一嗜好就是娱乐，娱乐成为了他们的全部。甚至有人把草根族比喻成一群在歌舞厅乱舞的人。事实果真如此吗？其实只要融入草根族的圈子，聆听或参与他们的对话，就能发现：草根族往往用一些看似戏谑的语言去表达他们的意见，用一种"开玩笑"的方式来表达他们的观点。草根们不是没有观点，他们或许不像受过专门培训的知识分子那样来一番长篇大论，不像知识精英那样犀利。他们可能只是简单说上两句，发两句牢骚，看上去无关痛痒，其实他们却用这种方式来达到批判、讽刺或者显示态度和立场的目的。所以，草根族虽充满娱乐精神，但他们绝不单纯是为了娱乐而娱乐，他们是通过娱乐这种并不严肃的方式在倾诉心里的想法。

作为网络上的草根族，他们看问题确实无法做到面面兼顾。一般来说，他们会把问题简化成是与非、对与错的简单对立。虽然他们自己缺乏深度，但是这并不妨碍他们对有深度的观点产生兴趣。在社会化媒体上，我们发现那些观点型的原创帖里面，越是精辟之论，就有越多的粉丝关注、评论和转发。

草根族追求的集体快感和娱乐精神，对今天的"流行"制造者们的启示是：必须让"流行策划"变得有趣。这种"有趣"主要来源于两个方面：一方面是策划的活动或话题本身很有趣，如这个活动本身很好玩，这句话本身是一个冷笑话。另一方面是分享、模仿的过程很有趣，如这句话本身可能并不好玩，但经过一番恶搞、模仿，它就能产生乐趣。"流行"制造者要实现流行就要满足草根族这两种乐趣，尤其是第二种乐趣。策划者应充分调动草根族的娱乐精神，把活动变成一场集体式狂欢，当人们不仅在观赏中获得乐趣，而且还从分享中获得乐趣的时候，流行的大门就已经被开启了。

## 2．"流行"的助推剂——草根族的情绪化倾向

很多草根者关注精辟之论，但是一旦他们自己发声的时候，多少就会有一些情绪化的流露。一方面，这与草根族的知识结构有关。他们不

像学者型知识分子一样对社会问题有专门的研究。另一方面，网络冲浪的特性也会影响他们的情绪化表达。很多草根喜欢在网上闲逛，当遇到他们感兴趣的话题时，他们便可能兴之所至发表评论。草根族的这种情绪化倾向极容易成为"流行"的助推剂。因为"流行"的实质就是一种情绪的表现，一种情感的共振、共鸣，而不是一种理性的表现。当企业营销与消费者的心理期望相吻合，当营销人员提供了一个可以让消费者发泄情绪的合理管道后，营销者就拥有了制造"流行"的力量。很多商业策划的关键在于搭建一个平台，让消费者的情绪在这个平台上充分释放。当王金平"关说案"发生后，我国台湾地区爆发了一场反对地区领导人马英九的"怒吼"活动。通过怒吼这种方式，人们发泄了对我国台湾地区当局不满的情绪。这个活动之所以能吸引很多人参加，主要就在于活动举办方提供了一个让人们情绪得以释放的简单的、可行的平台。同样，很多商业策划方案试图引导消费者的情绪，通过酝酿、蓄积合理的情绪，最终释放并产生最大的爆破力。例如，房地产营销公司在开盘之前千方百计造势，通过概念炒作、悬念广告、交纳诚意金等方式使人们情绪高涨，充满期待，直至开盘当天，开发商才把蓄积起来的消费者情绪释放出来，犹如开闸泄洪一般，制造了一个消费者排队买房的旺销景象。

## 3．制造"流行"的利器——借助社会化媒体等虚拟平台实现草根族的梦想

草根族或者称为"平民"，往往是一群最有梦想的人。例如，在草根族中不乏存在一些"灰姑娘遇上王子"、"丑小鸭变天鹅"之类的梦想。"女神"成为众多"宅男"的梦想，"明星"成为众多"粉丝"的梦想，"一夜暴富"成为很多普通人的梦想。逆袭的故事为什么这么受欢迎呢？

因为它代表了草根族作为弱者希望战胜强者的梦想。草根族的"弱势"与政府、大型企业或其他社会强手的"强势"特征对立。所以，像弱者能战胜强者，蛇能吞掉大象，"矮穷丑"能最终打败"高富帅"，这样的故事是很能满足草根族的口味的，因为这意味着草根族的胜利。

然而，现实与梦想总是有差距的，尤其对处于弱势的草根族来说，梦想总是那么遥不可及。所幸，草根族找到了一种另类解决办法。他们会把梦想转移到偶像身上，或者转向虚拟的空间。很多数据表明，越是能体现男子气概的游戏就越容易受到男性玩家的欢迎，因为玩家在游戏过程拥有了男子气概，以至于这种体验对于玩家来说比现实还要真实。

品牌流不流行，一定程度上取决于这个品牌能不能帮助消费者实现他们的梦想。营销人员就是帮助草根族实现梦想的那个幸运之星，懂得这一点，就能带动草根族来制造"流行"了。营销人员可以借助社会化媒体等虚拟平台达成人们的梦想。把人们的梦想从现实转移到虚拟中。现实中不能实现的，便在网络上去实现；现实中不能拥有的，便在网络上拥有。北京奥运会前的圣火传递只能少数人参加，线下的传递不能参加，那么是不是可以在线上（网络上）过一把当火炬手的瘾呢？可口可乐的线上火炬传递的活动实现了很多人的奥运梦想，所以可口可乐的奥运营销大获成功。现代社会中忙碌的人们很少有时间陪陪父母，他们只能把对父母的感恩之情埋藏心底。基于此，舒肤佳在20周年庆之际建立了行动网站，为人们提供了一个表达感谢父母心声的平台，并帮助人们实现对父母许下的愿望。

在商品社会，商品最大的魅力是什么呢？当你穿上名牌的时候，你就有了当了一回富人的感觉，这就是商品的魅力，它通过"符号"意义以一种心理满足的方式实现了你的梦想，尽管你未必真的是富人。同理，任何一个社会化营销都要试图帮助消费者达成他们的梦想。这个梦想未必是真的达成，未必要在现实中实现，象征性地或暂时性地达成对草根族同样具有极大的诱惑力。很多营销人员通过网络平台象征性地完成了消费者的梦想，这是吸引消费者参与社会媒体制造"流行"浪潮的主要原因。

## 三、流行是一种娱乐化消费

### 1."流行"需要快乐的情绪作为催化剂

流行兴起的另一密码是娱乐化，这也与草根族追求快感的群体特性相吻合。现今社会大众的消费是一种娱乐化消费。人们表面上消费的是商品、新闻、影视、文学、艺术，其实消费的是娱乐。可以说，娱乐精神已经侵入到生活中的各个领域。一则严肃的政治议题可以被消解成一个"冷笑话"；一则社会新闻在网民那里也可以摇身一变而成为一则娱乐新闻；一条广告语因为能让人们会心一笑，所以广为流行。总之，娱乐无处不在，它成为了制造流行的一剂兴奋剂。社会化营销究其本质其实是一种娱乐营销，娱乐是粉丝们体验品牌时顺带的副产品，也是最重要的附加价值。当你的社会化营销策略能给人们带来快乐——参与的乐趣、观赏的乐趣、分享的乐趣等，你就能够触发"流行"。

我们发现网民是最具有娱乐精神的一群人，他们不仅善于发现有趣、好玩的东西，还能制造各种段子。事实上，网民交流时使用的语言是非常有趣的，他们善于使用草根风格的文字，善于制造新的网络热词，还善于用新奇的方式组词造句。在网络上，充满着各种各样异质的"小叙事"。那些平素看似一本正经或者不善言谈的人，一到了社交化网络平台上，就好像完全换了个人似的变得十分活跃和幽默。因为网络的匿名性，人们可以放开言论。人们会自觉地使用"揶揄"的文字，小清新、文艺范儿都消失得无影无踪。人们使用短小的精辟之言，或者在讲冷笑话，或者在讲一些充满娱乐精神的"至理名言"。

> **人人墙上的快乐**
>
> 　　有一次，在一所大学的文艺晚会上，精彩的表演让观众发出阵阵喝彩声。在舞台旁边的一块电子屏幕上，人人墙大屏幕上滚动的留言就像一道亮丽的风景线，将整场节目带向高潮。在人人墙的大屏幕上，观众的留言是非常有趣的。例如，一位观众留言："美女主持人好销魂。"还有一位叫"代号007"的观众留言："亲，学姐走光了。""学长，你的裤子拉链没关，世界和平啊！"又如，"看到新新女神打酱油了。"当一位观众留言："节操碎了一地。"另一位观众马上跟上："捡节操了，各位。"除了这样的留言外，一些商业机构也趁机在人人墙上宣传自己。例如，一家叫素唐传媒的广告机构回复道："恭贺晚会取得成功！"过了一会儿，该机构又发帖："有人说素唐传媒设计的舞台背景非常漂亮！"还有此次晚会的赞助商——中通快递，有人回复是："中通，中神通！"总之，在人人墙上的留言五花八门为晚会制造了新的亮点。

　　这不过是人们利用社会化媒体的"惊鸿一瞥"。事实上，网民的语言组织能力是非常强大的，他们是真正的冷笑话高手，能够从各种话题中制造笑料，哪怕那些最严肃的话题。"李刚事件"发生后，网民便开始用"我爸是李刚"造句，各种妙趣横生的句子或故事被网民创作出来。"贾君鹏，你妈叫你回家吃饭"流行开来后，网民又纷纷用这句话配合各种图片、文字，制造出各种狗血剧本、新型段子。似乎任何人、任何事，哪怕是最严肃的或最不搞笑的东西，都可以被网民拿来开涮。

　　我们还发现，网民的娱乐精神并不是单纯地娱乐那么简单，纯粹的冷笑话是很难流行的。娱乐只是一味佐料，娱乐背后的网民态度、意见的表达则是主菜。例如，对于那些网民想要讽刺、批评的事情，网民会使用一种"嘲讽的娱乐"去揶揄，在讽刺之余收获快感。"娱乐＋讽刺"对网民来说是一箭双雕的策略，既可达到批判的目的，又能十足地收获集体快感。

网民的热议中，无不透露出他们闪闪发光的智慧。请不要说网民或草根族，抑或是精英口中的大众只是一群无知的乌合之众，他们在宣泄情绪之余，其实是有意见和立场的。他们遣词造句的能力以及娱乐自己和娱乐他人的能力，是那些自诩为精英的人难以达到的。

> **快乐的喷嚏**
>
> 赛斯·高丁曾在《喷嚏营销》一书中将传统的营销理念统称为干扰式营销：营销者是在花钱买广告去干扰那些不耐烦的客户。而他提出的"喷嚏式营销"认为：营销应该退居幕后，让客户自己来相互交流品牌信息。就像打喷嚏一样，能够快速传染病毒，产生口碑传播效应。事实上，现代营销的一大趋势也正如"喷嚏营销"勾勒的那样——营销的味道变得越来越淡，而娱乐的味道变得越来越重。"快乐的喷嚏"是"病毒"传播中的"超级病毒"，是最容易感染人心的，一个成功的商业策划，需要隐藏自己的商业目的，让人们看上去不像是在做营销，而是在演一幕轻松的喜剧。

总之，"流行"需要快乐的情绪作为催化剂。研究人员发现，很多东西都是容易传染的，如打哈欠就能够传染给别人。情绪也是很容易传染的一种"病毒"，而在众多情绪之中，"快乐"情绪又是"流行病毒"中的"超级病毒"，其感染力最强。当某个社会化平台上普遍弥漫着某种集体情绪时，它就会像流行性感冒一样，把那些置身事外的人也卷入进来。随着气氛越来越热烈,"流行"蓄积的势能就越来越强大。

## 2．流行现象娱乐化给现代营销的启示

流行现象的娱乐化消费给现代营销的启示:人们必须从营销中获得娱乐才能够产生病毒式传播的动力。例如,人们津津有味地观看一个企业的营销视频,并不是因为视频里面的品牌信息有多吸引人,而是因为这则视频有趣。2009年最流行的创意广告当属依云矿泉水的"旱冰宝宝",该视频播出后不久,YouTube上的浏览量就高达900多万次,这不仅让"旱冰宝宝"成为了网络明星,还让依云矿泉水变得家喻户晓。

在依云广告中,一群穿着纸尿裤、神态各异的宝宝们滑起了旱冰,他们一个个身手敏捷,技艺高超,在闪转腾挪之间轻松搞定各种高难度动作。这段视频的流行,不仅因为它的创意十分新颖,还因为"旱冰宝宝"们萌态可掬,十分可爱,他们给成年人带来了很多欢乐。

我们只要看一下微博上的帖子就不难发现,人们对幽默内容的关注度非常高。在众多类型的微博里面,诸如"微博搞笑排行榜","我们爱讲冷笑话","冷笑话精选"等人气特别旺,这些类型微博的粉丝都超过十万或数百万。

一些充满幽默的"段子"往往能够引来很多人转发和回复。对于很多"公共知识分子",他们也擅长采用一种"高智商的幽默"形式,在制造冷笑话之余达到表明意见和态度的目的。而粉丝们对这样的文字读得津津有味。李开复在《微博改变一切》一书中指出:"微博里的幽默有很多类型:转发的幽默图文、自我调侃、自嘲式的幽默、自己或朋友的糗事,对严肃内容的幽默解析、点评,自创的笑话段子,生活中发现的冷笑话,等等,不一而足。"

尤其需要指出的是,纯粹的笑话虽然能够带来快乐,但是可能笑过之

后什么都没有了，这样的快乐转瞬即逝。而那些对严肃内容的幽默解构或者带有态度的幽默自嘲往往能够让人回味无穷。例如，某一个微博针对时下的热点进行调侃，内容机智诙谐。该热点本身就是一个流行话题，当再添加进"幽默"的佐料之后，那么流行之势就会越来越旺，我们可以称这样的幽默为"机智型幽默"，事实证明它带来的快乐更加持久。

### 案例一：《江南 Style》为什么这么红

2012年最红的歌曲是什么？估计很多人都会异口同声地说《江南 Style》。几乎在世界的各个角落、大街小巷都能听到鸟叔的《江南 Style》和看到那标志性的骑马舞。据统计，这首音乐的录像在短短的86天内，在网上的点击量就突破4亿，至2012年12月21日，它已经成为互联网历史上第一个点击量超过10亿次的视频。截至2013年5月1日，这个音乐录像在 YouTube 网站的点击量为15.78亿次，成为 YouTube 历史上最受欢迎的视频。上至联合国秘书长潘基文，下到平民百姓，不同肤色、不同种族、不同阶层的人都在竞相模仿。除了平民大众为之疯狂外，《江南 Style》的忠实拥趸者还有小甜甜布兰妮、安妮·海瑟薇、汤姆·克鲁斯、凯蒂·佩里、网球冠军德约科维奇、美国2012年总统候选人罗姆尼、谷歌总裁埃里克·施密特等文体政商各界明星，可以说几乎没有哪个歌舞能像《江南 Style》一样红遍全球，被这么多人追捧！2012年，鸟叔在韩国当地时间10月4日晚举办的一场免费演唱会，就吸引了8万人到场。当鸟叔唱到《江南 Style》一曲时，他在台上狂奔，甚至脱掉上衣抖动肥肚，半裸开唱，与台下观众互飙骑马舞，掀起一股股高潮。现场粉丝叫声惊人，场下声吼如雷，竟然有14人因兴奋过度昏倒而送医，11人因喘不过气被紧急送医。

对于《江南Style》和它的演唱者朴载相（PSY，即鸟叔）为什么这么红？坊间有很多说法，也有很多人表示不能理解，当这些人看到人们都在狂热地跳着骑马舞，不禁错愕：这个世界是不是真的发烧了？为什么《江南Style》会如此流行呢？

难道我们真心认为《江南Style》是一首好听的音乐吗？对此很多人都会异口同声地说："不。"鸟叔看上去一点也不洋气，跳起舞来也土得掉渣，歌曲的旋律也不怎么动听。从音乐专业的角度来看，像《江南Style》这样的作品简直难登大雅之堂，其曲风和曲调都没什么含金量。按照常理推断，它似乎很难流行。然而奇怪的是，《江南Style》和鸟叔却一路飙红，按照网民的说法是——红得一塌糊涂，红到简直要逆天。为什么？细心观察，我们就不难发现鸟叔其貌不扬，土得掉渣的舞蹈和奇怪的曲风等看似不利的因素其实都是歌曲能流行的潜在有利因素，正是它们铸造了"流行"。具体来说，《江南Style》的"流行密码"是这样的：

**第一，鸟叔形象是草根族的典型代表。**

鸟叔的形象和那些又高又帅的流行明星不同。正如"鸟叔"在接受媒体采访时坦诚："我知道自己不是帅哥，但我像韩式拌饭，口味大众化。其实我的外表土里土气，一点都没有江南范儿（象征"高富帅"），所以我唱这首歌就有了亮点。"鸟叔的形象憨厚结实，略显笨拙，挺着肥肚，甚至有人说他长相不雅。在视频中，他上着西装下配短裤，还带着墨镜装酷，这种装扮像极了一位落魄的草根，怀揣着梦想，并试图通过"自我揶揄"式的出格表现来表达自我。可以说，鸟叔外形属于草根一族，符合大众口味，这让他成为了草根族的典型代表。我们知道草根族惯用的手法就是自我调侃。古怪的装扮、搞笑的言行，鸟叔恰如其分地把这些手法融入他的骑马舞之中，从而使得他与大众容易产生共鸣。概而言之，鸟叔的流行就是草根族的胜利，草根对鸟叔的推崇就是草根们对自我的期望和写照。

**第二，《江南 Style》是在社会化媒体上引爆流行的。**

如果只在传统的媒体和舞台上，《江南 Style》只会让人觉得突兀、搞怪，因为那些严肃的传统媒体是精英媒体，不属于草根族。但是一到了属于草根族的社会化媒体上，它就能够引发"蝴蝶效应"。事实上，骑马舞最初就是在 YouTube 上引发流行的。为了网络传播，韩国的传统唱片公司主动妥协，放弃了音乐电视作品（MV，下同）版权，人们可以任意复制《江南 Style》。此外，在社会化媒体上，网络意见领袖的作用是非常重要的。事实上，《江南 Style》MV 在 2012 年 7 月 15 日发布到 YouTube 上，初期点击率并不理想。其转折点是 7 月底美国音乐经纪人斯古特·布劳恩和说唱歌手提潘均在推特网（Twitter，下同）上大赞《江南 Style》，并附上 MV 的 YouTube 链接，才令低迷的点击率"爆表"。

**第三，《江南 Style》是典型的娱乐化消费。**

很多人觉得《江南 Style》好玩、有趣。台上的人跳得不亦乐乎，台下的人也被其夸张、卖萌和自甘"卖丑"的动作挑逗得兴致盎然。它类似于一种"无厘头"式的幽默，在人群间散播着快乐的情绪。快乐是流行的一味催化剂，一个事物要在人群中流行，前提是要能满足人们对集体快感的需要。可以说，鸟叔的造型、骑马舞和风格迥异的曲调都在积极传递着快乐情绪。从参与者的尽情释放到旁观者的"大快朵颐"，观众身体的每一根神经都被调至兴奋的顶点。布兰妮在 Twitter 上就这样表示："这个 MV 实在太有意思，我太喜欢了！我是不是也该学一下这个舞蹈，有没有人想要教我呢？"像安妮·海瑟薇、罗比·威廉姆斯等明星也通过各种渠道夸赞《江南 Style》MV 的搞笑与愉快。"有韩国的科研机构就曾对这首歌曲进行了研究，发现它以 3.6 秒为一个周期将 5 个音节重复 4 次，而整首歌中 5 个音节的核心节奏重复了 100 次以上，这样的节拍和人在慢跑半小时后的心率几乎同步——这也正是感觉最为兴奋的瞬间。最大的欢乐是集体狂欢,当一群人一起跳骑马舞的时候,场上的人不亦乐乎,场下的人也被热烈的舞蹈气氛所感染。

当然,《江南 Style》流行的原因除草根族及娱乐化消费之外,还有其他原因,如不同版本的演绎法则、名人效应,等等,这些原理将在后面的章节中详细论及。

## 四、流行是一种"广场效应"

### 1. 广场舞流行的秘密

在中国,广场舞已悄然在全国各地流行起来,从早到晚,不管是在城市还是在农村,都有可能看到广场舞的身影。广场舞以自娱性与表演性为一体(更多时候是自娱性大于表演性),又包含了人们健身的需求。现代广场舞跨越不同年龄层次,男女老少几乎都可以成为广场舞的爱好者。与剧场表演不一样,广场舞是露天的,广场舞直接面对观众表演。而且广场舞无需专业的舞蹈演员,参与的门槛非常低,普通人就是演员,他们既可以加入舞蹈队伍,成为一名表演者,也可以随时退出变成一名观众。可以说,广场舞让观众和演员打成一片,让人们在演员和观众的角色中不断转换,来去自如,而传统的剧场舞则不能做到这一点。传统剧场舞不仅要求表演者有高超的舞蹈技能,还把观众和演员隔离开来,大大降低了参与度和互动性。

据艺术史学家考证,人类最早产生的艺术便是舞蹈,而广场舞又是舞蹈之母。在广场上舞蹈,是一种原始的艺术,被视为一种集体的仪式和狂欢。广场舞源于社会生活,产生于人民群众之中,是属于人民群众的舞蹈。近年来，随着《最炫民族风》《套马杆》《伤不起》等流行音乐的兴起，广场舞似乎变得越来越火爆。伴随着这些高亢的音乐和强烈的节奏，人们的舞步也越跳越欢快。这些"神曲"非常适合广场舞的节奏，为广场舞增添了气氛，让很远的人就知道这里在舞蹈，它们就好像一把干柴，让本来燃烧的火焰变得更旺了。

## 2．什么是流行的"广场效应"

现在，我们不妨看看流行现象，如果把流行兴起的舞台看成是"广场"，那么流行的推手就好像一群舞蹈者。流行背后的情绪就像广场舞制造的氛围一样，流行音乐则是氛围的催化剂。人们群舞体现的是一场集体式狂欢，而流行说白了也是一种集体狂欢。总之，流行就是一种"广场效应"。广场犹如一个巨大的磁场，能够把各种人吸引进来。广场酝酿、培育、散播快乐的气氛，是情绪的发酵池，是营销病毒最易传播的感染地带。作为广场的参与者，他们又是情绪的制造者和分享者。当广场的人群越聚越多后，其共同的行为方式和期待，会把他们引入到集体的狂欢之中，这是一种近乎于痴狂的迷醉心态，理性在他们身上完全遁隐，广场中的人们几乎完全被集体情绪控制，不由自主地就置身其中。

### 案例二："台北101快闪"活动的广场效应

> 2013年7月10日，中国台北市101地下美食街里一如既往地喧闹。在人们用餐谈笑之时，突然一个女孩唱着《绿岛小夜曲》走入人群之中。接着一些人跟着唱起来，他们一连演唱了《绿岛小夜曲》《茉莉花》《望春风》《高山青》等。歌手和乐手们的忘情演绎直接带动了大厅里人们的情绪，随着音乐摇摆，越来越多的人加入进来，最后形成大合唱。

这就是台北有名的"101快闪"活动,"快闪"(Flashmob)是国际流行的一种短暂的行为艺术。简单地说,就是许多利用网络联系的人,约定一个指定的地点,在明确指定的时间同时做一些不违反法律法规却很引人注意的动作,然后迅速走人。"101快闪"活动录制成视频后,迅速如病毒一般在微博上传播,视频点击量接近1000万。李开复、杨宗纬、赵咏华、黄子佼等众多明星纷纷参与到转发当中。歌手王力宏第一时间对活动表示了支持,称"听到歌声很想家"。

### 3."广场效应"的特征

为什么这次"快闪"活动能够迅速引爆流行呢?据举办者马宜中表示:"微博上天天在埋怨生命,真有这么悲惨吗?我们试试用音乐来感动大家。"音乐是最容易感染人、最能抚慰人心灵的方式之一,当你快乐或者忧伤的时候,一首歌往往能和你产生共鸣效应。当大家聚集到一个地方,那些陌生人都加入演唱的队伍中来的时候,无形中就会形成一个巨大的磁场,它会把那些围观者也卷进去。当围观者看到那些唱歌的人都是和他们一样的普通人,于是横亘在人们之间无形的墙被拆除了。热烈的气氛像病毒一样感染了每一个人,很多人都情不自禁地唱了起来。

其实,这就是"广场效应"。"广场效应"的特征为:平民性和炽烈的气氛,身处广场之中,一个人很容易产生从众行为。

### 4."101快闪合唱"活动流行成功的要素

观察"101快闪合唱"的流行,我们不难发现有这样几个成功要素:

**第一,广场式的现场。**

这次马宜中导演特意选在台北101地下餐厅举行"快闪合唱",因为那里人流密集,是一个理想的"广场"。尤其值得一提的是,那里也是游客经常光顾的地方，现场来自世界各地、讲不同语言的游客都借由"音乐"而产生连接，情不自禁地摇摆哼唱。这正好可以达到马宜中导演希望展示"台湾很美好"的目的。

**第二，引起共鸣的经典歌曲。**

所唱的歌曲都是耳熟能详的歌曲：《绿岛小夜曲》《茉莉花》《望春风》《高山青》《龙的传人》，这大大降低了参与的门槛。这些歌都是几代人美好的记忆，是历史沉淀下来的经典，拥有最能引人共鸣的旋律，可以勾起人们美好的回忆和爱国情操。针对特定人群（各地游客），这样的歌曲更能够引爆人们的情绪。唱歌者都不是什么专业歌手，他们只是一群音乐爱好者而已，但是他们优美动听的歌声让观众喜出望外，很多人惊呼："好听！""感动！""真诚！"我们发现，专业歌手唱歌好听并不让人意外，但是如果是一位民间草根用真实的情感把一首歌演绎得完美，就会引起广泛关注。我们在网络上经常会看到这样一个现象：一些老歌经草根翻唱之后往往又重新焕发出新的生命力，从而兴起新一轮的流行。

**第三，真实流露的情绪。**

"101快闪活动"传递的是温暖、感动、快乐的情绪。而且，无论是现场参与者还是视频观看者都被这些情绪打动了。首先，这次活动表现的是普通人的情感。很多参与者都是普通人，甚至有些是游客、路人、上班族、就餐者，他们没有任何刻意的装扮和修饰，他们唱的歌也是原汁原味的。其次，强大的现场感带来的是真实。因为真实，所以人们发自内心去哼唱，也因为真实，"温暖、感动、快乐"这样的情感才不会显得矫揉造作，才能打动我们。很多参与者都是陌生人，也许有人认为面对陌生人会无法开口。但在广场上，正是因为人们互不相识，反而没有了顾及。广场上的人们采用匿名的方式隐藏他们的身份。广场最终消除了人们表演的动机，使得他们的行为都源自于内心。最后，不带任何商业、政治、社会议题也加强了此次活动的真实性，让这场活动更加贴近人们。

**第四，精心的策划。**

当然，这个活动能够成功，与策划团队的精心安排是分不开的。完全的自发自愿当然是不可能的，营销人员既需要精心策划，又需要让策划不露痕迹。从拉赞助商、找场地到组织合唱团员、编曲、排练，营销人员整整9个月的努力，才造就了这段短短7分钟的表演。活动的参与者都是一群志愿者，他们是来自台北各地的音乐爱好者，从几十人渐渐发展到一百多人，都是义务参加这次活动的。这些志愿者的表演进而带动了路人，越来越多的人卷入进来，现场感也就越来越真实，快乐的气氛不断升级，从而越来越多的人被感染。"101快闪活动"充分体现了"广场效应"的威力，它具备了"广场"的各种特征，从"广场"选址到自愿自发地参与，从气氛的酝酿到情绪的最终爆发，从观众到演员的自由转换，无一不是"广场效应"的精粹所在。而且这种"广场效应"不仅感染了现场的参与者和旁观者，还感染了网上的人们。当人们观看视频时，也不由自主地被其中的真诚、真实和快乐气氛打动了。

# 02 情绪：流行的内在动力

## 一、营销人员如何利用情绪制造商业流行

不管怎样，流行都已经潜伏在那儿，你所要做的就是"添柴加火"，并最终引爆它。事实上，任何流行都与社会普遍的情绪与期待有关。说白了，流行是一次情绪的大爆发。不过这种情绪不是个人情绪，而是群体情绪蔓延最终形成的一种普遍的社会情绪。这种情绪本身就能在社会中找到，它经过不断的孕育、发展、累积，最终被一件看似偶然的事件引爆。引爆之后，这一情绪因为能在人群中产生"共鸣"而迅速蔓延，像滚雪球一般一发不可收拾。

营销人员要做的只有两件事：

（1）找准这种情绪并进一步蓄积、激发、壮大和引爆它。

（2）为这种情绪提供一个合理的宣泄管道。

**案例一："全世界最好的工作"——昆士兰旅游局的招聘广告**

2009年，昆士兰旅游局在网上发布了一则"世界上最好的工作"的招聘广告，这则广告被全世界无数网民关注、热议。人们在谷歌（Google）上对"世界上最好的工作"这一关键词的搜索就达到了1720万条之多。超过200个国家和地区的34 000多人来参加应聘。英国广播公司、日本放送协会（NHK）电视台等世界多家著名媒体也相继追踪报道了海选过程。

> **"世界上最好的工作"招聘广告**
>
> 招聘职位：昆士兰州哈密尔顿岛看护员
>
> 工作时间：2009年7月1日至12月31日
>
> 工作内容：清洁鱼池，喂鱼；收发信件；发表文章及上传照片、视频；接受媒体访问；巡游水域内其他岛屿等。
>
> 职位薪酬：15万澳元/半年（约75万元人民币）
>
> 福利待遇：豪华住宿，工地及申请人居住城市之间的往返机票，工作期间的保险，工作产生的交通等其他费用。
>
> 申请条件：年满18周岁，英语沟通良好，热爱大自然，会游泳，勇于冒险尝试新事物。
>
> 招募过程：招募活动自2009年1月中旬起，申请人先上网填写申请表，上传自制60秒英文短片，说明申请理由。2月22日申请截止，然后初选出50名候选者。昆士兰旅游局再连同国际市场的代表挑出10位最佳人选，再加上1位由招募网站访客投票的"外卡"候选人。5月初，入选的11人将前往岛上面试，最后选择1人成为哈密顿岛看护员。
>
> 译自 www.islandreefjob.com

## 1．昆士兰旅游策划的成效

我们毫不怀疑，昆士兰旅游局的真正目的并不是要大费周章地"招聘一名称职的看护员"那么简单，背后的目的是要借这个招聘事件对昆士兰地区的旅游品牌进行宣传。可以说，这是一次非常成功的旅游营销策划。据初步统计结果显示，该活动促使目的地凯恩斯的机票预订数提高了整整34%。澳大利亚昆士兰国家旅游部长彼德·莱勒（Peter Larlor）对此兴高采烈地坦承："这项活动的目的是增加凯恩斯和大堡礁的国际游客量，提升游客对这一地区独特体验和魅力的认知。到目前为止，尤其在当前经济困难的情况下，活动所达到的效果非常显著！"最终，昆士兰旅游局以花费170万美元为代价，却收获价值1.1亿美元的全球宣传效应，成功进行了一次超值的旅游营销，此外这个营销战略也在法国戛纳国际广告节上斩获6项大奖，成为当之无愧的"最好广告"。细致推究起来，这个策划之所以能制造"流行"浪潮，主要是因为它具备了促成病毒式传播所需要的各个要素。

## 2．昆士兰制造"流行"的秘密

很多人被这个招聘广告承诺的丰厚报酬诱惑了，因此有人认为这个营销战略成功的原因主要是因为工资丰厚、待遇诱人。但这只是其中一个原因，而绝对不是主要原因。现实中很多企业为了吸引目光也常常拿出丰厚的奖品，比如某企业为了宣传品牌拿出一辆奔驰车作为奖品，企图吸引人们的注意和参与，但是这些企业的宣传成效往往不佳，与昆士兰旅游局全世界范围内的品牌宣传成效相比，简直不可同日而语！

昆士兰旅游局制造流行的秘密是什么呢？事实上，昆士兰之所以能够赚足全世界人们的眼球，与该策划背后的社会背景密切相关。我们知道，2009年正是金融危机掀起风暴的时候，那个时候很多人失去了工作，待业在家。很多刚刚毕业的学生一跨出校门就找不到工作，毕业等于失业。几乎世界各国都面临不断恶化的失业困扰，社会上酝酿着一股对失业感到绝望和不满的普遍情绪。失业成为了社会沉重而又敏感的话题，找到一份收入可观的工作成为众人的期盼。不仅如此，社会资源分布的不均衡，贫富差距的进一步扩大，机会的不均等问题与就业问题相互掺杂，犹如雪上加霜，使得舆论濒于随时爆炸的临界点。这个时候只需一个导火索进行引爆，舆论就可能一触即发。昆士兰策划"世界上最好的工作"这一话题本身就具有足够的话题性。它就像一个隐喻，瞄准了金融危机下大量失业这一敏感现象。正当人们为工作发愁之际，昆士兰适时推出一个"世界上最好的工作"博得了眼球。而且昆士兰旅游局非常明白网络是社会情绪的发酵池，利用网络可以引爆病毒式传播，吸引更多关注。昆士兰旅游局的招聘简章特别强调"收发信件、发表文章及上传照片、视频"的工作内容要求，因为昆士兰旅游局希望通过社会化媒体分享大堡礁的一切，通过不断在博客、官网上更新原创内容，让这场"流行效应"能够持续下去。

### 3．昆士兰制造"流行"秘密背后的秘密

我们不难发现，昆士兰旅游当局对参与应聘的人员资质要求并不高，且工作的难度并不大。招聘简章这样写道："年满18周岁，英语沟通良好，热爱大自然，会游泳，勇于冒险尝试新事物。""清洁鱼池，喂鱼；收发信件；发表文章及上传照片、视频；接受媒体访问；巡游水域内其他岛屿等。"这种低门槛造就了一种"海选"模式，几乎全世界绝大部分人都可以参加，它最大限度地扩大了人们的参与基础。有趣的是，网络恰好具有易进入、低门槛性这样的特征，"海选"模式本身就符合网络大面积传播的特点，能够激发网民的广泛参与。我们把昆士兰对应聘者的低门槛要求也可以看成一种隐喻，昆士兰的广告呈现的其实是对机会不均的社会层级结构的一种对抗姿态。正是昆士兰当局对社会问题的深刻洞察、契合公共性话题的策划才制造了这一场经典的网络营销。

**案例二："电梯间有鬼影出没"——新加坡一家企业的招聘广告创意**

无独有偶，新加坡的一家企业策划了一个"电梯间有鬼影出没"的招

聘广告，同样取得了病毒式传播的效果。这个广告的创意是这样的：

> 在一个视频中，两名白衫男子相继走进电梯，开始交谈。其中一名男子斜倚电梯墙，双手撑扶手，就在该男子身体刚离开墙体，一个满头白发、体态佝偻的老太太低头出现，并尾随直至电梯门，随着门合上凭空消失。该妇人真面目看不到，然而整个画面看起来阴森诡异，不像造假。接着视频中出现各大新闻频道纷纷报道新加坡某写字楼电梯鬼影事件，播音员和连线记者在看到这则"鬼影出没"的"真实"视频后忍不住惊声尖叫。

毫无疑问，这段视频是企业策划出来的，连那些播音员和记者都是策划出来的，这家企业的广告目的是要告诉人们："我们拒绝加班"。

它之所以被网民广泛关注，进而在网络上形成病毒式传播，不仅在于它采取了一个特别的、有些惊悚的创意形式，更在于它契合了当时的社会背景——在新加坡，人们经常加班，而加班不仅对人们的身体健康造成了伤害，也造成了社会及家庭成员之间的疏离。尽管加班有诸多危害，并非人们愿意，但是迫于企业上层的压力和经济压力，人们还是不得不加班。"拒绝加班"这一姿态获得了人们内心深处由衷地认同，它恰恰是这则"电梯间有鬼影出没"的招聘广告得以在网上流传的内在动力。

## 二、案例综合分析：利用社会中的普遍情绪和期待

### 1．制造流行热潮的前提

上面这些案例之所以能够成功制造出流行热潮，我们发现一个重要的前提是：它们几乎都与人们普遍的心理期望相吻合。

在社会中，人们本来就蕴藏着一些普遍情绪和期望。例如，人们普遍存在两种情绪或期待，一种是对过去的怀旧情绪，另一种是对未来更加美好的期待。近年来，致青春题材的电影之所以非常火爆，就在于这些电影能够唤起那些拥有过青春或正拥有青春的人的情绪，这种情绪说白了就是一种怀旧情绪。随着我们逐渐长大，承担的责任越来越多，生活中的烦恼和压力也越来越大，那逝去的朦胧的青春总是让人感觉那么美好，它能让人暂时忘却现实的残酷。人人都拥有过或正在拥有或将要拥有青春，对于拥有过青春的人来说，青春是埋在心底的回忆和眷恋；对于将要拥有青春的人来说，青春是充满遐想的期待。像《致我们终将逝去的青春》《那些年，我们一起追过的女孩》《初恋这件小事》《中国合伙人》《小时代》等青春题材的电影，之所以能够俘获人们的内心，正在于它们充分利用了人们的怀旧情绪，通过各种怀旧元素及怀旧情结的呈现，如"上课、自习、恋爱、聚会、骑脚踏车、吃桶装泡面、住集体宿舍"等特殊意义的东西或事情，编织了一幅逝去的美好图景。

随着社会不断向前发展，整个社会系统可能会出现一些结构性紧张的问题，个人情绪会慢慢累积成为普遍的社会情绪。随着一系列结构性问题

的发生,情绪积累就会越多,直至最终越过临界点,发生爆破。

当社会处在转型或变革时期,人们的价值观与生活、消费观也可能发生断裂,如果社会的指向灯闪烁的是一种积极的信号,这时人们就会对社会存在一种普遍的期待。例如,2008年的北京奥运会,中国人民都期待以自己的方式见证或参与这个重要的历史时刻。

如果认真分析社会的结构,我们就不难发现,社会结构中的情绪、期待既存在有利的一面,也存在不利的一面。对于不满的情绪,很多专家主张用疏导、沟通的方式释放,这时我们就需要建立一个渠道或空间。值得一提的是,网络的发展,恰好提供了情绪释放的虚拟空间,比如在网络上出现的一些社会流行语成为了人们表达情绪的一种特殊方式。对于一些有利的社会期待心理,则可以通过引导使之成为行动的动力。

## 2．如何使前提成为流行的动力

社会中的普遍情绪和心理期待潜藏着流行的动力。对于新时期的营销人员而言,如果能善用人们的心理,提供一个情绪释放、发泄、表达的管道或者提供一个能够满足人们期待心理的方式,那么人们就会被吸引过来。

当然,这个管道或方式必须经过精心地、巧妙地设计,要规避可能存在的法律风险。例如,游行示威等群体事件是人们释放不满情绪的极端方式,商业策划不得使用这种方式。昆士兰旅游局就非常高明,他们策划"全世界最好的工作"使人们在失业成灾的普遍失望情绪中找到了一个慰藉和发泄的窗口,这个策划一方面把社会不良情绪引向了健康的一面,另一方面也达到了宣传昆士兰旅游品牌的目的。在情绪释放之前,一般都会有一个情绪累积的过程,这就好像营销中的造势,先造势后引爆。

在现代营销中，很多企业经常采用一种营销方法叫"饥饿营销"。所谓"饥饿营销"是指商家有意调低产量，以期制造供不应求的假象，从而维持商品较高售价和利润率，达到维护品牌形象、提高产品附加值的目的。表面上"饥饿营销"是要调低产量，但其实质是要让人们产生期待感，制造一种"犹抱琵琶半遮面，千呼万唤始出来"的期待心理。说白了，饥饿营销的一大作用就在于"情绪的蕴藉"，吊足人们的胃口，越是难求，就越是渴望，等到消费的期待情绪积累到一定程度后，再选择合适的时间引爆，这样就制造了流行。

### 3．掌握"流行"密码的关键

在传统营销里面，营销者并非不注重消费者心理的分析，他们也试图去洞察消费者内心的秘密。但不同的是，"社会化流行"的秘密是利用社会的普遍情绪和期待，而一般的营销和广告活动则是去满足个体消费者的欲望。社会的普遍情绪和个人的心理欲望是很不一样的。社会的普遍情绪要从社会结构中去寻找，它的形成机制和表现方式与个体的心理都不一样。要抓住社会的普遍心理，就需要对社会有更深层的认识，就需要了解社会发展的动力，就需要对整个世态人情有真实地把握。这其中从个体心理学到群体心理学的转变，是掌握"流行"密码的关键一步，也是改变传统营销理念的关键一步。

著名营销大师特劳特曾经在《定位》一书中告诫所有营销者：不要试图去改变人们的想法，而应该大胆利用人们头脑里面已有的想法。人们看到的就是他们想看到的，人们接受的也就是他们一直想接受的。社会本身就存在"流行"的动力，无需再制造一个新的动力。人们潜伏着的情绪已经存在那儿了，你所需要做的就是去细心地观察社会，跟踪社会发展的动向，从社会的结构中去发现潜伏的社会心理，并恰当地利用这种心理，制订一个营销方案。

> 结论：总之，企业的"流行"一定要建立在深刻的社会背景和社会结构之中。所以破解"流行"的密码，首先在于破解社会的密码，在于对社会背景、社会结构展开深入分析。"流行"的策划者不仅应是一个营销专家，还应该是一个社会专家。他应该了解社会的热点、社会中的冲突矛盾、社会内在的发展动力、社会普遍心理。社会本身就存在着"流行"的动因，所以要先从社会中去寻找制造流行的可能性。一旦企业策划的事件与社会背景相契合，能够符合社会的普遍心理，或能勾起人们的集体记忆，或能满足社会的普遍期望，那就能够引爆流行。

# 03 偶像：流行的指向灯

# 一、苹果手机、小米手机的"流行之道"

## 1. 关于"果粉"的故事

长期以来,苹果系列产品就拥有居高不下的人气,俨然成为了当今最炙手可热的科技明星。苹果拥有大批粉丝,和流行音乐歌手的粉丝有专门的称谓一样,苹果的粉丝被称为"果粉"。平板电脑 iPad 发售,北京三里屯苹果店第一位用户排队 50 个小时;iPad 2 发售,三里屯店第一位用户排队 16 个小时;苹果上海浦东店开张,第一位用户排队 60 个小时;iPhone 4 上市,上海香港广场苹果店第一位用户排队 77 个小时。与他们相比,世博会时号称世界盛况的沙特馆排队 8 小时简直是小巫见大巫。当 iPad 开始在美国苹果商店销售拉开 iPad 全球发售序幕的时候,大约 15 名 iPad "粉丝"早早就在位于纽约曼哈顿第五大道的苹果旗舰店外排队等候。当时,焦万娜·马伦年仅 11 岁。她告诉法新社记者,从苹果正式发售的前一天下午她就开始同母亲与外祖母一起排队。"我们带着食物、毛毯……我们三代人会在纽约街头一起睡。"焦万娜的外祖母托尼·迪焦尔诺如是说。

这些疯狂的果粉们不仅让我们联想起 20 世纪 90 年代华语乐坛的追星一族。那时追星的粉丝们最疯狂的时候会声嘶力竭地叫喊,彻夜守候他们的偶像出现。今天的果粉与之无异,只是让我惊叹的是:那种对人的狂热崇拜竟然也能复制在冰冷的机器身上。

## 2．小米的"粉丝经济"

显然，中国的小米手机对苹果的那一套"流行"密码并不陌生。自小米手机诞生之初，它的创始人雷军就立志向乔布斯学习。小米手机被称为中国版的苹果，创始人雷军也被称为"中国的乔布斯"。像苹果的粉丝被称为"果粉"一样，小米的粉丝被人们亲切地称为"米粉"。小米打从一开始就致力于培养自己的粉丝团体，并致力于和粉丝建立紧密的联系。依靠"粉丝经济"，小米在智能手机领域异军突起，创造了一个又一个的销售神话。例如，在2012年4月6日，小米成立两周年之际，上千名"米粉"从全国各地赶来齐聚北京，小米现场公开发售，10万台小米手机，仅用了6分5秒就被一扫而空。而在广州、武汉等地，很多粉丝赶在早上8点就到专卖店门口排队。每一家小米之家成立时都会有人送花、送礼、合影，满一个月的时候还有人来庆祝"满月"，甚至还有人专门为小米手机作词作曲写歌。这些"米粉"，成为了购买小米手机的主力军。

## 3．粉丝是流行的主要驱动者

苹果和小米的粉丝团体可以视为一个内部具有共性的群体，我们不妨先了解一下有关群体的概念。所谓群体就是人们以一定方式的共同活动为中介而组合成的人群集合体。群体心理学主要研究的是群体的人们的心理现象。社会群体拥有四个特征：认同意识、归属意识、整体意识和排他意识。"流行"首先是群体内的"流行"，有时"流行"会从一个群体溢出扩散到整个社会。总之，关于"流行"的策划一定程度上就是要"构筑群体认同感＋形成群体归属感＋制造群体整体感＋加强群间排他感"。

粉丝团是典型的群体。在粉丝群体内部，成员分享着共同的文化，弥漫着共同的情绪。当粉丝团体捍卫的群体价值受到外来竞争者的挑战时，粉丝们就会联合起来群起而攻之。各种粉丝团体之间针锋相对，互相指摘，看上去一团混乱，其实这种对抗利大于弊，它使得粉丝团内部比以往任何时候都更加团结，流行恰恰就是在粉丝团体之间的对抗之中不知不觉兴起的。有时，粉丝团内部可能也会出现批评之声，比如苹果粉丝可能会抱怨苹果的一些漏洞。但是通过企业与粉丝的对话和互动，这些抱怨和意见最终变成了一种积极的建言力量。粉丝的消费方式是一种聚会娱乐的方式，聚众狂欢是粉丝们最酷爱的节目。在互联网上，网络粉丝聚会的平台通常是各种社会化媒体，他们通过网络社区交流心得。

> 观点（View）：作为企业的粉丝，品牌往往成为了联系粉丝的纽带，粉丝们对品牌的热情类似于一种汽车发烧友的热情。任何一个与品牌相关的话题，如品牌推出新款，或者公布某项新的功能，或者产品出现一个漏洞（Bugger），或者竞争对手发出贬损、威胁的言论，都可能引起粉丝热烈的讨论。很多成功企业不仅与粉丝对话，还让粉丝参与到品牌设计和企业发展规划，以及公司事务中来，这一切都将导致一种更深层的互动，毫无疑问，这将巩固粉丝对品牌的忠诚度。

### 4．流行制造中的粉丝经营

事实上，苹果和小米手机能制造出"流行"浪潮，正是因为它们多年来致力于与粉丝互动的结果。以小米的流行为例，作为小米的"教父"，创始人雷军和苹果的乔布斯一样相当关心用户体验。随着社会化媒体的发展，线下的实体店体验将逐渐向线上的网络体验发展，这是体验式营销发展的必然趋势。显然，小米公司非常了解社会化媒体上发生的这一趋势，于是公司利用社会化媒体开展了一系列与粉丝互动的活动，并把粉丝经营当成是一件最重要的事情来做。

"和米粉做朋友"，是小米的口号。小米成立了一个由400名员工组成的呼叫中心，建成一个"全民客户体系"，专门负责小米社区、微博以及"米粉"来电的互动和反馈，并以此和"米粉"建立直接联系，加深"米粉"对于小米的体验。小米粉丝网是目前最大的第三方小米粉丝平台，专注于分享小米手机新闻资讯、玩机技巧和各种爆料。在小米粉丝网上，几乎第一时间覆盖了互联网上95%小米相关新闻，每天都有大量原创的玩机内容发布，且发布的内容频频被"爱范儿"、"雷锋网"头条转载。可以说小米粉丝网成为了小米粉丝聚集和互动的平台，在这里，粉丝们成为了小米的义务宣传员。

其实早在2010年，小米公司就接连推出了深度定制的安卓（Android）手机操作系统"米柚"（MIUI）和专为移动终端设计的社交通信工具"米聊"。小米公司还在全国设立了32家"小米之家"，通过借鉴车友会的模式，把"米粉"的消费方式变成聚会娱乐方式，使"米粉"抱团在一起，真切感受家一般的温馨。在小米社区上，小米公司还设置"论坛、酷玩帮、随手拍、学院、同城会、爆米花、商城……"版块，这些版块紧紧围绕着粉丝娱乐、体验、互动、分享等关键词设置。比如"酷玩帮"版块分享了各种玩机技巧，而在"同城会"版块上，各个城市的小米同城会经常分享旅游、烧烤等各种主题活动，这些活动把"米粉"抱成团，加强了粉丝之间的联系。一直以来，小米公司就十分重视用户的体验反馈，通过论坛、微博等社会化媒体直接接触用户，第一时间了解用户的需求和变化，更在第一时间对产品以及服务进行相应的改进。正是通过社会化平台，雷军和他的小米团队才建立起一种务实的粉丝文化，创造出小米"流行"的神话。

## 二、品牌经营与偶像塑造

苹果和小米这两个品牌的成功为现代营销带来了新的启示。它们昭示了一条全新的品牌之路：像经营粉丝一样经营客户，像塑造偶像一样塑造品牌。一般来说，一个强势品牌主要在四个方面具有优势，即四种品牌资产：品牌知名度；品牌认可度；品牌忠诚度；品牌联想度。苹果和小米着力打造这四项资产，特别是在品牌认可度和忠诚度的建立上下足了功夫。很少有品牌能像它们一样让消费者达到如此痴迷、疯狂的程度，这是真正意义上的"拜物"，是真正的"偶像崇拜"。而要实现这样的效果，如果仅仅像传统品牌那样试图"直接建立品牌与消费者之间的关系"是不够的，因为传统品牌和消费者的关系是一种"物与人"的关系，这种关系是不牢固的。而苹果公司和小米公司的做法则是"以品牌为纽带来建立消费者与消费者之间的关系"，这是一种"人与人"的关系。如图3-1和图3-2所示：

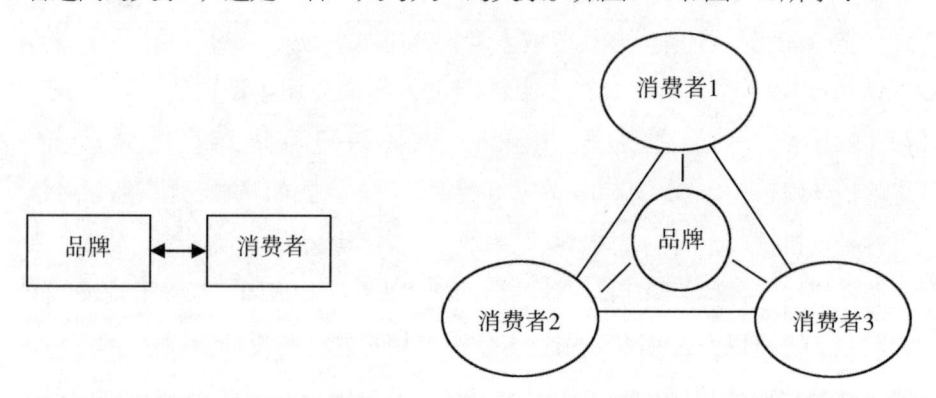

图3-1 传统的品牌关系　　图3-2 利用社会化媒体建立的品牌关系

既然要像经营粉丝一样经营客户，像塑造偶像一样塑造品牌，那么就有必要先了解那些综艺节目是怎样经营粉丝、塑造偶像的，以及是如何策划流行的。

### 综艺节目中的粉丝经营

在综艺节目中，粉丝是让节目火爆的一个关键因素。很多综艺节目特别是选秀类节目非常注重粉丝经营。每一名明星或选手都拥有自己的粉丝团，有些粉丝团最初是由亲友团发展而来。每一个粉丝团体都会被贴上标签。例如，《超级女声》中李宇春的粉丝叫做"玉米"，何洁的粉丝叫做"盒饭"。"羽毛"、"贡米"、"芝麻"、"笔亲"、"凉粉"、"甜心"、"雪梨"、"年糕"、"飞碟"……这些粉丝团体被标签化后其实也获得了一种"流行"的动力。这种动力就是群体心理学中所谓的"认同、归属、整体、排他"。这些标签还像一个个暗号，粉丝们直接称呼暗号来加强身份的认同，这种躲猫猫似的游戏心理也增强了传播的效应。粉丝们为他们所钟爱的明星所取的昵称指向的都是同一个群体——明星。当信仰和精神崇拜成为"流行"的基因时，一个潘多拉的盒子已经打开，没人知道飞出来的是天使还是魔鬼。

除了给粉丝团队贴上标签，节目组还经常给话题选手贴上标签——"菜缸公主"、"哈尼族小王子"、"圣火公主"，等等。这些具有象征性的称谓，一时间成为新生代流行语。

## 三、企业营销中的粉丝经营

### 1．大幕开启的粉丝经济时代

粉丝经济已经成为时下一个热门的商业现象。粉丝往往表现出对品牌的强黏着性，他们对品牌的忠诚度非常高，甚至到了为之疯狂的地步。对于企业来说，培养粉丝是获取忠实客户的关键，是制造流行的筹码。由粉丝构成的团体本身具有极强的扩张能力，能够带动更多的粉丝加入。维系粉丝团体的并不是理性，而是情绪。偶像之于粉丝而言，不是"好"与"不好"的问题，而是"爱"与"不爱"的问题。例如，郭敬明的《小时代》这部电影尽管口碑不怎么好，但是郭敬明、杨幂等人的名人效应却吸引着大批年轻粉丝。数托邦（DATATOPIA）分析发现观看《小时代》的观众平均年龄为20.3岁，这批典型的90后成了《小时代》票房的最大贡献者，也成了《小时代》在社会化网络上传播的最大贡献者。

## 2．粉丝之间的结盟与冲突

苹果与"果粉"和小米与"米粉"的案例告诉我们，商品也可以和偶像人物一样拥有粉丝团体，而且品牌粉丝团也可以拥有自己的标签。"偶像和粉丝是一对共生体，偶像是粉丝的精神领袖，是联结粉丝的黏合剂。粉丝团体具有排他性，他们为了捍卫自己的偶像，会与其他阵营吵得面红耳赤。在偶像们紧锣密鼓地进行比赛时，粉丝们也会自立门户形成各种小帮派，并拥有各自的'盟军'及'敌手'。比如'玉米'、'笔迷'、'凉粉'之间总是剑拔弩张，冲突不断；而'玉米'与'盒饭'、'笔迷'与'荔枝'之间却结成盟友。在进入比赛的白热化阶段，我们经常可以在网络上看到粉丝们各自为其主疯狂对骂的帖子。"[①] 当台上的参赛选手比拼时，台下的观众也分成了若干阵营，他们已经在台下开始了明争暗斗，为他们的偶像呐喊助威。在外人看来，粉丝团体之间的冲突、攻击、分化、结盟好像是一群无聊者的游戏，但是粉丝们却沉醉其中，乐此不疲。如果没有了"粉丝大战"，粉丝们反而缺少了参与的动力，"流行"也就无法兴起。事

---

① 蔡骐．粉丝型受众探析［J］．新闻与传播研究，2011（2）．

实上，粉丝如此痴狂不仅仅是因为偶像而已，偶像只是一个旗号，更重要的原因在于粉丝之间的互动。粉丝与粉丝的对话、分享、冲突是驱动粉丝崇拜的动力。如果粉丝团体总是风平浪静，像一潭死水，那么这样的团体就缺少了生长与扩张的力量。正是因为粉丝团内部以及团体与团体之间的冲突，才吸引人们去参与、去辩论，才引起了话题的发生与扩散。群体因冲突而结盟，此消彼长，于是每一个粉丝群体的成员会形成群体话语。

在今天的社会化媒体上，消费者会形成各种不同的团体，各种团体之间也存在冲突、辩论、对话、分化、结盟。当商家利用社会化媒体制造"流行"时，可以培养、扶持粉丝团，把原本分散的消费者连为一体。企业和营销人员对于不同粉丝团体的竞争也应该持乐观的态度。在网络上，消费者对于不同品牌划分阵营，针对不同的消费方式、消费行为展开对话、辩论，而不同意见的冲突反而加强了这些粉丝团体的团结。如果想让消费者像粉丝崇拜偶像一样崇拜企业品牌，那么企业就应该试图让消费者互动起来，而不是像过去，每一个消费者都是分散、独立的。企业要让消费者结营成群，贴上专属标签，拥有共同的平台，说着共同的话语，分享着共同的快乐，为共同的梦想而奋斗，与共同的对手竞争，而品牌则穿插其中，成为一根连接消费者的纽带。具体来说，品牌在粉丝团之间可起到如下几个作用：

（1）话题的制造者。作为品牌应该尽量提供话题，引发粉丝讨论、分享。而且品牌还要激励粉丝自己来制造话题。

（2）情感的维系者。品牌要试图让粉丝与粉丝之间建立起深厚的友谊，形成同盟关系。品牌自身也要成为粉丝的情感寄托，对于粉丝而言，亲情、爱情等情感都将被品牌所见证。

（3）精神的皈依者。最终，品牌应该成为那个"偶像"，成为那个最终的指向。

### 3．虚拟与现实中的粉丝互动

尽管粉丝们经常在网络上进行互动，但是虚拟的互动还远远不够。为了加强粉丝之间的联系，企业还必须把粉丝互动从线上转移到线下，双管齐下，在多个触点上连接粉丝，加强粉丝的联系。例如，小米的粉丝经营，除了有专门的网络社区连接粉丝外，在线下还有小米同城会。各种线下活动，诸如聚餐、踏春旅行、逛花灯等活动在同城会里面开展得有声有色，这些活动增进了粉丝之间的感情，同时粉丝在一起交流小米手机使用心得，分享手机拍摄技巧，做游戏抽大奖，玩得不亦乐乎。

> 结论：过去，消费者彼此之间是分散的，互不关联的。例如，你购买了某一个牌子的商品，而在另一个城市的他（她）购买了同样的品牌，你和他（她）之间并无交集。作为企业似乎也满意于这种局面，因为这样可以使消费者处于弱势而企业处于强势地位。今天，社会化媒体让消费者彼此关联。消费者再也不是单个的、零散的原子了，他们可以结成联盟，分享品牌购买经验和看法。事实证明，把消费者彼此关联起来，像经营粉丝一样经营客户，对于现代企业来说至关重要。我们不仅应促使消费者在线上开展互动，而且还要促使他们在线下建立联系，在虚拟和现实空间中加强消费者的关系。尽管这样会让消费者处于强势，但也能大大加强消费者对品牌的传播和忠诚度。

# 04 话题：流行的助推剂

# 一、流行话题要具有争议性

## 1．流行话题争议性的表现

在很多成功的社会化营销之中，一个话题自诞生之日，便充满了争议性。在使用社会化媒体的时候，我们曾遇到很多企业都透露出他们的忧虑。他们担心不同意见，特别是那些反面意见会对企业造成伤害。但事实上，可控范围内的争议恰恰是推动企业流行的强劲动力。争议性议题是指那些社会大众对它们的看法存在多元意见，即富有争议与冲突的议题，如美国的"枪支管制"、"移民政策"，中国的"医疗改革"、"克隆"、"二氧化碳排放"等[①]，人们对这些话题意见不一，难有定论。一般来说，媒体也偏好报道那些能够引起争议的社会新闻，即偏爱报道那些"不可爱的新闻"。争议性的话题往往能吸引秉持不同意见的人们参与，人们可以各自表达立场，提出看法。

对于营销人员而言，利用争议性的话题赢得人们关注，不失为一个推广品牌的好方法。例如，2013年8月，网易汽车板块上有一篇标题为《"节操"去哪了！那些让人脸红心跳的广告》的文章。文章图文并茂，批评了大众、奔驰、福特等品牌的汽车广告涉及"性"内容，对社会风尚特别是

---

① 陈刚．范式转换与民主协商：争议性公共议题的媒介表达与社会参与［J］．新闻与传播研究，2011（2）．

青少年造成了不良影响。从创意来看，这些广告的性诉求要么大胆露骨，要么含沙射影。然而，这些广告仅仅限于创意大出位吗？

我们看到网易的编辑表面上是把这些不良广告当成了一个新闻话题来报道，意在批判这些"无节操"的广告低俗，实际上这种做法客观上却成为了一种有效的宣传手段。一般来说，人们不会自动去传播一则广告，但是人们会主动关注、传播一则新闻，会形成讨论，进而发展成为舆论。为什么广告主对那些有争议性的广告乐此不疲？尽管有些广告引来了人们的唾沫星子，人们抱怨它们媚俗、低劣、不择手段，但是广告主却对这样的广告兴致盎然。这是因为在这些广告主看来越有争议就越容易传播。这就好像娱乐明星们经常玩的炒作把戏一样，只要这些争议在可控的范围之内，那么它给广告主带来的利就大于弊。

## 2．互联网是争议性话题发生的有利平台

事实上，近几年传播学者们通过研究发现：越是单向式的、控制式的传播就越难以流行；越是开放式的、有争论的传播就越吸引人参与，也就越受欢迎。例如，广告作为企业的一面之词，一般不需要人们参与，人们对广告也没什么好说的，因为大家都知道广告是企业为达成它们的商业目的制造的宣传语。但是"星巴克应该搬出故宫吗？"这样的话题一经发布，便立刻引来热议。有人支持，自然就有人反对，而争议越大，影响就越大。现今互联网平台为人们提供了表达立场和观点的自由空间，它的匿名性、易接入性、低门槛性为人们发表意见提供了极大的便利。争论性话题一旦遭遇互联网，就好像老虎插上了翅膀，其影响力顿时放大不少。

## 3．争议与传播相互推动

争议为流行提供了动力，驱动了传播的进一步扩散。有一句话说得

好：愈争议愈传播，愈传播愈争议。值得注意的是，争议性对企业来说就像一把双刃剑，既有可能制造负面流行，又有可能制造正面流行。对社会化营销来说，那些可控的、良性的争议对于提升品牌知名度，甚至提升品牌的口碑是非常有利的。因此，营销人员可适时地制造出一些这样的争议来。

## 4．把争议控制在有利的范围内

或许，有些商业人士忧虑，人们对争议性广告的批评会给企业品牌带来负面影响。比如某位营销专家这样说："那些争议性的广告是让企业知名了，但问题是它也把企业的名声搞臭了。人们不会购买一家臭名远扬的企业生产的产品。"估计很多人都持同样的观点。然而，这却是一个非常值得商榷的观点。人们会因为不喜欢某一广告，就不去购买该产品吗？那些具有争议性的广告对品牌到底是有利还是有害，是不是真的如营销专家所说的那样严重，都还需要进一步论证。

如果一家奶制品企业因食品安全问题而出名，那么这种名声足以让该企业陷入破产的境地。但是一则具有争议性的广告带来的批判真会让企业陷入困境吗？现实是：广告，不管是怎样的广告，多数都不能引起人们的好感。因为在人们的潜意识里，广告总是伴随着夸大与不实。广告总爱用一些精美的图片、修饰的场景制造出"乌托邦"式的美好，而实际上真实的购物体验未必像广告描述的那样好。那些"优雅"的广告并不见得比"恶俗"的广告要好到哪里去。广告确实提升了产品的知名度，但因广告就决定购买产品的比例并不太高。通过对众多案例的调查，我们发现，很多争议性广告虽然饱受批评，但是批评反而让企业或产品出了名。有趣的是，人们并不一定会因为这个企业的广告有争议就认为这个企业的产品也差。例如，商学院经常会讲到这样一个经典案例，很多研究广告的专家学者都批评脑白金广告恶俗，可是史玉柱的脑白金广告重复了一年又一年。这么一个具有争议性的广告到底给脑白金带来了多少商业价值呢？据2007年中国消费品市场重点调查报告显示：脑白金在2007年度保健品市场中继续稳坐销量冠军的位置，所占份额为6.17％，累积销售突破了100亿元大关。当我们为脑白金的问题争议不休，甚至把它当成一个负面案例搬上课堂的时候，这对脑白金是有利还是有弊呢？或许很多事情并不像我们想象得那么简单。

总之，一定的争议性对于企业推广来说并不是一件坏事，只要把这种争议控制在一定的范围内，把握好分寸，那么这种争议就会推动传播，引起更多关注。

## 二、流行话题要具有公共性

### 1．什么是公共性话题

公共性话题是指那些公众关注、聚焦的或者是与公共利益密切相关的议题。一般来说，很多公共性话题也伴随着大量的争议性，争议性和公共性在很多新闻中往往相伴出现。我们发现近几年来网络上流行的话题往往是具有公共性的，或是与公共利益密切相关的，而纯粹的商业话题流行的机会少之又少。公众不会为了企业的商业目的而自动地从正面去宣传企业的品牌。相反，如果某家企业卷入了丑闻或对公共利益造成了损害，人们就会争相传播。例如，双汇的瘦肉精事件、三鹿的三聚氰胺事件、葛兰素史克在华行贿事件等。人们会通过网络不断扩散关于企业的负面信息，让企业陷入困境，甚至给整个行业造成毁灭性的打击。

## 2. "好事不出门,坏事传千里"的潜规则

至于某企业获得了一项新的发明专利,或者某企业的销售利润一年内增加了5倍,抑或是某企业在海外市场新成立了自己的分支机构等,企业的这些利好消息网民则很少主动去传播。

为什么?因为人们认为企业做得再好,那是企业自己的事情。但是当企业陷入安全问题或以不正当行为获取经济利益的时候,它的行为就已经不只限于企业内部了,它已经牵涉公众利益,从商业层面跨入到社会层面,从一个商业性事件变成了一个社会性事件。瘦肉精事件关系消费者食品安全问题;三聚氰胺事件涉及儿童健康问题;葛兰素史克在华行贿事件与人们买药成本问题挂钩,也与人民深恶痛绝的贪腐问题和外资不正当竞争问题密切相关。商家对于媒体做出的报道常常显得很无奈,关于企业信息在网络上的流传,曾有企业负责人这样说道:"这是好事不出门,坏事传千里。"

## 3. "坏事不出门,好事传千里"的技巧

那么,如何才能"坏事不出门,好事传千里"呢?如何让网络主动传播企业的正面消息?如何利用网络传播实现企业品牌的传播与扩散?如何制造对企业有利的流行呢?

有些企业试图把商业话题和与公共利益密切相关的社会话题或新闻结合起来。众所周知,社会性话题容易在网络上成级数的传播和扩散。例如,近几年特别流行的"门事件",几乎平均每一个月就有一两起"某某门"事件诞生,这些事件引起了社会广泛关注,引发网民们的热议热传。据相关专家分析,按照问题呈现的性质,这些"门事件"基本可以划分为10个类别:性爱与色情问题、绯闻与隐私问题、野蛮与暴力问题、诚信与欺骗问题、道德与伦理问题、质量与安全问题、贪污与腐败问题、文化与

素质问题、民族与爱国问题。① 这十类问题无一不是关于社会性、公共性的，而且这些流传的事件都折射出了社会上存在的负面现象，与公众利益息息相关，它们引起人们的讨论、反思和批评。当然很多"门事件"是负面的，但是不乏一些正面性的公共话题。现在，我们不妨把品牌传播的目的与社会上一些正面的热点议题结合起来。只要利用得当，通过背后的网络策划，我们就能掀起一股"品牌风暴"，制造出品牌传播的"蝴蝶效应"来。

## 三、商业话题与社会话题的区别与联系

### 1. "惹人厌"的推销和"讨人爱"的社会新闻

近年来网络上那些炒得很热的"李刚事件"、"范跑跑事件"、"贾君鹏事件"等之所以能够流行，是因为它们无一不影射出一些典型的社会问题，无一不反映了一种普遍的社会心理。"李刚事件"是人们对这个社会中存在的一些"拼爹现象"的反应。"贾君鹏，你妈喊你回家吃饭"曾一度制造了网络流行的神话。这个话题之所以广泛流传，据幕后策划者提供的证言，是因为在钢筋水泥的城市中，像妈妈叫孩子回去吃饭这样的美好记忆已经离我们越来越远了，而这句话恰恰能勾起我们的童年记忆。

网上流传的"门事件"等各种流行话题似乎与商业没有什么关系，属于公共话题范畴，而且商业的网络传播与社会公共舆论的网络传播也很不一样。企业的商业性话题带有明显的功利性与目的性，网民一般不会自动

---

① 张名章，冉华.2010年中国网络"门事件"的传播特征分析[J].新闻与传播研究，2011（2）.

去传播纯粹的商业话题，不会主动去为企业做宣传，因为人们明白那些商业广告都是为企业服务的。而公共性话题因为与每一位公民存在着密切的利益相关性，所以它能引起网民的自发传播。与公共舆论传播相比，商业的网络传播需要更多的策划、操作和人为地推动。也正因为如此，商业的网络传播需要营销策划者注入更多与公众相关的利益点、兴趣点。否则商业的网络传播就会缺少足够的传播动力，流行就会熄火。

与商业性话题不同的是，公共性话题本身就含有传播的驱动力，因为它生来就与公众利益密切相关。所以，要进行成功的网络策划，比较妥当的做法就是：要让商业性话题契合当下的公共性话题，契合当下的社会背景。让商业目的做幕后，让公共话题唱主戏，让一切都发生得看似顺乎自然。这样做的好处在于让商业话题与人们关注的社会话题方向一致，这样就能够获得最广泛的网上传播基础。一旦消费者看穿这只是一出精心策划的商业秀，那么企业营销效果就会大打折扣。

## 2．人们不会自动传播商业话题，但会主动传播公共话题

人们不会在网上自动传播企业的商业信息，但会主动传播那些与他们的利益密切相关的公共话题。企业进行网络策划的时候，应该让策划事件与人们关注的社会问题"吻合"，并且满足人们的最终期望。具体的吻合之道在于企业的网络策划应该以正面的力量示人：对于正面的社会现象，要采取积极倡导、推动的姿态；对于负面社会现象，要采取敢于拒绝、对抗的姿态。正如昆士兰"世界上最好的工作"和新加坡"电梯有鬼影出没"的招聘广告一样，当人们普遍处在面临失业的焦灼情绪中时，一份门槛低的高薪职业适时推出，满足了人们对工作的期望。而当人们时常为因加班导致亲人疏离苦恼时，一份不用加班的工作出人意料地推出，适时引爆了"和家人多一点时间在一起"的话题活动。这就是"流行"背后的逻辑。

## 3．在商业话题中注入公共性的话题

现今很多商业策划都想趁着社会舆论这股东风，试图制造出一些社会话题，或者试图把商业话题引到社会话题上来，从而让广告宣传变成引起媒体和人们关注的公共新闻。一旦商业话题变成了公共新闻，人们就会纷纷加入舆论的生产与传播队伍中去，商业宣传就会变成自主自发式的口碑传播。但是商业策划与公共新闻毕竟不同。商业策划需要正能量，需要道德的制高点，需要的是来自人们对企业的正面评价与支持。而社会舆论则喜欢暴露社会问题，揭发社会丑陋，引起社会争议。那些越是有争议的新闻话题，就越能引起人们的关注。有一位传播学者曾这样说道："争议性公共议题的触发及短时间内高度聚焦的争议化的扩散传播，通常源于这类事件表象背后的深层次的公共利益与秩序，传统道德与伦理等遭遇的调整，并由此造成局部的社会公平失衡，社会秩序失范，社会底线失守或是集体意识的衰落及社会敏感问题。"他还认为："愈争议愈传播，愈传播愈争议。"①

这是公共新闻的逻辑，争议就意味着各种对立的观点相互冲突，难分高下。商业策划有时也借用争议，但是最后商业策划总是撇清争议，引导人们的观点走向对企业有利的一面。

## 4. 把企业的商业目的隐藏在公共话题之下

并不是所有的商业目的都能被涵盖进社会公共话题之中，但是公共话题却为现代营销提供了新的武器。有时对公共话题的利用表现出极大的偶然性，有些公共话题可遇而不可求，有些公共话题则需要我们精心策划或制造出使其发生的条件。有些公共话题发生后，很多企业或营销人员无动

---

① 陈刚．范式转换与民主协商：争议性公共议题的媒介表达与社会参与[J].新闻与传播研究，2011（2）.

于衷，认为它们与之无关，白白错失了新的营销机会。事实上，只要我们细心观察，另辟蹊径，就能够把公共话题和商业话题联系起来。当公共话题注入商业话题中后，商业的"味道"就会变淡，甚至隐藏起来，让人不易察觉。这种方式避免了过于明显的商业目的让人们丧失兴趣和关注度的问题。当然，会有企业声称采用这种"注水方式"是出于公众利益或行业发展等的考量。在话题的多面性上，我们完全可以把商业性的一面隐藏起来，在潜移默化中达到自己的商业目的，这无可厚非。

> **社交媒体下的"草根"逆袭**
>
> 黄太吉、雕爷牛腩和马佳佳都是靠互联网思维发展起来的新生代品牌。它们的蹿红反映了利用社会化媒体从事品牌营销的魅力。2013年下半年，赫畅和黄太吉开始利用社交媒体在网上卖煎饼，并最终形成了自己的粉丝文化，在社交媒体上拥有一大批忠实的粉丝。仅仅一年时间，黄太吉估值就达数千万元，连开了多家分店。而创始人赫畅也开始作为明星出席各种公开场合，受到热烈追捧。他曾信心满满地表示，黄太吉要在6个月内实现销售1个亿，2015年下半年要开到20家店，并最终实现上市，使年营业额达到100亿。同样，在2011年年底到2012年年初，一个名不见经传的大学生张孟宁（网名马佳佳）在学校附近开了一家创意情趣用品店Powerful(泡否)，首次用健康阳光的形象诠释原本晦涩隐秘的行业。她长期在微博、微信上进行性教育答疑，写过搭讪大法，热衷于调戏粉丝，言辞犀利而富有幽默感。她深谙"草根"心理，甚至不惜通过自毁形象来博得眼球。2014年2月15日，作为名人的马佳佳还在万科公司演讲，其"房地产迟早被颠覆，90后压根就不买房"的言论让她的人气指数不断攀升。

只要观察这些互联网思维下诞生的新生代企业，就不难发现，诸如黄太吉、雕爷牛腩和马佳佳都特别擅长利用话题来博得眼球，从而引起关注，制造品牌知名度。例如，黄太吉一开始是靠"开奔驰送煎饼"的手段成功吸引眼球。张孟宁则是通过成为江苏卫视《非诚勿扰》节目的女嘉宾而引发关注的。如果去百度搜索关键词"马佳佳"，就不难发现，人们对"马佳佳"的关注度主要是通过一次次的"话题"来推向高峰的。

如图4-1所示：通过一个又一个"话题"的炒作，"马佳佳"获得了关注。新闻热点和搜索热点在时间上高度重合，无论是正面报道还是反面批评都让"马佳佳"的关注度一路飙升。例如，与马佳佳相关的话题有："马佳佳曾化名张孟宁上非诚勿扰（2014年2月13日）""马佳佳：90后压根不买房（2014年2月17日）""马佳佳的线下店貌似冷清（2014年2月18日）""开发商不妨听听马佳佳的'不买房'声音（2014年2月21日）"、"马佳佳炮轰'任大叔'（2014年2月25日）"、"马佳佳式营销能做啥（2014年3月17日）"、"质疑：马佳佳，只懂营销的商业模式是无用的"、

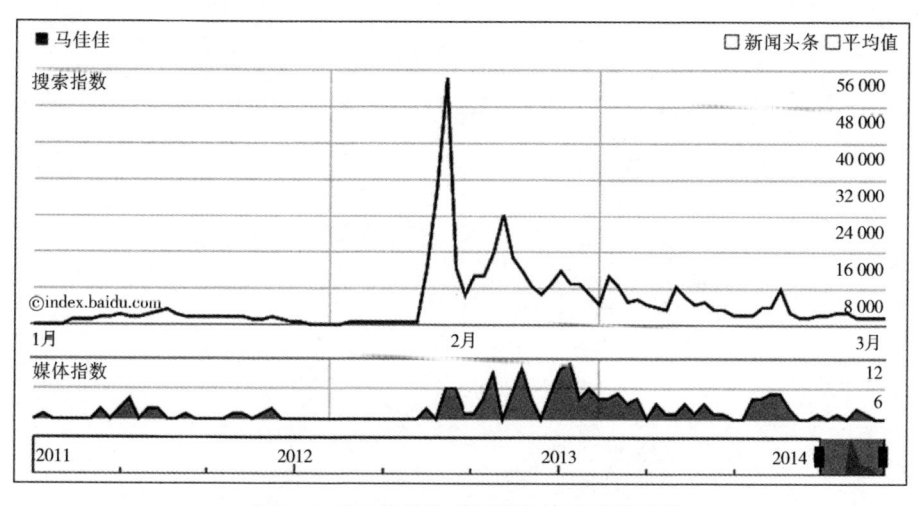

图4-1 "马佳佳"关键词的百度搜索指数

"高考状元开情趣用品店（2014年3月12日）"等。正是这些充满着争议和质疑的话题让马佳佳的名气越传越远。

社会化媒体是"话题"的孕育场地，"话题"是社会化营销的秘密武器。通过话题营销，既可以大大节约宣传成本，又可以制造口碑传播效应。话题往往充满着争议和质疑，而这恰恰是引发网民参与讨论的原因。在社会化媒体上，有效传播的前提是需要提供多元表达的空间。

不过，值得一提的是，这种话题式传播往往表现出极强的时效性。它能引起暂时的高关注度，但这种高关注度并不一定持久。所以，企业只有不断衍生或发展出新的话题，才能获得持续的关注。持续的品牌宣传是保持品牌活力的重要因素。

事实上，话题在制造品牌知名度上非常管用，但却不一定能够制造品牌"忠诚度"。对于那些希望节省宣传费用的品牌而言，特别是对那些新生品牌而言，它们一方面需要借话题炒作来引起关注，另一方面必须立足于产品线及产品体验，通过产品价值来提升人们对品牌的忠诚度。

# 05 真实：流行制造的大前提

## 一、网络是流行的策源地

### 1. 全民传播时代

在口口相传的人际传播时代，要制造"流行"是一件非常困难的事情，因为那个时代的传播主要是小圈子里面的传播，范围很窄。在印刷时代，人们通过报纸、杂志等纸质媒介获取信息，这些纸媒成为重要的"流行"制造机器。但是这种传播还是有很大的局限性，从媒体到受众，信息主要是沿着单向线路进行传播，受众被动接受信息。到了网络时代，一切都改变了。"流行"的制造相对于前面任何一个时代要容易得多，也要复杂得多。只要细心观察，就能发现，绝大部分的流行现象都发生在社会化网络媒体上，绝大部分的流行都是由网民一手推动的。网民，这个具有特殊意义的词汇，不仅是信息的接受者，而且还是信息的制造者、传播者。他们同时扮演了记者、编辑、发行人、受众等多重身份。有学者曾就网络的这种新奇性指出："技术正在打破那种以少对多的交流观念。有些交流总是比其他人更有权力，但是网络故事背后隐藏着这样一个重要的观念，即人们首次能够实现多人对多人的交谈，对于那些能够买得起电脑设备并付得起电话账单的人来说，他们每天都能既做自己的制作人和经纪人，又做自己的剪辑人和受众。他们的故事编得越来越特异、互动而个体化，在不同的场所按不同的方式讲述给不同的受众。"[①] 可以

---

① 马克·波斯特.第二媒介时代[M].范静哗，译.南京：南京大学出版社，2005.

说，过去从没有哪一种传播现象卷入到全民传播的大浪潮之中。越来越多的网民开始发挥媒体的功能。在互联网上，信息的传播几乎是"共时"的，从信息的发布到信息的接收也几乎是同步的。这意味着传播速度越来越快，传播的面越来越广，传播效果的影响力也越来越大。可以说，我们所处的这个时代是一个"全民传播"的时代，是全民参与"流行"制造的时代。

## 2．网络上的"弱关系"传播

在传播学说中，存在有"弱关系"理论，这是解释网络时代传播关系的一个很有用的理论。过去人际传播主要是熟人之间的传播，比如你有一个重要信息，你会告诉你的朋友，然后再由你的朋友告诉朋友的朋友，这种强关系传播非常地缓慢，传播范围也非常有限。但是在网络上，即使你根本不认识的人也可以直接从你这里获得信息，于是获取信息的路径缩短了，获得信息也更加容易了。例如，当你在微博上发布了一条信息，你微博上的粉丝，或许有很多你压根就不认识，他们也能接收并分享你的信息，这一切导致"流行"的速度成级数的提升。可以说，网络是人们制造"流行"的核武器，是流行的策源地。

总之，网络这个公共空间可以说是"流行"的发酵池，它为"流行"提供了最为便利的平台和支持。很多网络事件通过网民的扩散传播，迅速在社会上"流行"开来。网络事件是指"在一定社会背景和社会环境下，全国范围内的网民基于某些目标诉求（利益的或情感的），主要在网络上通过大量转载、跟帖、讨论等方式，产生一定的表达和意见的效应，进而在全国范围的网络中产生重大影响和规模的传播性事件"[1]。

---

[1] 李彪．网络事件传播空间结构及其特征研究［J］．新闻与传播研究，2011（3）．

目前，社会上有些专门从事网络推广的营销公司，它们利用论坛、博客、微博、微信等社会化媒体为企业客户扩大知名度，提升网络人气。一些网推广告公司则通过制造网络事件引起人们对推广企业或品牌的广泛关注。相较于传统的广告推广而言，网络推广或社会化营销往往能整合各种互联网资源和网络媒介推广平台，增加公司网站的曝光度，提升公司品牌的知名度，并能运用多种网络推广手段提高网站访问量，从而做到以更少的成本取得更大的推广效果。诸如资源类文库推广、视频推广、互动性微博推广等网络推广方式，产生的病毒式传播效果是过去的广告难以想象的。网络用户的黏性、互动性也是传统广告推广无法比拟的。

越来越多的人参与到网络营销中来。面对互联网这座金矿，有些人打起了歪主意。例如，一些不法网络推手通过制造、散布谣言来吸引眼球。如果说商业策划提供了一个表达"社会正情绪"的合法合理的管道，其最终结果是促进了社会秩序和功能的稳定与顺畅，那么一些不法的网络推手及公司则制造了一个"不可爱"的管道，通过利用"社会负情绪"制造谣言和诽谤，最终破坏了社会功能和秩序导致。比如有些网络推手利用人们仇富仇官的心理不惜虚构一些炫富事件、官二代事件，对社会造成了不良的影响。对此，企业营销应该加以区分，坚决做正当合法的社会化营销。

## 二、利用网络做正当合法的社会化营销

或许大家还记得"立二拆四"和"秦火火"这两位红极一时的网络推手。2013年8月，这两个人因在网络上大肆制造谣言而被绳之以法，这个事情通过央视新闻、焦点访谈、东方时空等节目的连续报道，最终

形成了一股声讨网络造谣的巨大浪潮。让我们先来看看这两个网络推手策划的一起典型的网络事件。

### 别针换别墅的神话

从2005年7月起，26岁的美国外卖员凯尔·麦克唐纳利用互联网，用一枚红色曲别针开始与人交换物品，最终利用一年时间换回一套漂亮的双层公寓！这个行为引爆了人们对原始交易的回归和渴望。2006年10月15日，一个自称"艾晴晴"的中国女孩在网上公开宣称，要用100天时间用一枚别针换回别墅，重写这个神话……看能不能创造一个中国版的美丽童话。她说："我打算所有的过程都是当天发生后，当天发到网上来，希望网友们多帮我出主意，想办法，一幢别墅对我的诱惑实在太大了。"第一天（10月15日），"艾晴晴"用一枚要来的曲别针，首先换来了一位在街边长椅上休息男子的照片；接下来，她用照片和另一个年轻男子换得一个精致的小玉佛；然后，一位外国女人，竟欣然用一部手机和她交换了小玉佛。虽然有多人拒绝了她的换物要求，但在短短三小时内，曲别针换来了一部手机也足以让她信心大增。"艾晴晴"图文并茂的换物经过一经贴出，立即引发轩然大波。有支持、叫好的，有质疑、不解的，也有反对、咒骂的，更有出主意、甚至直接提出换物要求的。"艾晴晴"的帖子吸引了众多眼球，她也很快拥有了粉丝——"情丝"。与此同时，有网友质疑"艾晴晴"此举纯粹出于"不劳而获"的想法……不过细心的网友很快发现，经过照片比对，这个自称"艾晴晴"的女孩，竟然与当年超女杭州唱区二十强的王晓光长得一模一样。事实上，这个女孩就是王晓光。"别针换别墅"其实就是一起精心制造的骗局。它的目的是为了通过炒作制造超女的知名度进而获得相关幕后利益。

据"立二拆四"介绍，是他一手编造了"别针换别墅"的故事——"我很想做点事，就策划了这个新闻，关于一个女孩的，希望做出可持续的创意秀。但一开始网民肯定不会关注，那么我就决定做假。"他还说道："如果真是一步一步来，网民不会关注，媒体也不会关注。"按照"立二拆四"的设计，这个女孩从一枚别针开始以物换物，第三步换到一个小玉佛时，"立二拆四"在马路边找到了一个外国妇女，交给她一部手机，谎称拍网络剧需要配合，对方被骗后象征性地摆了一个动作，于是就有了"老外递手机"的照片，继而引起网民关注，就这样"立二拆四"以"托儿"的方式一步步地"假"下去。"立二拆四"说："从别针到外国女人的手机，从价值为零到价值数百元，这就有了新闻性。发布两小时后，相继有记者来采访。"在整整隐瞒了网民和媒体100天之后，由于跟当事人发生矛盾，"立二拆四"本人才揭露了事件真相。

尽管都是策划，但与美国小伙凯尔·麦克唐纳利用别针换别墅不同的是，凯尔·麦克唐纳的事情是真的，而"艾晴晴"别针换别墅则是一个不折不扣的大谎言。那些愿意换物的人都是"立二拆四"事先安排的。愚弄、欺骗网民的行为当然应该受到强烈谴责。但是在这个案例中，我们不得不承认"立二拆四"这位网络骗子确实抓住了一些制造"流行"的因素。首先是心理因素——即抓住了人们对"一夜暴富"的渴望。其次是流行的叙事因素。它采用了一个戏剧化的故事结构，令事件发展充满了张力和看点。最后是话题因素，"别针换别墅"一般被人认为是不可能完成的事情，因而具有了话题性。这几个因素掺杂在一起，于是这个假新闻便在网上"流行"起来了。当然，"别针换别墅"的策划最终犯了兵家大忌，那就是不应该欺骗、愚弄大众。

在当今社会，一些网络推手为了攫取经济利益，不惜捕风捉影、无中生有。像"立二拆四"和"秦火火"这些不法分子，他们深知网民的习性，也为了迎合网民的需要，不惜进行网络造谣。他们认为网络传播的诀窍在于要使网民觉得自己是"社会不公"的审判者，只有反社会、反体制，才能宣泄对现实的不满情绪，才能将他人一辈子赢得的荣誉在一夜之间摧毁掉。这些网络骗子信奉的宗旨是：谣言并非止于智者，而是止于下一个谣言。他们通过制造网络谣言、恶意诋毁他人等手段不断挑战人们的心理底线，他们任意地践踏社会公序良俗，破坏社会伦理道德的边界，在网络策划中通过耸人听闻、越轨出位的手法对事件进行网络包装。

商业传播绝对不能通过造谣、诽谤的方式去获得"流行"，这也是我们的底线。商业传播需要正能量，而绝不能从事反社会、反体制的活动，否则会引火焚身。企业在进行策划的时候，虽然经常要制造话题，但这种话题与网络推手们为了形成社会舆论而制造的争论性话题并不一样。它不能虚构、欺骗，不能脱离法律和道德的边界。它必须真诚、真实，这是营销策划的先决条件。伊文思在《社会化媒体营销技巧与策略》一书中就告诫我们在使用社会化媒体时候应该警惕法律风险，他建议社会化营销团队应该懂得一些法律知识，或者要依靠法律部门或法律团队来一起参与社会化营销。央视的评论员杨禹这样评论网络："只有边界才能有自由，有底线才能有空间。"商业策划在进行社会化营销的时候要守住这个边界和底线。不可否认，商业策划需要利用人们的情感，需要引导、宣泄人们的情绪，并为之提供窗口。但这个窗口应是一个良性的窗口，而不是用"以暴抗暴"的方式去释放人们的情绪，应是以一种积极的方式去疏导情绪。

## 三、真实——社会化营销的前提

**案例一：真假老虎背后的商业秘密**

> 2007年10月，陕西省镇坪县农民周正龙声称他在野外拍到了几乎灭绝的华南虎，随后陕西省林业厅公布了周正龙用数码相机和胶片相机拍摄的一张华南虎照片。照片的真实性受到来自网友、专家、法律界人士等多方面的质疑，这就是有名的"周老虎事件"。这个事件在网络上持续发酵，引起了全国人民的广泛关注。

如果我们把"周老虎事件"只是当成一次"政府诚信滑坡"的例子来看，那就是还没有窥探出其中的商业玄机。为什么陕西省林业厅敢于冒险发布一张假的华南虎照片？难道陕西省林业厅真的不知道这是一张假照片吗？为什么当人们普遍怀疑照片的真实性的时候，陕西省林业厅还要信誓旦旦地力挺老虎是真的呢？

我们不妨将湖北"神农架野人事件"和陕西的"周老虎事件"对比一下，就能窥出其中端倪。看过神农架野人视频的人可能会有这样一种感觉：那个野人的举动非常奇怪，竟然十分配合摄影师的角度，甚至朝摄影师隐藏的位置看了一下。

真的有野人吗？不管"野人"是否真正存在，这个传闻最终还是被人们煞有介事地传播开来了。不少人对此都半信半疑。但尽管如此，去神农架旅游、猎奇的人还是成倍增加，神农架景区的收入一下子可观起来。从商业的角度来看，像"周老虎事件"和"湖北神农架野人事件"都可以促进当地旅游业的发展，因为它们可以满足游客们对稀缺性景观的猎奇心理。

华南虎事件本可以为陕西优质的旅游资源做宣传，实际上也确实制造了让人始料不及的"流行"现象，但可惜的是这个"流行"因为触及了政府诚信的雷区，且因为多方介入而最终引发广泛的批评。湖北神农架的野人让人将信将疑，由此带来的旅游吸引力正佳，而华南虎照片经权威专家鉴定后，被定性为造假。华南虎事件最终没有达到神农架野人事件那样的旅游宣传效果。

**案例二："寻找孩子他爸"**

> 在 YouTube 上，一名丹麦美女怀中抱着一个握着奶瓶喝奶的婴儿，说道："Hi，我叫凯琳，来自于丹麦，这是我家宝宝，名叫奥古斯都。我录制这段视频的目的是为了找到奥古斯都的父亲。如果你在那里并看到了这个视频，那么这一切都是为了你。一年半前，我们相遇，那时你正在丹麦度假。我们在 Custom House 酒吧相识，那时我正准备回家，我想你是与朋友失散了。后来我们决定下车喝水解解渴。是的，真的有点不好意思，但我记得就是这样。我不记得你来自哪里，我甚至不记得你的姓名。但我记得我们当时一直在谈论丹麦这个国家，和具有 Hygge（温馨、舒适）特点的事物。好多外国人经常会问起 Hygge……是的，你真的很英俊，我想我大概是想让你展示所有 Hygge 的内涵吧，所以我们回到了房间。第二天早上当我醒来时，你却不见了。我不会责怪你什么，我也没有发疯，也不是要把你拴住，我只是真的真的很想让你知道奥古斯都的存在。他就在这里，我觉得对你、对他，我都该这样。而且，我想让你知道，我不是一个头脑简单的荡妇或者什么复杂的人，我知道奥古斯都是你的孩子，因为那晚之后，我就守身如玉。"

这段视频被放到网上后短短数日就有60万的浏览量。几乎所有人都站在凯琳的一边，希望她找回自己孩子的父亲。不过也有人怀疑这段视频的真实性。经过网友的一番搜索，他们发现了策划者——丹麦旅行社，是它制造了这段视频。于是，一切都昭然若揭了——这其实是一个丹麦的旅游广告，它想告诉人们：丹麦不仅有舒适、温馨的风景，在这里，还随时可能邂逅一段美妙的艳遇。从传播效果上来说，这段视频引爆的流行热度是非常成功的。但是，问题在于它不是真的！网民最终感觉被欺骗了，他们也不再相信丹麦真的会随时邂逅艳遇这样的鬼话。人们开始声讨视频的制作方，而且丹麦的女士们也非常生气，因为她们觉得被这段视频冒犯了。我们看到，这段视频确实有流行的热点，但这是一个负面热点。就像"周老虎事件"一样，负面的热点虽然能达到"众所周知"的效果，但是却有可能带来灾难性的后果。制造"流行"的前提必须真实，不能造谣、欺骗网民的感情。在互联网上，纸是包不住火的，一切谎言最终都会被网民戳穿。考虑到"人肉搜索"的强大威力，奉劝大家还是不要撒谎。我们可以假想一下，如果丹麦旅行社发布的视频是真的，若真有这么一个艳遇故事，那么这将是一个多么成功的病毒式营销。

"流行"制造的前提就是真实。采用欺骗、造谣的方式去制造流行终究会遭到网民的报复，其后果是得不偿失的。对于企业而言，若想利用好社会化媒体，就必须基于真实的原则，从话题的产生到网络事件的制造都必须真实、合法，绝不可为了博得眼球就刻意制造一些虚假或耸人听闻的事件。

# 06 跨界：巧借新闻的力量

## 一、"猎杀无人机"活动背后的玄机

无人机在美国乃至全世界都是一个富有争议性的话题，关于无人机的新闻频频见诸报端。美国国防部在大肆发展无人机技术的同时，也引起了不少美国民众的反对之声。根据盖洛普公司的民调显示，66%的美国民众反对无人机在美国境内针对恐怖分子发动攻击，因为美国民众发现无人机经常会错杀无辜百姓。2011年10月28日，近2000名巴基斯坦人举行示威游行反对美国无人机。这次游行的导火索就是因为美国无人机越境轰炸，导致了巴基斯坦无辜平民死伤。据媒体报道，一些参加示威的年轻人纵火焚烧无人机导弹的木质模型，高喊"不要无人机袭击"、"对无人机说不，对美国说不"等口号，还举着写有"停止在巴基斯坦的无人机袭击"的标语牌。参与该活动的人士还称："90%或95%无人机轰炸的受害者是无辜平民。"在很多地方，无人机都成为了众矢之的，成为了新闻热点。

在美国科罗拉多州有一个叫鹿径的小镇，这是只有一个加油站、一个酒吧的小镇，而且资源极度匮乏，因此要想振兴小镇的经济真是一件让人伤透脑筋的事情。不过小镇居民打起了天上无人机的主意。聪明的小镇居民想到一个旅游策划方案。他们开始计划一个议案的投票：凡是通过小镇上空的无人机，小镇居民都可对其进行合法"猎杀"。如果这个议案通过，那么小镇居民或前来小镇的游客都可花25美元（约合150元人民币）取得击落联邦政府的无人机的"捕猎执照"。而且出示残骸还可获得镇上提供的100美元奖励。甚至有小镇居民提议，索性每年组织一次"射杀"无人机的活动，为小镇招揽人气和商机。在投票进行前，联邦政府已经明确表示"猎杀"无人机违反联邦法律，如果实施将会受到法律惩罚。即便如此，小镇已经闻名遐迩。

事实上，这个计划一经提出，全球各大媒体纷纷加入报道"鹿径小镇猎杀无人机"的行列，这些媒体中当然也包括中国的权威媒体——中央电视台。小镇一夜间举世闻名。不管议案有没有通过，小镇已经获得了名气，从这个意义上说小镇的目的已然达到，它的"流行"策划大获成功。总结起来，美国鹿径小镇的"流行"制造方法是这样的：鹿径小镇把自己卷入到一个已经发生或者正在发生的新闻热点话题中来，借助一个已知的热点加以演绎，从中制造或扩大新的热点，成为新的热点话题的参与者。无人机本来就是一个具有争议性的话题了，"猎杀"无人机则是在此基础上制造的一个更有争议的话题。

## 二、在原来的流行话题上再制造新的话题

现在很多商家老是抱怨找不到好点子，在他们看来几乎所有的营销手段都已经被用尽用滥了。至于社会上时常发生的一些热点话题或新闻，似乎与他们毫不相关。例如，电视台曾报道松花江洪水通过沈阳主城区的新闻，当时引起了人们的广泛关注，但这与远在广西南宁的一家灯泡厂有什么关系呢？很多企业确实想不出它们有什么联系。但我们不妨这样反问：美国的无人机与科罗拉州的小镇本不也毫不相干吗？如果我们确实制造不出新的流行话题，那么我们或许可以使用滑稽模仿的方法，屹立于那些已经流行的潮头，或对已经流行的热点继续挖掘，尝试参与其中。很多热点

或新闻，本身就具有延展性。随着事件的进一步发展，真相的进一步揭露和新闻的深度报道，越来越多相关的话题会滋生出来。这时营销策划者就需要看得长远一些。原来的热点或许你参与不了，但是下一个新热点的制造者和参与者可能就是你。例如，关于无人机的话题可以说是一茬接着一茬，每一次相关新话题的产生都会再次提升人们关注的"热度"。

> 关于无人机的话题已出现过以下这些：
> （1）美国无人机的发明；
> （2）美国国内出现反对无人机的声音；
> （3）无人机成功的执行了某次军事打击；
> （4）无人机错杀平民百姓；
> （5）巴基斯坦民众游行抗议无人机；
> （6）猎杀无人机等。

我们相信关于无人机的话题还会延续下去，而下一个关于无人机的话题是什么谁也无法预料。科罗拉州的鹿径小镇制造的"猎杀无人机"的话题让这个资源匮乏的小镇一举闻名。那么，下一个新的话题你会制造了吗？

> 观点（View）：在原有的话题上制造新话题，利用原有话题的热度打入新的楔子，这也算是制造"流行"的一个窍门了。

## 三、跨界：广告与新闻如何携手合作

### 1．广告和新闻的分界

在这里，我们还需要进一步思考的是，美国鹿径小镇的一场商业策划秀，缘何会被各大新闻媒体争相报道？一般来说，在新闻里面，是不允许进行广告宣传的。媒体对广告是既爱又恨。一方面，广告收入是很多媒体最大的利润来源；另一方面，过多的广告会损害媒体自身。

在媒体经营中，为了防止广告对媒体内容的侵害，新闻和广告一直恪守着各自的专业分界线，它们各有不同的时段、版面和叙事模式。例如，在一份报纸中，有专门的新闻版面和广告版面；电视节目中也分为专门的广告时段和新闻时段。广告带有明显的商业信息，它是一种功利性的、重复的文本，而新闻追求的是公共、客观、新鲜的文本。但是也有例外，如果商业话题成为了社会新闻，那么媒体也会主动对其进行报道。

### 2．新闻的特性

什么是新闻？所谓新闻是指报纸、电台、电视台、互联网等媒体经常使用的记录社会、传播信息、反映时代的一种文体，很多社会新闻总是微言大义或者以小见大，它们无一不反映着民生、民权、民主这样的社会议题。财经新闻虽然经常提到企业，但是看上去广告意味非常淡。在第二次世界大战时期，美国贝尔电话实验室的电子工程师、数学家克罗德·香农认为每一则讯息都可以用信息量来衡量。信息量越多的讯息就越有可能成为新闻。"讯息的信息量，就是一系列潜在事件和这些事件的相对概率之间的关系。事件越可预见、发生的概率越大，讯息所包含的信息就越少，反之则越多。"① 比如"八月不下雪"，这基本算是一个常识，发生的概率大，所以算不上新闻。但是"八月下雪"就是大新闻，因为它发生的概率很小，难以预见。常识很难成为新闻，大家总是对那些奇谈怪闻以及那些不可思议、意料之外的事情倍感兴趣，所以越是反常识、反常态的信息则越有可能成为新闻。新闻的这个特征也为商业流行策划提供了启示。我们总是希望制造一个出其不意的事件引起广泛的关注，甚至有些人认为营销的最高境界就是不按常理出牌，制造的话题必须打破常规。

新闻的社会性也启示我们在策划的时候要能打破商业与其他领域的分界。很多营销策划只是纯粹的商业策划，但是一些精心策划的商业话题一旦与社会议题相结合，便具有新闻的属性。于是这些广告宣传、营销活动披上了新闻的面纱，成为媒体主动报道的社会新闻。要知道，纯粹广告的传播效力远远不及新闻的传播效力，新闻传播比起广告传播更具有公信力，更能引发自动传播。一旦商业话题变成了新闻话题，那么商业传播的速度和效果都将成级数放大。

## 3．广告如何跨界进入新闻领域

这种跨界营销越来越受到营销界的青睐。特别是在网络上，跨界营销正在以一种隐秘的方式影响消费者。通常杂志、网络等都会通过板块划分来实现不同内容的组合。比如新浪、网易等门户网站把资讯分成新闻、娱乐、股票、基金、汽车、家居等板块。广告一般都会留有专门的

---

① 埃里克·麦格雷．传播理论史：一种社会学的视角［M］．刘芳，译．北京：中国传媒大学出版社，2009：57．

位置，以便让人们一眼便知道这是广告。电视台也拥有专门的广告时段和广告板块，它们与新闻的时段和板块绝不相同。这种板块划分确实能有效地避免广告对节目内容的损害，这样不仅让内容条理更加明晰，而且还能对消费者进行区隔，有利于实现精准营销。报纸、电视、网络等媒体主要是通过内容来吸引受众的，而广告则不太受欢迎。媒体或严格限制广告数量，或把广告和内容分开，其目的都是为了避免广告损害内容从而降低媒体的吸引力。但是，在广告的利润诱惑面前，很多媒体还是会铤而走险。笨拙的会在新闻或其他内容板块强行插入广告，而高明的则会尝试用更隐秘的方式植入广告，这样既避免广告对内容的侵害，又能获取丰厚的广告收入，做到鱼和熊掌兼得。

## 4．打破界限，创作更易于流行的隐性广告

总之，如果哪则广告打破这些板块界线，通过跨界的方式出现在其他内容板块中，那么它就能吸引更多的人关注，同时还能消除广告的抗性。当然这则广告能够出现在其他板块之中，是因为它同时也具有其他板块内容所具有的特性。有些广告因为具有公共性也可能成为社会新闻，有些则是因为其具有娱乐性。例如，汽车广告通过伪装就可以变成一条娱乐新闻。"中国好声音导师的座驾"这样一则娱乐新闻出现在网易的娱乐版面和图片新闻中，看似无可厚非，实则为一条汽车广告。这种广告一经伪装出现在娱乐和新闻版面中，于是变成了娱乐八卦新闻，它比纯粹的广告形式更能迷惑人。同样，对于一家钟表公司而言，与其花费大量金钱在专门的广告时段、广告板块投放广告，不如制造一个与钟表有关的娱乐八卦，把它放在门户网站的娱乐版，这将能够吸引更多人关注，而且广告的那种抗性和赤裸裸的功利味道会减轻许多。这种版面和时段的跨界使得广告来了一个华丽转身，它可以化身成新闻的模样，也可以成为一条娱乐消息。

如果是在社交网站，它就应该化身成社交网站的那种对话方式，尽量隐藏自己的商业性、功利性，与人们进行分享、对话。今天我们称这种隐蔽的广告为隐性广告。与植入式广告、环境媒体广告的隐性相比，把广告伪装成新闻、笑话等方式显得更为隐秘。这是一种新的隐性广告形式，用这种方式来吸引关注不失为一个好方法。

### 5．无孔不入的商业策划

事实上，现代的商业策划几乎无孔不入，无所不用其极。一条社会新闻，一个意外事故，看似与商业毫无瓜葛，其实背后却有不可告人的商业目的。一不小心，消费者就可能陷入到一个商业陷阱中去。很多电视选秀节目精彩纷呈，如《非诚勿扰》《我们约会吧》《中国好声音》等在国内反响巨大，但是稍加留意，我们就能发现无论是参赛选手、嘉宾还是评委都怀揣着各自的商业目的而来，他们希望借这些节目宣传自己。同样，广告、新闻、娱乐、游戏等也早已经不是那么泾渭分明了。商业已经渗透到各个领域，并且将自己潜伏起来。

总之，现代营销的技巧越来越高超，诸如隐性营销、隐性广告等传播方式在当今社会将大行其道。

## 四、传统新闻媒体响应推动流行浪潮

在现代社会，传统媒体依然拥有强大的威力。与兴起的社会化媒体相比，传统媒体在认知度和公信力上都要强于新兴媒体。以央视为例，央视新闻的每一次曝光几乎都能引起广泛的讨论和关注。

> 2012年9月,央视记者做了一个"你幸福吗?"的调查;2013年10月,央视又做了一个"爱国,你想到什么?"的调查。由于这两次调查都是采取街头采访的突击方式,受访对象都是些寻常百姓,所以调查显得特别真实。结果,央视所做的两次调查都取得了广泛的反响。特别是一些调查者的"神"回答迅速走红。比如在"爱国,你想到什么?"的调查中,记者问道:"说到爱国者,您会想起谁?"一男生回答:"导弹吧!"还有一位退休教师的回复是:"爱国我就想起九一八,也就是国耻日,懂吗?"记者回答:"懂。"像这些"神"回复引起了网友们的热议。事实上,吸引观众的不仅在于调查本身的意义有多大,还在于人们的"原生态回答"充满趣味。

传统媒体的新闻威力实在不可小觑。我们发现,很多新闻话题一经传统媒体报道,马上便会在网络上引起热烈的回应。很多时候,传统媒体和新兴媒体会像演双簧一样开展互动,你唱我和。有时是传统媒体制造一个话题,引发新兴媒体的报道;有时则是新兴媒体,如网络论坛上的事件,引起了传统媒体的报道。这种互动进一步提高了话题的关注度。值得营销人员关注的是——那些在社会化媒体上兴起的"流行"现象,需要传统媒体进一步引爆。如果说,社会化媒体制造病毒传播话题,那么传统媒体,特别是报纸、电视的报道则可以进一步增加话题的可信度。可信度高且传播迅速的话题,很难不"流行"。

在网络中,传统新闻媒体的介入会使网络话题和网络事件的关注度成倍增加。传播学者樊亚平在《网络新闻传播产生社会影响力的一种特殊模式》中介绍了一个网络新闻产生影响力的"二级传播模式":网络媒体报道—传统媒体积极响应—社会关注度高;网络媒体报道—传统媒体没有应和—社会关注度低。这个模式告诉营销人员:应该线上与线下配合,新媒体与传统媒体相配合。除了利用广告的专门时段和板块进行宣传外,如果能再利用新闻的专门时段和板块再对其响应,把广告当成新闻来传播,那么传播的效果就会惊人地爆发。

在商业策划中,有一个类似二级传播模式的"流行"传播模式:商业话题—通过广告媒体报道(作为广告)—演变成新闻(作为新闻)—经传统新闻媒体主动报道—形成高关注度,如图6-1所示:

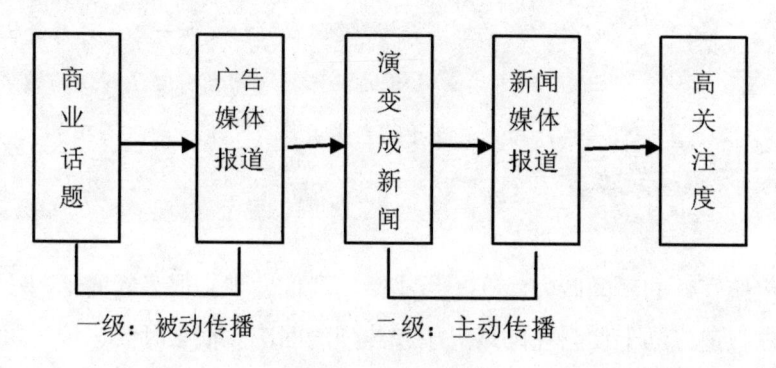

```
[商业话题] → [广告媒体报道] → [演变成新闻] → [新闻媒体报道] → [高关注度]
     一级:被动传播              二级:主动传播
```

图6-1 二级传播模式

在这个模式中,广告通过一定的伪装化身成新闻。本来是在广告媒体上出现的商品信息,一旦被隐秘地搬到了新闻媒体这个大舞台上,便能引起高度关注。在当今社会,我们常常看到一些新闻与商业的融合,尽管这种融合并非有意为之。当报纸和电视在报道一则新闻的时候,它也可能正在为企业进行宣传。总之,对于同一条消息,新闻与商业各取所需。新闻取的是这则消息的新闻性,而商业取的是这则消息带来的关注度。

### 案例一：三一重工起诉奥巴马背后

> 2012年，美国奥巴马政府以"威胁国家安全"为由阻止中国三一重工美国子公司罗尔斯公司收购美风电场项目。奥巴马颁发行政命令称，"有可信的证据令白宫相信"，宣称三一集团及罗尔斯公司会采取"对美国国家安全造成威胁或者不利的行动"。罗尔斯公司遂在9月12日对美国外资审议委员会禁止这家公司在俄勒冈州兴建风力发电厂的计划提出法律诉讼，申请法院推翻奥巴马的停建令，并要求损失赔偿。2012年10月1日，罗尔斯公司进一步把美国总统奥巴马也列入这个案件的被告，把美国总统告上了法庭。这就是著名的三一重工起诉美国奥巴马总统事件。

一家中国的民营企业状告美国政府，甚至公然状告美国总统，而且还是在美国人的法庭上，其胜诉的难度可想而知。三一重工比谁都清楚胜诉几率的微弱，但是它还是毅然决然地起诉奥巴马政府，这是为什么呢？三一重工这样对外宣称："由于事件对公司影响很大，因此被迫高调召开记者会。""尊严比金钱重要，不是要把事情闹大。"事情的真相果真如此吗？

很多人探讨这起案件的意义，认为它开启了中国投资在美国维权的先河，为中国以后在美国的投资发展提供借鉴。我们撇开那些复杂的社会意义不谈，单从商业策划的角度来看，三一重工起诉奥巴马，不管胜负如何，对三一重工都是一次极具意义的公关宣传，它树立起三一重工"勇于作为，不畏强权、为国争光"的形象。三一重工赫然变成了中国企业中的"民族英雄"，高高屹立在广大人民的心目之中。

用不着三一重工刻意去找媒体宣传，包括央视在内的各大新闻媒体就纷纷送上门来，加入到自动报道的行列，网民们也毫无例外地站到了三一重工一边，在网络上展开热议。三一重工此举几乎赢得了全国人民的声援。这对三一重工而言，真是千载难逢的机会。借此次诉讼案，三一重工把自己的企业形象好好地宣传了一把。我们不妨重新检查一下"三一重工诉讼奥巴马事件"的来龙去脉：事件发生的背景是中国企业经常在美国遭到不公平待遇。在中美经济的"暗战"博弈中，中国的企业经常会吃哑巴亏，有苦无处诉。其实，不仅三一重工遭受过不公平对待，此前很多在美投资或与美有过贸易的中国企业都遭到过相同境遇，但此前的中国企业或忍气吞声，或只进行了有限的维权活动，动作不是很大，效果也不是很显著。这次三一重工决定把动静闹得大一点，它不仅起诉美国政府，还直接把矛头对准了美国总统奥巴马，可谓一鸣惊人。

一家中国的民营企业起诉美国权力的巅峰——美国总统，这场蛇象之间的博弈实力悬殊，本身就有鲜明的反差性，故能吸引眼球，同时它讲述的是一个与强权抗争、为尊严而战的故事，这就具备了"流行"的叙事结构。此外，三一重工无疑迎合了中国人的爱国情绪。事实上，此案的象征意义大于实际意义，案件还没有定论，三一重工就已经收获了企业口碑。三一重工成为了中国企业海外维权的典型代表，成为了维权中的领袖和先锋，这无疑为三一重工赢得了巨大的公信力。

因此，不管这起诉讼案最终结果如何，三一重工都成了赢家。企业投资被当地政府否决，对于企业而言本是一起纯粹的商业事件。但是三一重工把诉讼的矛头对准奥巴马总统这样一位公众人物，它的新闻价值瞬间被放大了很多倍。再加上它反映了中美贸易之间的摩擦，折射出中国企业在美投资遇到不公平待遇等问题，所以它背后十足的新闻性引起了媒体的广泛关注。尽管它是一次商业行为，但它更是一则爆炸性新闻。媒体的响应是三一重工求之不得的。它需要媒体来报道这件事，需要媒体把它塑造成

"英雄式"或"悲情式"的企业，这样既能博得全国人民的同情和支持，又能收获良好的企业口碑。

**案例二："中国第一商标案"——王老吉与加多宝之争**

三一重工的诉讼案不禁让笔者联想到另一起同样闹得沸沸扬扬的诉讼案，那就是广药集团与加多宝集团围绕着王老吉凉茶品牌展开的一场商标之争。虽然这起"中国商标第一案"早在2012年就已经尘埃落定，但是王老吉和加多宝之间的战火至今未熄，其中的启示也让人受益匪浅。

王老吉凉茶是广药集团旗下产品。1997年，加多宝公司看中了王老吉商标的潜质，与王老吉品牌拥有方广药集团签订了一个商标使用许可合同，合同约定租期15年。加多宝公司在取得王老吉的商标使用权后，便利用自身丰富的品牌运作经验，将王老吉从广告、渠道到包装进行了全方位再造，将其定位为"饮品"，从"中药"中脱离，并打造出"怕上火，就喝王老吉"的经典广告语。在加多宝公司一系列的动作之下，红罐王老吉实现了销售业绩的迅速腾飞。2003年，销售额由2002年的1亿元跃升至3亿元，由区域饮品跃升为全国性品牌。2008年，红罐王老吉更是一举突破120亿元大关。2009年与2010年，王老吉的销售额都维持在140亿元上下。根据公开资料显示，加多宝的红罐王老吉2011年的销售额为160亿~180亿元，无可争议地成为"中国饮料第一品牌"。广药集团和加多宝集团与王老吉的关系就好比一个是"生父"，一个是"养父"。广药集团拥有商标归属权，是"生父"，而加多宝公司则拥有商标的使用权，它将王老吉培养成才，是"养父"。现在，"生父"与"养父"要争夺"儿子"的最终抚养权，其结局可想而知。

尽管加多宝集团明知道争夺王老吉商标的官司会输，但还是毅然决然地提出诉讼。有人认为这是加多宝公司不甘心的表现，也有人认为加多宝此举的目的是为了拖延时间，消化库存，还有人猜测这是加多宝公司在打悲情牌，目的是为了博取人民的同情。不管是哪一个目的，这场诉讼的最终结果是，加多宝失去了王老吉商标的使用权。但是在这场官司中，加多宝并非什么都没有得到。加多宝收获了一项重要的资产，那就是知名度。由于这场号称"中国第一商标案"的诉讼案具有十足的新闻价值，在新闻媒体纷纷报道、全国人民竞相关注、网民热烈讨论的背景下，加多宝由"背后的英雄"走向前台，一时间几乎所有人都知道了加多宝集团，所以加多宝凉茶一推向市场，用不着再多打广告，就已经全国知名了。

　　无论是三一重工的诉讼，还是加多宝的官司，其背后都不只是法律纠纷那么简单。两家公司都明知诉讼的道路异常艰难，却都毅然决然地走下去，这也绝对不是为了维护尊严那么简单。它们的官司从客观的角度来说起到了商业公关的作用。利用新闻的免费报道来提升知名度，树立品牌形象，这比起简单的广告宣传，可以说效果更佳。

### 双汇公司的冰火两重天

　　2011年3月15日，中央电视台曝光了双汇公司的瘦肉精事件，这次曝光让平日风光无限的双汇公司一下子遭遇了滑铁卢。当时全国人民对双汇群情激奋，各地的双汇产品纷纷下架，其销售额直线下降。据双汇公司董事长万隆表示，受央视报道的影响，双汇的市场受到冲击，部分地区产品下架，企业的市场、品牌信誉和经济效益包括资本市场都遭受到了较大的损失。他说："3月15日双汇股票跌停，市值蒸发103亿元。3月15日起到25日，10天时间即影响销售10多亿元。"也就是说，双汇销售额每天损失超1亿元。瘦肉精事件曝光后很长一段时间，双汇才慢慢恢复元气。时至今日，双汇管理层对央视的那一次报道仍心有余悸，一些双汇的利益相关者对央视的报道仍痛恨不已，斥其为一派胡言。

> 到了2013年的9月,央视又一次报道了双汇公司,不过这一回的报道和2011年的报道完全不一样。双汇公司通过与美国公司长达3个多月的谈判,双汇国际收购史密斯菲尔德的方案正式获得了美国外国投资审查委员会(CFIUS)批准。如果这桩收购案成功,双汇将创下中国企业收购美国企业最大交易额——71亿美元。此次央视的报道一下子又把双汇推到了公众的眼前。不同的是,这一次双汇公司是以中国企业的"民族英雄"的身份亮相的。

总之,媒体总是用自己敏锐的嗅觉洞悉着社会上的事件是否有新闻性,这是媒体的职业本能。按理,新闻媒体应该和商业媒体严格区分开来,但如果商业事件值得作为一条新闻加以报道,那么新闻媒体对此是不会吝啬报道的。双汇公司收购美国史密斯菲尔德公司,正如三一重工状告奥巴马一样,背后体现的是中美双方两大经济体的博弈,具有新闻价值。对于双汇公司而言,这一次总算扬眉吐气了。央视对收购案的报道客观上给双汇公司做了一次有利的形象宣传,双汇也已经从过去的阴霾中走了出来。

# 07 文本:从广告语到流行语的转变

## 一、网络流行语中的各种"体"

随着电视剧《甄嬛传》的热播,除了剧中人物被人们津津乐道外,在网络上还出现了一种"甄嬛体"。《甄嬛传》中的台词因为"古色古香",包含古诗风韵而被广大网友模仿,不少观众张口便是"本宫",描述事物也喜用"极好""真真"等词。瞬间,"甄嬛体"红遍网络。可以说《甄嬛传》与"甄嬛体"是一种相依相生的关系,《甄嬛传》催生了"甄嬛体","甄嬛体"继而促进了《甄嬛传》的火爆。甚至在《甄嬛传》剧集播完之后很长一段时间,"甄嬛体"还延续着热度,至今依然是人们喜爱的语言风格。下面是一些网友创作的"甄嬛体",读起来令人津津有味,让人禁不住也想创作一些这样的文本,好赶上这趟时尚的班车。

> "想如今我的身量儿自然是极好的,修长的身型儿加上标准儿的细高跟,是最好不过的了。我愿再长高些,虽会显高大威猛,倒也不负恩泽。""说人话!""我想再长高些。"
>
> "方才见淘宝网上一个皮质书包,模样颜色极是俏丽,私心想着若是给你用来,定衬肤色,必是极好的……""说人话!""妈,我买了个包。"
>
> "额娘你看今日外面天气极好,儿臣想出宫走走,既能冲冲喜气,也能看看京城中百姓生活如何,早日完成儿臣登基之业。不知额娘意下如何?""说人话!""妈,我想出去玩。"

同样，在商业领域也不乏类似"甄嬛体"的例子。2012年10月，聚美优品投放了一则新版广告，广告由首席执行官陈欧主演。在广告中，帅气的陈欧眼神如电，表情冷酷，一字一句地念着：

> "你只闻到我的香水，却没看到我的汗水；你有你的规则，我有我的选择；你否定我的现在，我决定我的未来；你嘲笑我一无所有不配去爱，我可怜你总是等待；你可以轻视我们的年轻，我们会证明这是谁的时代。梦想，注定是孤独的旅行，路上少不了质疑和嘲笑，但那又怎样？哪怕遍体鳞伤，也要活得漂亮。我是陈欧，我为自己代言。"

2013年2月，各类改编版"陈欧体"开始走红网络，其句式为：

> "你有……我有……你可以……我会……但那又怎样，哪怕……也要……我是……我为自己代言。"

继而在网络上出现了"东方不败版"、"胖子版"、"女汉子版"、"学生版"、"高考版"、"减肥版"、"单身版"等各种版本的"陈欧体"。"陈欧体"为聚美优品带来了巨大的财富。

"大约是上亿元的价值。"办公桌前，聚美优品首席执行官陈欧认真计算着"陈欧体"给自己带来的收入。最直接的表现是一个月内他的新浪微博粉丝就由100万涨到了154万。在短时间内，"陈欧"二字的百度搜索指数猛涨至40 000，"聚美体"、"陈欧体"的综合搜索指数为30 000~40 000。他创办的公司——聚美优品的业绩，也随着"陈欧体"的风靡进入爆发式的增长。据亚历克萨（Alexa）数据显示，一个月内，聚美优品的UV（独立IP）访问量由100万成2~3倍地往上翻，如今每天有近400万的访问量和

20多万张订单。保守地计算，假设每张订单的客单价为100元，聚美优品每天至少坐收2000万销售额。

事实上，早在"陈欧体"红遍网络之前，"凡客体"已经被网民广泛地模仿与恶搞了。"凡客体"是凡客诚品（VANCL）公司广告文案宣传的文体，意在彰显该品牌的个性形象。凡客诚品最先请了作家韩寒和演员王珞丹当代言人。韩寒版本的"凡客体"文案这样写道："爱网络，爱自由，爱晚起，爱夜间大排档，爱赛车，也爱59元的帆布鞋，我不是什么旗手，不是谁的代言，我是韩寒，我只代表我自己。我和你一样，我是凡客。"之后"凡客体"便以"爱……爱……我是……"的句式在网友之间流行开来。截至2010年8月，已经有2000多张"凡客体"图片在微博、开心网以及各大论坛上被疯狂转载。最初的代言人韩寒和王珞丹也被网友替换成芙蓉姐姐、凤姐、小沈阳、犀利哥、李宇春、曾轶可、付笛声、赵忠祥、成龙、卡卡、贝克汉姆、余秋雨等各路明星。奥美互动北京总经理陈蓉这样评价"凡客体"："这是一条有态度的广告作品，我相信这是它流行的原因。"事实上，"凡客体"的流行不仅在于凡客诚品利用这种文体树立了公司的态度，还为广大网友们提供了一个表达态度的模板。于是网友们纷纷套用"凡客体"来表达他们对人生的态度，以及对他人和社会的态度。在一定程度上，"凡客体"已经变成了网友表述自我的载体，相信这才是"凡客体"真正流行的原因。

很难说，"陈欧体"是不是从"凡客体"那里获得的灵感。近几年来，在网络的生存空间里，各种"体"大行其道，红遍大江南北。比如还有"咆哮体"、"梨花体"、"红楼体"、"元芳体"等。如果把这些"体"和传统的广告文案加以对照，我们就会发现网上流行的这些"体"文案是多么的不同。传统的广告文案主要是通过修辞技巧引起受众的注意。市面上有大量的广告文案写作书籍告诉我们广告语应该怎么写、广告标题应该怎么写、广告正文应该怎么写等。例如,广告专家们经常会强调广告语应该写得简短有力、突出个性。在文案结构中可以使用单句形式、对句形式、前缀式句型、后缀式句型,在文案风格上可以使用一般陈述语言、诗化语言、口语语言等。在广告文案写作上,尽管有大量指导书,我们也积累了大量写作经验和技巧,而且确实也产生过一些脍炙人口的广告语,但是,大部分广告文案还是被湮没掉。广告人生产的大量语言垃圾,通常会被人们毫不留情地遗忘,不留下任何印迹。

## 二、流行"体"和流行广告语之所以流行的奥秘

### 1. 让"体"成为日常对话的语料

只要把那些脍炙人口的广告语和"甄嬛体"、"元芳体"、"陈欧体"等"体"语言放在一起加以研究,不难发现,它们的"流行"另有原因。传统的文案写作只是拘泥于修辞技巧和广告创作本身,而这些流行的"体"语言则早已脱离了修辞。或许大家还记得过去有这么一句广告语曾流行一时——"波导手机,手机中的战斗机"。其实,这句广告语本来没什么特别的,当时也不怎么流行,后来之所以成为流行语,一定程度上要归功于赵本山、宋丹丹在小品中的揶揄,是他们让这句广告语具有了喜剧感和讽刺感。"波导手机,手机中的战斗机"慢慢脱离了它的广告语境,被人们在各种场合模仿,也因此焕发了新的生命力。小品中"下蛋公鸡,公鸡中的战斗鸡"的台词就是对这句广告语的一次巧妙的揶揄。电影《天下无贼》中有一个桥段,贼头黎叔对着他手下的人说了这么一句话:"21世纪什么最重要?人才。"这句台词一度成为流行语中的经典,其流行背后的

原因也不在于这句话本身道出了什么深刻的道理，而在于它慢慢脱离了原来的语境，被人们揶揄、模仿运用在各种个人化的生活场景之中，成为人们日常对话的语料，被人们用来表达自己对生活、社会以及人生的一些看法。还有一个经典的案例就是"百事可乐"，这既是百事可乐品牌的名称，又成为了中国人祝福时惯用的一句祝福语。当朋友之间道一声"百事可乐"的祝福时，这句广告语就已经变成了日常用语，而这一日常用语是对百事可乐公司最好的宣传。

## 2．广告语"地球人都知道"如何变成流行语

有一段时间，北极绒羽绒服的广告语"地球人都知道"真的流行到要让"地球人都知道"的地步了，一时间其流行的热度几乎让所有广告都望尘莫及。为什么这句广告语会这么流行呢？之所以流行，并不在于这句话真的写得有那么好，而在于它的自我吹嘘使得消费者开始戏谑这句广告语。慢慢地，"地球人都知道"脱离了原来的广告语境，被消费者使用到各种场合中去了。比如面对一道数学题目，你的朋友解答不出来，你可能会没好气地说："地球人都知道，就你弄不懂。"当你和别人争论一个问题时，你可能会这样反驳："关于这个道理，地球人都知道。"总之，这句广告语似乎具有了一种神奇的魔力，可以使人们获得戏谑的快感，也能帮助人们应付很多难题。现在看来，"地球人都知道"这句广告语的过度吹嘘，恰恰成为它当时流行的原因。因为吹嘘，才招致人们的讽刺，因为讽刺的进一步扩大化，它才被运用到各种场合和语境中去。这样看来，北极绒广告的成功恰恰源自于它的"吹嘘"。

## 3."不是所有的牛奶都叫特仑苏"背后的流行秘密

特仑苏是蒙牛的金牌牛奶。它的广告语"并不是所有的牛奶都叫特仑

苏"也曾引起一股模仿的旋风。人们用"不是所有的……都叫……"造出了各种有趣的句子。有网友这样发帖："不是所有的脂肪都会燃烧。"还有网友这样写："不是所有的女人都叫白富美"、"不是所有的男人都叫高富帅"、"不是所有的神马都是浮云"……在猫扑、百度贴吧、搜搜、糗事百科等各大社会化媒体上，掀起了一股造句热潮。例如，在豆瓣网上有一个帖子这样写道："我想了一个例句，不是所有的青年都叫文艺青年，楼下接着想个吧。"于是很多网友纷纷追随，造出各种有趣的句子来。在另一个论坛上，有一个帖子号召对这句广告语进行造句大比拼，也获得了很多人响应。我们无法确定这些号召者或楼主是不是营销人员或网络推手，但毫无疑问，网友的模仿是对特仑苏最好的宣传，所产生的传播威力比起正式的广告要强大得多。通过对原来语境的剥离，特仑苏的广告语重获新生，传播威力更猛。

## 4．流行广告语与那些经典广告语有什么不同

同样的道理，诸如"我就喜欢""男人就应该对自己狠一点"、"喝前摇一摇"、"穿什么就是什么"、"一切皆有可能"、"哪里不会点哪里"等广告语之所以流行，主要是因为它们被人们剥离了原来的语境，被使用在各种场合之中。通过模仿或演绎，人们或用它们来表达自己的立场、态度，或显示自己的机智与幽默，制造快乐的气氛，或达到讽刺的效果。例如，某男攒下一个月的工资咬牙买了一部苹果手机，事后，他或许就会用"男人就应该对自己狠一点"来自嘲一番。又如，某人被一道数学题目难住了，站在他一旁的同学可能情不自禁地说上一句"So Easy！"同理，"元芳，你怎么看？"这句流行语也早已脱离了电视剧的语境，被人们当成逃避发表意见的挡箭牌。当你想不出要如何回答别人的时候，你可以把头转过去，问道："元芳，你怎么看？"

用北极绒的广告语"地球人都知道"和耐克的广告语"Just Do It"相比较,"地球人都知道"这句广告语爆红的速度似乎远远快于"Just Do It"。耐克的广告语是耐克长期投放广告的结果,而北极绒广告语的流行除了一定的媒体曝光外,更重要的在于人们对它的模仿。在中国,我们可以用"男人就应该对自己狠一点"造句,可以把它当成是日常对话的语料来应对各种场合,但我们却很难用"Just Do It"去造各种有意思的句子。文化环境等因素也在影响和制约流行。

传统的广告文案写作模式几乎完全被这种网络特别是社会化媒体上的文案写作模式打破了。传统的广告文案写作是一项严肃的写作活动,从广告主题到修辞技巧都受到严格限制。传统的广告文案能否流行,主要取决于文案本身是否足够好和媒体投放的力度。而在社会化媒体上,广告文案的流行更多取决于它能否提供被人们竞相模仿的动力。网民的拟仿、戏谑、反讽成为推动文案口口相传的动力,并且最终成为人们的日常语料,被运用在现实生活的各种场合中。社会化媒体上的流行广告语或许看上去并不那么高雅,但老百姓却喜闻乐见,可以被运用在各种私人情境中。

## 5. 流行体是一种偷猎行为

表面上,流行广告语是网友在恶搞、戏谑,实则是利用这种随意的方式去表达一些严肃的东西并从中获得一些快感和欲求。正如传播学者德塞尔托在《日常生活的发明》第一卷《阅读是一种偷猎行为》中提到的那样,消费者在阅读、使用某个文本的时候就好像在从事偷猎的游戏,从那个文本中窃取、构建自己的日常生活。"读者生产了一座座小花园,每座花园就是一个微缩、拼贴的世界……巴特在司汤达的文本里读出了普鲁斯特，电视观众从新闻报道里看到的是自己童年时候的风景。"① 而网友则从这些网络流行语中看到了他们自己对生活的见解和态度。网友不是简单地重复着"21世纪什么最重要？人才"，而是把这句话从原来的电影场景中抽离出来，放到自己的生活场景中。网友因此拥有了创造、传递、分享这句话的动力，这也是这句话流行的原因。电视剧《士兵突击》中的许三多经常说的经典名言是"不抛弃，不放弃"。这句话引起了无数网友的共鸣，为此很多网友纷纷借用这句话来表明他们对生活、对事业的坚持态度。同样，这句话能够流行起来，是因为它已经不只属于许三多一个人了，而是成为了很多希望成为许三多那样的人所共同拥有的精神动力。

回过头来看今天的广告文案，其中多数还是站在广告主的立场来演绎，没有考量消费者的需求。那些广告文案中的商业意图过于直接，让人们觉得疏远。人们不能把它们化作自己对生活的态度，也不能从中获得快感，因此无视它们。

## 6．如何让广告语变成流行语

我们应该树立这样的思想：流行文案的创作方法再也不能拘泥于广告修辞本身，所有文案人员都要朝着一个方向努力——让文案变成流行语。广告文案是商业性的，流行语则是社会性的。这就需要让文案脱离自身语境，具备社会性。广告文案的功能不能只是推销商品，不能只是传递广告主的商业意图，尽管这可能是企业的最终目的，但这样的目的应该隐藏、边缘化起来。我们发现，那些流行起来的广告文案往往特别适合拿来恶搞。好的广告文案既要能反讽、娱乐大众以及制造社会意义，又要能转化，

---

① 约翰·菲斯克.理解大众文化[M].王晓钰，宋伟杰，译.北京：中央编译出版社，1989.

使自己不再只被广告主拥有，还要被社会大众拥有。只有这样的文案才能变得更加流行。这也应该成为网络时代广告文案写作的新方法。流行的概念如此深刻地影响着广告文案创作。广告语一旦脱离原来的语境，被人们纷纷模仿，尽管它已经脱离了最初的宣传目的，但是毫无疑问，它的流行本身便是对企业和产品最好的宣传。只不过，由过去的直接宣传转变为间接宣传，由显性宣传转变成隐性宣传，而后者的宣传成效要远远大于前者。

案例一："贾君鹏，你妈喊你回家吃饭！"

现在来进一步探究"甄嬛体"、"元芳体"、"陈欧体"等"体"语言流行的原因。首先，我们不妨看一下另一个被称为"网络神话"的"贾君鹏事件"。

### 贾君鹏，你妈喊你回家吃饭

2009年7月16日，百度"魔兽世界吧"里一句"贾君鹏，你妈喊你回家吃饭！"近乎调侃式的话，在短短的5个小时时间里便引来了超过20万网友的点击浏览，近万名网友参与跟帖；6个小时内被390 617名网友浏览，引来超过1.7万条回复；在接下来的一天时间内得到了710万点击和30万条回复，被网友称为"网络奇迹"。截至2011年11月21日15：50，该帖达到35 761页，回复为1 082 060条，共1 074 223楼，点击量达到47 606 714次。4000多万的惊人点击量让这句话成为了传奇！而令很多人没想到的是，"贾君鹏事件"是一个彻头彻尾的商业策划。据幕后策划者透露："其实很容易，也没有文字上的难度，这个意思，多少有点像唤起童年记忆的意思。我们这个年龄，成年以后，很少有母亲大声叫你回家吃饭。可小时候我们在草坪上玩泥巴，母亲远远地就来喊了，所以说这句话的时候，内心的感情一下就涌出来了。现在母亲叫吃饭顶

> 多打个电话,孩子也很少有玩的时候。网络上有回归童年热的情况,我们多少借鉴了一些。"听到这番分析,我们不仅怀疑真的是因为这样的原因导致"贾君鹏,你妈喊你回家吃饭"如此流行吗?我们拥有很多童年的记忆,为什么偏偏这句话就能够流行呢?我们相信流行的制造有很多原因,这或许只是其中一个原因而已。同时,让我们惊叹并思考的是,这句话是怎样隐藏了自己的商业目的,却最终带来了巨大的商业利润的。

我们不妨再看看网民是如何加入到口碑传播的队伍中来的。事实上,人们对这句话进行了各种形式的恶搞,比如有人写了《史记·贾君鹏列传》,有人写了《我不是贾君鹏》的网络歌曲,还有许多网友注册"贾君鹏的妈妈"、"贾君鹏的姥爷"、"贾君鹏的二姨妈"、"贾君鹏的姑妈"等网名,形成异常庞大的"贾君鹏家庭"。在读图时代,习惯从图片中获取信息的人们自然少不了拿图片来说事。

"甄嬛体"、"陈欧体"、"凡客体"以及"贾君鹏体"之间有什么共同之处呢?假设,"贾君鹏,你妈喊你回家吃饭"这句话一字不变,每个人都重复着这句话表达着同样的场景、同样的意思,它还会有继续传播的动力吗?我们发现这些话题之所以能够流行,主要是因为这些话题存在一定的包容性。在突破原来的语境和使用场景之后,它们被人们不断地模仿、恶搞、戏谑、反讽,一定限度地改头换面,从而获得了新的生命力和口碑传播的动力。以"贾君鹏,你妈喊你回家吃饭"为例,网友们在分享的时候,也对它进行了二度创造,把它运用在不同的情境之中,从而使这句话具有了新的创意。

## 三、如何维持流行的热度

在网络传播中，传播的"衰减效应"告诉我们，随着时间的推移，流行的热度会不断衰减直至最终销声匿迹。所以在一环扣一环的传播中，每一个环节都需要获得新的动力，才能继续传递。这就好像火箭发射器一样，每一个环节都需要能量推动。网络传播中，人们的关注与互动就是推动流行的正能量。传播者需要获得关注和支持才能拥有继续传播的动力，而要获得网友的持续关注和支持，传播者就必须站在自己的立场对那些流行话语进行再创作。如果话题一成不变，没有一点创造性，那么流行之火就很容易熄灭。正如"甄嬛体"、"陈欧体"、"元芳体"等，人们利用固有的句式重新造句，把这些句式和当下其他的热点结合起来，或者与一些典型的情境结合起来，形成了新的句子。新版《笑傲江湖》热播之际，剧中的东方不败被塑造成了一个具有争议性的核心角色。于是有网友便利用"陈欧体"创作了"东方不败版本"。针对"女汉子"这个网络热词，人们又创作了"陈欧体"的"女汉子版本"。近年来网购特别流行，淘宝作为网购网站中的佼佼者，也衍生出很多话题。于是有网友创造了"甄嬛体"的"淘宝版本"。最初的话题不断被衍生、克隆，使每次创作都具有新的亮点，且都与时下的其他热点结合，这样就能引起二次创作者所在的那个圈子的关注，如此循环，"流行"就这样制造出来了。

> 观点（View）：结合当下本来就流行或富有争议性的热点或典型的场景，对话题进行二次创作或演绎，让一个本来就流行的东西去推动另一个流行，从而赋予话题新的表现形式。利用原来的文案框架，表达自己的态度，获得新的快感。

在这里面，需要注意的是：当人们在对原话题或者原文案进行再创作，或者把它们用到自己的语境中去的时候，或者利用原话题或原文案去获得某种快感的时候，常常会利用原话题或原文案来表明自己的态度（这个态度包括对自己、对他人、对社会的态度）。比如人们利用"凡客体"表明"我"爱什么、"我"是谁，其实就是在表达自己的生活态度和人生态度。人们经常谈论许三多的名言"不抛弃，不放弃"，其实也是表明了人们在工作中坚持到底的决心。为了激发人们进行口碑传播，我们往往需要给口碑传播者提供一些动力，让他们能够主动参与分享和传播。过去的营销方法是提供一些物质奖励，比如赠送"老带新"的老顾客一些肥皂、水壶等生活用品；对于那些能够把信息分享给身边朋友的人，每分享10个人就奖励一个平底锅，每分享100个人就奖励一台风扇，或者奖励一些虚拟奖品（Q币、红钻、游戏币等），诸如此类。而在网络媒体上，除了这些物质奖励能起到作用外，精神上的奖励同样重要。人们的关注、评论、转发以及自己对人生的感受、自我身份的认同等都可以算作奖励。营销人员应该多思考如何让口碑传播者获得一种精神上的安慰与鼓励，而不仅仅是物质上的奖励。

## 四、制造一个有态度或有用的文本框架

### 1．制造框架的步骤

我们在做商业策划的时候，为了让广告文案或者营销事件流行起来，为了实现通过人们的口碑传播达到宣传品牌的目的，就需要精心策划。而且我们不能只停留在传统的商业策划上，还要尝试把商业性和社会性进行融合。例如，在广告文案中，我们可以这样制造流行：

（1）提供一个框架。这个框架能够为人们对它进行模仿提供指导，同时这个框架需要有一定的包容性、不能太封闭，从而保证人们在模仿这个框架的时候能够有足够的创意。比如"凡客体"的框架"爱……爱……我是……"；"陈欧体"的框架"你有……我有……你可以……但我会……但那又怎样，哪怕……也要……我是……我为自己代言"；"元芳体"的框架"……你怎么看？"等。

尤其值得注意的是，这个框架不仅要能起到流行文案写作的模板作用，还要对受众有用。我们可以先用这个框架来表达态度，而这种态度如果足以感染消费者，那么消费者也会用这种框架来表达他们自己的态度以及对社会的看法。或者这个框架有足够的包容性，可以帮助消费者在人际交往中避免尴尬、缓解紧张和压力，抑或是帮助消费者在人际交往中获得赞美或快感。总之，大众通过品牌创造的框架表达他们的看法，商业语境也因此被人们置换成社会语境，如图7-1：

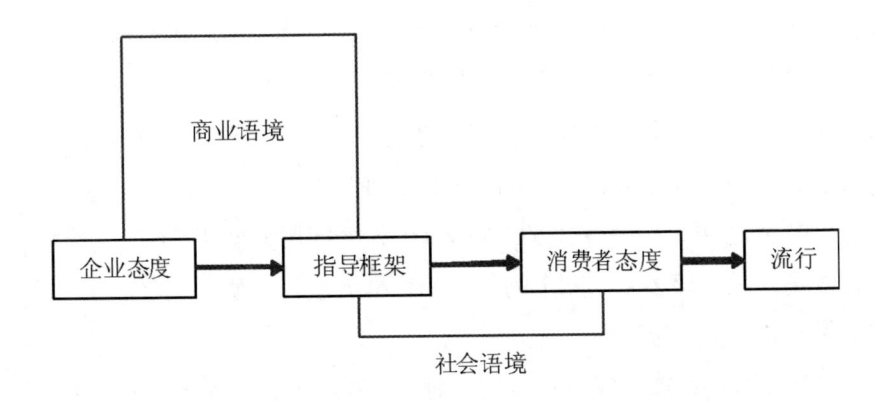

**图7-1 流行语从商业语境向社会语境的转换框架**

例如，前面所说的"地球人都知道"、"不是所有的牛奶都叫特仑苏"等广告语都能被网友借用来表达态度、观点和立场。"我爸是李刚"这句话最初产生于一次新闻事件，它反映的只是当事人（一个具体的"官二代"）借助父亲的势力逃避责任的行为。随后广大网友便把这句话套用在各种对"官二代"、"富二代"的讽刺之中，用"我爸是李刚"这个框架表达对所有"官二代"、"富二代"的典型看法。又如，"元芳，你怎么看？"只是《神探狄仁杰》剧中的狄公断案时，征求李元芳意见的台词，并借此对话推动剧情发展，引出狄仁杰对案情的分析。后来观众发现"元芳，你怎么看？"简直成了狄大人的口头禅，而李元芳的回答也很固定化——"大人，此事定有蹊跷"、"此事背后定然隐藏着一个天大的秘密"。这种典型的场景一时引发了连锁反应，网友跟风模仿。一方面，网友用它来表达自身的处境，当碰到无法说出什么见解的时候，网友就会用"元芳，你怎么看？"来替自己解围。另一方面，网友也用这句话表达对那些"无法发表真意见，只会互相踢皮球的人"的讽刺态度。

（2）要把这个框架从原始作者的语境中抽离出来。营销人员可以这样操作：当广告语敲定并在媒体上投放之后，再去找一些写手对这个文案进行二次创作或演绎。利用这个框架创造新的内容，放到新的场景、新的语境中去反映新的问题，以此来激发更多的人加入到二次创作的队伍中来。不难想象，当你安排100个人用该框架在网上造句后，如果这些造句趣味十足，那么这100个人就可能带动1000个人继续用该框架在网上造句。所以，营销人员应该多发动网上的写手用该框架造句，演绎这个框架，从而产生带头和示范作用。

（3）二次创作或演绎。其一般原则是：将框架结合当下其他流行热点，加以再创作。比如"陈欧体"结合热播剧中的"东方不败"，"甄嬛体"搭上"女汉子"，从而达到一种揶揄的效果。借此东风，流行就会像烧不尽的野草一样蔓延开来。在二次创作中，或表现自己的态度，或展现对他人、对社会的看法，或纯粹娱乐。我们可以使用文字、图片或者视频等形式演绎某个框架，把它与一张有意思的图片结合后，就可能产生惊奇的效果。当它与"冷笑话"、"段子"相结合，它就可能焕发新的生命力。具体来说，二次创作的方法有：①演绎法。某动物园开张，为了吸引游客，营销人员别出心裁地发布了这样一则广告："根据1号卫星检测，一群动物由狮子领头正向这座城市东头移动，请大家注意安全。"这则广告发布后，马上引发了人们的讨论，有人说这是因为森林遭到了破坏，动物不得不开始大规模迁徙；有人说这是动物园里面的动物跑了出来；有人说这是马戏团将要举办一场杂技表演；还有人说这些动物是从非洲来的，它们被动物贩子贩运过来，结果中途翻车，动物全跑出来了。总之各种版本的故事被人们构想出来，越传越神。通过演绎，故事情节越发奇幻，悬念丛生，话题迅速扩散，人们议论纷纷，说法不一。演绎得越多，就越引起注意。②拟仿法。人们也可以通过谐趣的模仿来进行二次创作，以达到吸引眼球的目的。比如前面讲到的各种版本的"体"，即是一种拟仿行为。网民模仿说话人的语气、行为或者某些关键词，把它们与新的语境融合在一起，从而达到一种诙谐、戏谑或讽刺的效果。

（4）建立一个分享平台或者利用已有的平台分享这些二次创作的作品。这个平台可以是论坛、博客、微博、即时通信工具等各种社会化媒体。发布平台的确定，主要取决于这个平台聚集了一些什么人。我们要找到那些活跃的社交达人以及目标消费者。在网络社会，年轻人是"流行"制造的主体。很多"体"最早都是从年轻人中流行开来，并被他们拟仿、恶搞的。年轻的网民往往又是网络新词的造字者，他们会一头扎进一种新的娱乐文化中去，成为新文化的弄潮儿。

（5）为了让流行能够持续下去，必须提供物质和精神两方面奖励。以奖励作为动力，推动人们不断创作、分享。

## 2．二次创作背后的戏谑精神

有一家冰激凌店为扩大宣传，鼓励它的顾客们把各种吃相上传到网上。当然，如果仅仅是鼓励那是远远不够的，顾客们凭什么听商家的呢？为了带好头，该冰激凌店的员工们自我扮演、自我恶搞，并把他们的吃相和一些特别的场景结合起来，比如"胖子吃甜筒的模样"、"沉湎于游戏的人吃甜筒的模样"、"高空降落吃甜筒的模样"等制作成图片放到网上。这些图片生动有趣，于是吸引了一批人加入到二次创作的队伍中来。同时冰激凌店还建立了一个网上分享空间和论坛，与顾客们开展对话，实时分享他们的感受。为吸引更多粉丝，该冰激凌店还对参与分享活动的人予以奖励。

从商业流行转变成社会化的流行，虽然其中反映出来的是网民对社会现象的一种戏谑和反讽的态度，但正是这种戏谑和反讽精神使得话题能够持续获得传播的动能。在商业策划中，我们要引导网民的娱乐精神朝着对企业有利的方向发展。总之，一方面，我们要把传播者限定在企业策划的话题框架内；另一方面，又要给予他们一定的创造空间，让他们在给出的框架下进行再创作。

过去，很多公司的广告之所以失败，是因为他们把广告模式定位为单向宣传。通过单向灌输来传递品牌信息，消费者只能被动地接受信息。而在社会化媒体时代，一切都改变了。单向传播、被动接受的模式转向了双向沟通、主动分享的模式。在网络环境中，企业应该向消费者提供交流的平台，如网页、论坛、微博等；应该鼓励消费者在平台上参与对话、评论、转发、分享等活动。过去，企业担心消费者会表达负面意见，于是禁止消费者表达，或者只允许消费者在有限的空间里面表达，消费者也因此失去了口碑传播的动力。现在，社会化媒体提供了一个更为广阔、自由的表达空间。企业不但不能怕消费者表达负面意见，还要真诚沟通，在提供优质产品和服务的前提下鼓励消费者发表意见，而消费者的评论会带动下一批消费者。因此，企业与其费力不讨好地去影响消费者，还不如让消费者自己去影响他身边的朋友或他所在的圈子。

# 08 引爆点：流行的导火索

# 一、流行引爆点

## 1．找到流行兴起的潜在情绪

我们已经知道，任何一次策划都必须与人们的心理期望相符合。正如著名营销大师特劳特在《定位》一书中对广告定位的强调那样：不要试图去改变人们的想法，而应该大胆利用人们头脑里面已有的想法。人们看到的就是他们想看到的，人们接受的也就是他们一直想接受的。在网络社区上，用户的头脑就像一把筛子，会过滤掉大部分的信息，只吸收少部分信息。研究者发现用户过滤掉的信息多半是与消费者原来的认知不一致的信息，接收的则大多是用户原本就期望的信息。所以任何流行的引爆都不过是消费者原来蓄积的情绪的爆发而已。在一个社会中，本来就存在"流行"的动力，无需再制造一个新的动力，我们需要做的只是找到与"流行"人群相匹配的那根导火索而已。他们潜伏着的情绪早就存在那儿了，只需要我们去点燃、激发它；人们的集体记忆也早就尘封在那儿，我们需要做的只是去重新勾起他们的回忆而已。这个过程我们称为"流行"引爆。任何一个引爆都需要集中在一个引爆点上，找准该引爆点，流行才会以星火燎原之势迅速地蔓延。

## 2．刺激、引爆

企业可能知道社会的普遍情绪和集体记忆是什么，但还是抱怨制造不出"流行"的效果，这又是为什么呢？因为社会普遍情绪或集体记忆虽潜伏在那儿，但如果不去刺激、引爆它们，突破临界点，"流行"还是无法兴起的。一般来说，在制造话题之前，先要有一个蓄势的过程。这是因为消费者的情绪可能还积蓄得不够浓烈，可能还没有达到那个爆发的临界点。这个时候就需要我们在正式引爆之前先预热气氛、蓄势造势。例如，我们经常把房地产营销推广分为四个阶段：蓄水期—开盘热销期—持续销售期—尾盘消化期。其中的蓄水期其实就是为市场蓄势造势期。在这个过程中，需要考虑消费者的正面情绪，引发消费者的期待，制造一种"山雨欲来"的气氛。当"蓄水"到一定程度，消费者的期待已经达到了一定高度，接下来的任务就是开闸放水，通过一个事件或者话题来引爆前期蓄积的情绪。小米、苹果等企业经常采用的饥饿营销的手法就是在制造消费者的期待情绪。

> "饥饿营销"是指商品提供者有意调低产量，以期达到调控供求关系、制造供不应求"假象"、维持商品较高售价和利润率的效果，同时实现维护品牌形象、提高产品附加值的目的。

还有很多企业采用悬念式营销或广告的方法来引起人们的关注，以此酝酿期待感，最后通过悬念的释放令"真相"大白，引爆人们的情绪。"流行"的引爆点需要商家的精心策划。并不是商家策划的任何事件或话题都能引爆流行。俗话说，打蛇要打七寸，只有真正影响到人们的情绪、挑动人们的神经的那个引爆点，才能最终引爆流行。

> 观点（View）：一般来说，这个引爆点应具备这样一些特征：
> ·必须具有争议性。

> ·透视并利用消费者的普遍心理。
> ·形成反差，从视觉反差到心理反差，甚至要达到一种震惊的效果。
> ·创意必须带有一定的娱乐性。
> ·将社会宏大的议题还原成具有娱乐性的游戏。

**案例一：我们一起来逗笑白金汉宫的皇家卫兵**

2012年7月，距离伦敦奥运会开幕仅两周多的时间，维珍航空公司在美国纽约发起了一场名为"Make the guard laugh"的营销活动，以纪念英国女王伊丽莎白登基60周年。在活动开始前，维珍就在 Twitter 上呼吁纽约市长布隆伯格将纽约的"联合广场"（Union Square）更名为"英国国旗广场"（Union Jack Square）。大家都知道，这样的要求是不可能实现的。一个美国的市长怎么可能将纽约的联合广场更换为英国的名称呢？自然，布隆伯格拒绝了。他的拒绝完全在情理之中。对于布隆伯格的拒绝，维珍航空公司对此并没有感到遗憾。因为维珍的目的显然已经达到了，即利用这个话题引起人们对该广场的关注，从而为此次营销活动预热，至于"联合广场"能不能更名其实已经无关紧要了。

尽管改名失败，但维珍在纽约联合广场上插满了英国国旗——米字旗，并让工作人员扮演成以不苟言笑著称的白金汉宫卫兵。大家只要能在一分钟内逗笑卫兵，即可获赠一张去伦敦看奥运的免费机票。这一活动很快引来大批路人围观。人们为了逗笑这名"白金汉宫卫兵"，又是龇牙咧嘴，又是扮各种鬼脸，使尽了法子，"白金汉宫卫兵"始终没有笑，而现场的观众已被逗得笑成一片了。这次活动的视频被维珍航空上传到网络，因为太具娱乐性，观看视频的网民们也被这些可爱的围观群众的搞怪逗笑了。

维珍航空开展此次营销活动先借了两个势：一个是伦敦奥运会，另一个是英国女王伊丽莎白登基60周年庆。如何把这两个社会热点与维珍航空结合起来呢？维珍想到了以不苟言笑著称的白金汉宫卫兵和去伦敦看奥运的机票为营销噱头。此次营销活动，从一开始就利用广场改名事件作为引爆点，以此来制造舆论，引起关注。这是一个很具有争议性的话题。维珍在意的不是改名提议能不能成功，而是能不能吸引眼球，引起关注。当成功地把人们的目光和热情转移到纽约广场后，维珍便在这个广场开始了别出心裁的活动，整场活动充满着搞笑气氛。"白金汉宫卫兵"不苟言笑的严肃表情和参与者的各种搞怪形态形成了鲜明的反差，更增加了娱乐的张力。当活动被维珍传到视频网站上后，活动参与者的搞怪行为又成为了吸引网民观赏和分享的精彩桥段，娱乐气氛也从线下蔓延到了线上。经常不按常理出牌的维珍航空公司就是这样把一些严肃的社会热点还原成一场过家家式的娱乐游戏的。

**案例二：芒果来啦**

芒果饮料要上市了，为了让它惊艳亮相，一家生产芒果饮料的印度企业希望给人们带来一次"惊讶"，也力图通过这个"惊讶"引起人们的关注，继而引爆流行。为此，这家企业的工作人员制作了一个巨型塑料芒果，装上感应器和摄像装置后，悄悄地把它挂在树上。当路人快要经过这棵树时，芒果会突然掉在行人面前，让人猛然一惊。这家印度芒果饮料企业还想到另一招：在一条下坡路的拐弯处放置这个巨型塑料芒果，当行人往上坡方向行走的时候，将巨型芒果突然从拐弯处滚出，追着一位惊慌失措的行人（一名演员或许是该企业的员工）跑，路人见状，怕芒果撞着自己，也不得不跟着跑。

这个芒果饮料上市的策划活动被拍成视频放到了网上，不久就形成了病毒式传播。观看视频的人看得津津有味，就像观看西方那种"开心一笑"之类的恶作剧节目。同时，那些参与者一定也留下了深刻的印象。活动最后，商家为参与者和巨型芒果一起拍照留念，并且向他们赠送新上市的芒果饮料。

可以说，这次印度芒果饮料确实是惊艳亮相，它制造了一个话题，引爆了流行。芒果突然降落或突然朝路人滚来，对路人来说十分惊心，对视频的观赏者来说则充满了娱乐趣味。可以想见，"惊讶"的行人会向他（她）的朋友们分享此次经历。这加强了人际间的口碑传播，而收获娱乐的网民也会分享视频来传播快乐。路人的惊呼、观赏者的娱乐、逼真的塑料芒果，这一切都带来了视觉上和心理上的巨大反差。这次充满卷入式、互动式元素的产品亮相活动，无论是在线下还是在线上都大赚眼球。可以说，一个塑料芒果引爆了一次饮料市场的流行热潮。

芒果饮料采取了这种意外的亮相方式而大获成功，相比之下，耐克的 Free Flyknit 采取的则是另外一种惊艳亮相的方式，同样赚足了人们的眼球。Free Flyknit 是耐克的一款运动鞋，强调的是如肌肤般的贴合感，让运动更加灵活自如。Free Flyknit 在中国上市时，耐克公司在上海市中心一块硕大的楼体户外广告牌上画上了一只没有穿鞋的脚。几名工人正在利用绿色的编织线一点一点地编制跑鞋，逐渐完成一双巨大的耐克 Free Flyknit 跑鞋。可以想见，当工人们给赤脚穿上跑鞋的时候，会有很多行人驻足观看。这个户外广告需要工人的再创作才算完成，而工人的创作俨然成了一场彻底的行为艺术秀。这个营销活动成为了一个引爆点，为 Free Flyknit 的绚丽登场揭开了流行的序幕。

## 二、引爆点的策源地

流行引爆点根据策源地进行划分，一般存在以下几种情况：

## 1．企业在线下策划的一次活动

一般来说，与广告比较起来，虽然公关活动的互动性、体验性优于广告，但是传播的面远远比不上广告覆盖的面广，而且活动本身影响的范围比较窄。要想用活动来引爆流行的话，这个活动除了要有足够的参与性之外，还要有足够的观赏性。也就是说活动不仅要好玩，还要好看。

在一个营销活动中，企业经常会把一个线下的活动放到线上去，比如把活动录制下来放到社会化媒体或者电视上，或者把活动记录下来放到报纸杂志上。那么这个活动在社会化媒体或者传统媒体上被人们关注、分享的动力是什么呢？其中娱乐性与观赏性必不可少。如果一个活动没有足够的娱乐性和观赏性的话，就无法引起线上的病毒式传播，人们也就不会去关注与分享。比如，芒果突然"袭击"路人的视频放到网络上之所以能够引起病毒式传播，原因就在于它近于恶作剧的性质。人们之所以去看它，是因为它能带来快乐。李维斯牛仔裤公司曾经策划过这样一个活动：先让一群年轻人表演特技，再让他们从高处跳下，而双腿正好落入牛仔裤的裤管里。这个场景被拍成视频并放在网络上播放，很快就形成了病毒式传播。它之所以能够流行，是因为表演者显得很酷，很有观赏性和娱乐性。

当你在线下想到一个颇有创意的活动后，网络是非常好的展示平台。线下的活动虽然参与性强，但辐射的范围毕竟有限；而在线上，人们虽然没有现场参与，但因为它的观赏性强，当网民获得观看乐趣后，就会利用网络分享，形成病毒式传播。在制订活动方案的时候，营销人员一定要确保营销活动有足够的互动性和观赏性。互动性促成了线下的参与，观赏性促成了线上的传播。

## 2．先在网络上策划引爆，然后被传统媒体报道，并流入到现实生活中

"贾君鹏，你妈喊你回家吃饭"等话题完全是在网络上策划的，这些事件以网络为源头，然后扩散到传统媒体，进而扩散到日常生活中。人们在日常生活中，比如在与人交谈中也使用"×××，你妈喊你回家吃饭"之类的话语，而一些商家在现实营销中也加以改造运用。

## 3．纯粹的网络策划，从活动的肇始到传播都经由网络

比如一个纯粹的网上送祝福活动，从祝福的制作到传送都经由网络。

随着营销手法的发展，跨媒体营销越来越受到人们的推崇，从传统媒体到社会化媒体，多种媒体相互配合，共同推动流行。

**案例三：奥巴马咖啡和罗姆尼咖啡**

2012年，美国大选的日子，正当奥巴马与罗姆尼之间的竞争进行到白热化阶段，7-11联合美国《洋葱报》在全美7-11便利店推出了"2012美国大选咖啡"的营销活动。7-11的咖啡分两种颜色包装，蓝色代表奥巴马、红色代表罗姆尼，消费者可以通过选择不同颜色的咖啡杯来表明自己的立场。为了实时监测咖啡杯的选情，7-11还设置专门站点对各州售出的咖啡杯进行监测。此外，7-11还制作了一系列具有黑色幽默风格的视频把这场严肃的选举变得富有娱乐性。

从这个例子中，我们可以看出7-11聪明地把营销与美国总统选举这样一个当时最热的事件结合起来。事实上，在那段媒体铺天盖地地报道、全美国人民持续地关注总统大选的特殊时期，想到借势美国总统选举进行营销的企业绝不只有7-11一家，但为什么7-11如此成功呢？原因在于它找到了真正的引爆点。

在美国总统选举中，人们最关心的是什么？我们不妨罗列出一些与总统选举相关的关键词出来，这些词包括：投票、奥巴马、罗姆尼、电视辩论、奥巴马与罗姆尼的团队和搭档、奥巴马和罗姆尼的妻子及女儿、奥巴马和罗姆尼的政策及评价、选情预测、民主党与共和党等。发生在每一个关键词上的事件都可能引爆流行。但是在这些关键词中，哪些是最能引起人们关注并最能引起人们行动的呢？通过研究，7-11发现在所有的关键词中，最能引起关注的关键词莫过于"投票"和"选情预测"这两个。"你会投票给谁？""谁会最终赢得大选？"这些是最能引爆人们情绪和行动的话题。"投票"意味着你不能只是当看客，还需要表明立场。我们知道，每当总统选举的时候，各大媒体、监测机构或者个人都会纷纷预测谁会取胜、谁会落败。人们非常关心这个问题，他们在街头巷尾谈论得最多的也是——谁会赢得选举。所以，7-11找到了美国大选中最能引爆流行的一点。7-11不仅充当了商店的角色，还充当了预测机构、投票站这样的角色，它把那些远离人们的、严肃的选情预测机构或科研机构还原成人们身边的咖啡店。当你购买奥巴马咖啡或罗姆尼咖啡时，这不仅是寻常意义的喝咖啡那么简单，而是在参与一个民间的预测活动和投票活动，把庄严的投票转换成以喝咖啡表达自己的立场，并进行投票这种方式上。对你喜欢的总统候选人提前投上一票，这种用咖啡投票的方式既充满对严肃话题的娱乐化消解，又能很好地表达自己的立场，可谓好玩又实用。于是7-11的"流行"便被引爆开了。

## 三、罗列关键词，找准流行引爆点

很多商家都希望借助社会热点来引爆产品的"流行"，但是盲目地借势可能会失败。因为商家的借势并没有真正打到"七寸"。在借助热点话题之前,我们需要对社会热点进一步细分,回答这样几个问题:目标群体最关注什么?他们最有可能对什么产生反应?什么最能激发他们的行动?他们潜伏着的普遍情绪只有在什么样的"点"刺激下才能一触即发?为了找到这个真正的引爆点,避免被一些"伪话题"或者"弱话题"所欺骗,我们需要仔细甄别每一个话题,对各种可能话题进行细致评估。

### 1．罗列引爆关键词

现在稍懂营销策划的人都会想到借势,在具体营销中他们会把商家活动与热点话题或热点事件结合起来。例如,每当七夕节来临,商家一般都会举办与七夕有关的活动。奥运会到了,商家就会以奥运会为话题做文章。商家借势,人们对此已司空见惯、见怪不怪,并慢慢具有了免疫力。不可否认,社会上的热点话题和热点事件确实蕴含了"流行"的巨大能量,但商家能否借势成功,关键在于能否找到真正的引爆点。例如,美国总统大选这一话题能够流行的引爆点在于"预测谁会最终当选总统并为你心目中的总统投上一票"。对于热点话题和热点事件,不是简单借势就可以,我们还需要展开深入的分析,以便确定哪些才是真正流行的动因、哪些才能真正刺激到消费者的神经。以七夕情人节为例,真正能够引爆流行的引爆点是什么?是"接吻"、"爱情礼物"、"表白",还是"单身派对",抑或是其他。这就需要我们对罗列出来的每一个话题关键词进行评估。总之,在寻找引爆点的时候,先罗列出各种可能引爆流行的关键词,不失为一个好办法。

### 2．寻找引爆点的方法

我们可以遵循一定的步骤去找寻引爆点:

**第一步：确定社会潜伏的普遍情绪或期待心理。**

任何引爆点都是在情绪蓄积到一定程度的时候爆发的。消费者事先总是有一个意向或者期望。如果不符合消费者本来的认知和期望，即使通过制造事件和话题也会无济于事。过去的营销主要是分析消费者的个人心理，希望品牌传递的信息能够符合个体消费者的心理需要。而现在的"流行"营销则要求我们能够把脉整个社会的普遍心理，而不仅仅是目标消费者的心理，更不是具体的某一个人的消费心理。正如某一个营销专家所说的"我们的目标是制造全社会的流行"，这就要求我们从面向消费者转到面向社会大众，面向所有人。当你在所有人中引发起流行，这其中当然包括那些目标消费者，他们自然也会对你有所认识。或许有人会问，广告要实现精准投放即要针对目标消费群进行投放才是有效的。覆盖目标消费群已经很难了，若要引起全社会的流行那不是要花费更多的广告成本吗？事实上，社会化媒体的"流行"是一种口碑式传播，口碑传播意味着消费者口口相传的动机是自发的，这也意味着它并不需要多少广告成本。当然，那些小范围内的、一定圈子里的流行潮流，则不同于全社会范围内的流行潮流，对此我们要好好考虑目标消费群的问题。

把脉社会普遍心理，需要我们拥有对社会的洞察力。过去那些所谓的营销专家只需要懂得一点商业领域的营销知识就够用了，而现在则远远不够。他还要成为一个社会专家，了解社会最新发生的事情，从事情中窥探人们背后的普遍动机、普遍期望以及认知结构，然后再"导演"出一幕社会化营销。社会化营销以及社会化广告将是未来营销和广告的最新发展方向，它们产生的效果将远远大于一般的营销和广告手段。

**第二步：罗列关键词。**

哪一个话题才能引起人们的共鸣，才能真正刺激到人们的普遍心理？

这需要营销人员做出大量的努力。首先我们可以先罗列关键词。与总统选举有关的关键词是什么？与中秋节有关的关键词是什么？与奥运会有关的关键词是什么？2008年，北京奥运会的时候，我们可以列出这样一些关键词：鸟巢、张艺谋、火炬传递、李宁、刘翔、金牌数……我们还要思考北京奥运会背后人们的心理，人们最期望什么、最关注什么。我们挖掘得越深，就越有可能制造出新的流行来。事实上，在对所有关键词和人们心理进行分析后，我们再制定一个以奥运为主题的营销活动，思路就会非常清晰了。

**第三步：明确你要传播的消费者。**

寻找这些目标消费群的真正需要，从而通过适当地引导让消费者加入到你制造的流行潮流中去。

社会化营销是针对整个社会大众而言的，它试图引起的是整个社会的流行潮流。但是作为企业而言，目标消费群的反馈才是它们真正需要的。正如当"凡客体"引起人们纷纷模仿的时候，凡客诚品的目标消费者也自然卷入了其中。对于目标消费群，企业不能听之任之，而是要积极地引导，让他们成为社会流行热潮最积极的参与者和传播者。所以，在制造引爆点的时候，我们还要思考如何让目标消费者加入其中。对于那些全社会范围的流行潮流如此，对于那些小范围的流行潮流更是如此。

**第四步：确定引爆点。**

当最终确定引爆点后，我们依然要回过头来看看这个引爆点是不是有足够的爆炸力，能否吸引人们的关注，能否引起病毒式传播。当然，引爆点只能在一个小范围内引爆，它只是开启了一扇窗口。真正要引起广泛的流行，引爆之后还有很多事情要做。在后面的章节中，将谈到这个问题。

## 四、让用户自己确定话题

当你无法确定引爆点的时候，不妨让用户自己确定他们感兴趣的东西。

> **Old Spice 如何让用户自己确定话题**
>
> 2010年，美国男性护理品牌 Old Spice 在 YouTube 上发布了一系列视频，在短短3天内访问量就突破了2000万。首先，Old Spice 找来了全美健美先生 Isaiah Mustafa，让他与粉丝互动，专门在全美最有名的社交网站 Facebook 和 Twitter 上回答粉丝们的提问，并为每一个问题拍摄20秒的视频短片。粉丝们的提问千奇百怪，Isaiah Mustafa 的回答更是幽默有加，这种一问一答的互动马上吸引了众多网友的围观。
>
> 这一次，与传统视频营销依靠营销人员自己构思话题不同，Old Spice 主要通过邀请用户提问来设定话题。因为 Old Spice 相信，在社会化平台上，你永远难以预料用户感兴趣的是什么。网民就是一群天马行空者，他们在现实生活中可能中规中矩，但一到了网上，他们就会突破成规，会写出有趣的文字、提出有趣的观点，甚至会说出一些你根本想都想不到的话。正是基于网民的这种特性，Old Spice 认为与其让营销人员设定话题，还不如让网络用户自己去设定话题。事实证明，用户提的问题千奇百怪、妙趣横生。比如有一位网友在 Twitter 上向 Isaiah Mustafa 提问："老兄能帮我求婚吗？她名字叫安吉拉。"在回答视频中，Isaiah Mustafa 扮起了红娘："美女安吉拉，你愿意让约翰成为世界上最幸福的

男人——跟他结婚吗？"Isaiah Mustafa 的牵线竟然成功了，后来这位网友真的与安吉拉结了婚。在另一个视频中，美国著名新闻节目主持人、克林顿时代的白宫沟通总监 George Stephanoppulos 也来凑热闹，这次他问了一个政治问题："总统失去女性选民的支持了，白宫该怎样重获女性选民的芳心？"Isaiah Mustafa 的回答幽默诙谐。首先，他建议白宫改用 Old Spice 男性护理系列产品，这样会更有男性魅力。其次，他还要求奥巴马总统以后每次都只围着浴巾出现在公众面前，这样肯定会引发很多女性选民尖叫。最后，他还向奥巴马总统建议："别在国情咨文的开头老说那句'我的美国同胞们'了，试试开头说：'嗨，小姐们！'"这则视频在社会化媒体上特别受欢迎，引得观众哈哈大笑，视频推出后24小时内就获得600万次访问量。

曾有人这样说："你不知道现在的网友是有多么奇葩，他们的鬼点子特别多，让你根本想不到。"其实，这恰恰是网民的魅力。网民只关注他们自己感兴趣的东西，他们还是幽默大师，会制造各种有意思的话题，所以对营销人员来说，最好的办法是让网民自己说出他们想要说的话。当然，不是每一个网民都能制造有趣的话题，我们必须使用海选模式，大浪淘沙，可能不经意中就能遇到一朵真正的"奇葩"，挖掘到一个有意思的话题，而这个由网友自己提出的话题更具亲和力，可能就会成为一个流行的导火索。

在一个论坛上，网友分享了他们的亲身经历以及听闻的一些"求爱被拒"的故事。有一次，一位大学男生向心爱的女孩表白。他把蜡烛点燃并摆成了"I Love You"的形状，希望以此感动女生。没想到的是，这位女生和宿舍的姑娘们拿了满满的一盆水泼过去，最后还用装水的盆子扣在了求爱男生的头上。英国的社会化媒体也发布了这样一个视频：一名印度小伙子牵着女友的手走到一家商场中央，突然一个乐队出现，开始奏乐。在众人欢欣见证之下，这位印度小伙子拿出一个麦克风，开始深情告白："我要对一个非常特别的女孩来一段非常特别的表白。这是我们3个月前相识的地方。"接着小伙子开始念诗，场面很是感人，然而这位女孩没有娇羞兴奋的表情，反而貌似淡定。见女孩无动于衷，小伙子便单膝下跪，这时女孩开始不断喊"不"，并试图扶起他。但小伙子仍继续，女孩情急之下，抢过乐手的小吉他，对着男友的头就是迎头一击，并丢下"作案工具"扬长而去。小伙子"哎哟"一下应声倒地，随后绝望地站起身，围观的群众都惊呆了。像这样原创的内容放到社会化媒体上不流行都难。而营销人员是很难想出这些场景的。大千世界，无奇不有，只有网民才能分享出这么有趣的故事。

通过海选模式，面向所有网友征求话题，然后挑选出有意思的话题予以引爆，这对社会化营销来说，意义十分重大。很多企业正是通过这种方法引爆了流行。

# 09 意见领袖：流行的主推手

意见领袖是传播学和营销中最常见的一个概念，它在信息传播的链条中起到至关重要的作用。意见领袖往往具有不同凡响的号召力，通过他们的推动，信息能够迅速传播。依靠意见领袖，往往能够起到事半功倍的传播效果。流行的兴起，意见领袖是主要的舵手，是他们为流行张开了腾飞的翅膀。

## 一、可口可乐与8888名火炬大使

### 可口可乐与线上火炬传递大使

2008年，当奥运圣火在雅典古奥林匹克遗址点燃之际，一场举世瞩目的奥运圣火传递仪式开始了。在圣火传递如火如荼地进行着的时候，可口可乐公司也在QQ平台上开启了一场"火炬在线传递，可口可乐荣誉呈现"的线上火炬传递活动，这个活动与现实中的火炬传递交相辉映，实现了可口可乐品牌在中国的迅速扩张。

为了让这个活动取得更大的传播效果，精通社会化营销的可口可乐公司在活动之初便招募了8888名第一棒火炬在线传递大使。活动开始之后，就以这8888名传递大使作为8888条路线的起始点开始推进。通过这8888名第一棒火炬手作为信息母港的中心节点，利用他们庞大的关系网络和强大的传播影响力，实现了可口可乐品牌信息的迅速扩散。这个活动的具体做法是：分为两个阶段实施，第一阶段从2008年3月24日至5月3日，主要是选拔火炬传递大使；第二阶段，从2008年5月4日至8月7日，主要是传递火炬。活动的进程与现实中的火炬传递相互配合。所有成功邀请好友参加活动的第一棒火炬在线传递大使都可获得可口可乐的专享奖品，而其他参与用户的QQ则拥有点亮火炬图标和获赠的QQ秀胜利徽章。

每位火炬大使在成功邀请好友参加活动后将获得1枚"可口可乐火炬在线传递"纪念徽章，共8888枚。成功邀请好友参加活动的第一棒"火炬在线传递"大使可以获得由可口可乐公司提供的专享奖品。其他参与可口可乐"火炬在线传递"的用户将点亮QQ上的图标和获赠QQ秀胜利徽章。作为"火炬大使"，要点亮图标，需要在限定时间内成功邀请其他用户参加活动；作为"火炬手"，要点亮图标，需要在限定时间内成功将火炬传递给下一个用户。活动初始的邀请（或传递）时间限定为15分钟，未将火炬传递给下一位的，那么该用户的邀请资格（或火炬传递权）将被公布在其QQ好友的客户端，并被剥夺权利。其他未获得图标的QQ用户均有机会顶替该用户获得邀请资格。图标在2008年5月4日之前为"徽章"样式，之后为"火炬"样式。当鼠标停留在这个"徽章"上时，则将出现一个小页面，展示用户所参与的"火炬在线传递"路线的火炬状态，包括参与人数、目前所处的区域等，这个页面链接的是可口可乐的奥运营销网站。

2008年4月7日，消息发布两周之后，已经有1700多万人参加了这一活动。到8月活动结束时，该活动的参与人数达6200多万，占当时全部腾讯QQ用户的10%，中国网民的25%。平均每秒就有12人参与到这个活动中来。QQ"火炬在线传递"论坛用户人数高达218万，访问量高达7256万次。网络报道多达197万篇。每天有3000万人关注可口可乐的活动官方网站，相关讨论热帖达251万个。可口可乐网站的"畅爽拼图"活动，3个月时间汇聚了28 258 749张网友照片，组成了奥运史上最大规模的拼图。

可以说，可口可乐的线上火炬传递活动取得了前所未有的成功。2008年奥运会在北京举办，中外很多企业都纷纷借势奥运营销，可口可乐在众多竞争者中脱颖而出，原因是什么呢？其中一个关键因素就是8888名第一棒火炬在线传递大使。这8888名火炬大使其实是经过精心招募、挑选抽取出来的。用传播学的术语来说，他们就是意见领袖。是他们带动了其他人在网上的传播，是他们在网上施加了自己的影响力。一条信息从信息源发出到最终被接收者接收，这中间需要经过很多节点，其中有些节点至关重要。如图9-1所示，黑色的点是信息的传染源，是信息扩散的关键性节点，是意见领袖。作为营销人员，必须找准这些黑色点并依赖它们把信息扩散开去。

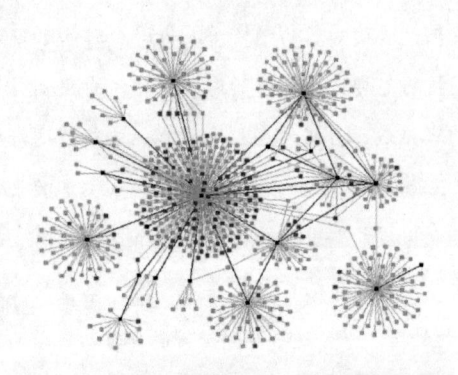

**图9-1　社会化媒体的网状辐射传播路径**

在这个传播路径中，一般来说信息的第一棒传递——节点1显得尤为重要。很多企业在品牌推广活动中，往往是先抓住第一棒传递者，由第一棒把活动信息再传递给下一棒，最终形成病毒式传播。那些活跃的、交际能力强的人往往成为第一棒的入选对象。当然，在社会化媒体上，现实中的信息传播链条中，最关键的那一棒除了可能落在通常的第一棒外，还有其他可能。例如，在一个话题的传播路径中，经过第一棒、第二棒，这个话题还鲜为人知，但是到了第三或第四个节点，局势完全改观，话题在这些节点的传播呈级数扩散，一下子就广为人知。韩国朴载相的《江南Style》的传播就是这种情形，这支音乐的录影带被放到YouTube上后，初期的点击率并不理想，直到7月底美国音乐经纪人斯古特·布劳恩和说唱歌手提潘均在推特多（Twitter，下同）上大赞《江南Style》，并附上MV的YouTube链接后，才令低迷的点击率起死回生。从这个事例可以看出，关键的那一棒可能落在传播链条中的某一个节点。作为企业总是试图通过最短的距离到达那个至为关键的一棒。

## 二、谁是意见领袖

### 1．意见领袖的定义

传播学者们发现意见领袖对个人选择的影响大于报纸杂志和广告节目的影响。所以，一些营销者认为，与其用广告去引导消费者，还不如发动意见领袖的影响力。例如，在消费品和电影问题上，意见领袖的作用巨大。"直到今天，电影上座率在很大程度上还是取决于口耳相传，广告攻势只决定影片上映最初几日的票房。"[1] 为了弄清楚意见领袖，我们不妨从传播学的角度先听听学者们是怎么看待意见领袖的。一般来说，意见领袖又叫舆论领袖，传播学家拉扎斯菲尔德对"意见领袖"给出的定义是："在人际传播网络中经常为他人提供信息，同时对他人施加影响的'活跃分子'，他们在大众传播效果的形成过程中起着重要的中介和过滤的作用，

---

[1] 埃里克·麦格雷．传播理论史：一种社会学的视角［M］．刘芳，译．北京：中国传媒大学出版社，2009:51.

由他们将信息扩散给受众，形成信息传递的两级传播。"① 为此，拉扎斯菲尔德提出了一个"信息二级传播"的模型。他认为人们获取信息的方式并不是直接从信息的发生源那里获得，而是通过"意见领袖"等构成的中介环节获得。也就是说我们绝大部分人获得的信息都不是来自第一现场，我们获得的信息都是二手或者已经转了很多手的信息。

意见领袖往往是人际传播的中心，人际传播理论认为意见领袖的影响大于媒介传播的影响。中国传播学者丁汉青教授认为："意见领袖所进行的人际传播比直接的大众传播更具有说服力，经过意见领袖再加工的信息针对性更强，更容易被受众接受和相信。"② 1971年，传播学者罗杰斯等人提出了"多级传播理论"，在这个理论模型中，信息通过多个渠道、多个节点呈现辐射状传播，这就意味着对于同一条信息，可能存在多个影响力强弱不同的意见领袖。营销大师菲利普·科特勒将"意见领袖"放在商业营销中，并将其定义为：在一个参考群体里，因特殊技能、知识、人格和其他特质等因素而能对群体里的其他成员产生影响力的人。

## 2．意见领袖的作用

在商业策划中，我们不可忽视"意见领袖"的作用，意见领袖在消费活动中起群体参照的作用。他们是风向标，他们的消费态度、消费行为和消费方式都会影响到那些跟随者。在一个群体或圈子中往往存在"意见领袖"和"参照群体"，他们可能是专家、偶像、能手，或是以前经常购买该产品的经验老到之人，他们的意见和推荐发挥着重要作用。例如，一个汽车俱乐部的成员容易对非成员的购车行为产生影响，而俱乐部中的老手

---

① 王君泽，等．微博客意见领袖识别模型研究［J］．新闻与传播研究，2011（6）．
② 丁汉青，王亚萍．SNS网络空间中"意见领袖"特征之分析［J］．新闻与传播研究，2010（3）．

又容易对新手产生影响。社会上还经常流行着"美食达人"、"城市达人"、"电影达人"、"旅行达人"等诸多"达人"的称谓，他们很大程度上充当了意见领袖的作用。在太平洋女性网、瑞丽女性网等女性网站，意见领袖往往是网站的编辑、某方面的权威人士或者一些率先使用某产品并且发表观点的网民。很多小型网站的站长也可能是信息传播中的意见领袖，他们不仅把商品信息挂在自己的网上，还对关注该网站人的施加影响。

在网络策划中，通常存在这样一个模式：制造话题—引导传播—形成意见—自动传播。在营销活动中，"制造话题"一般靠商家或策划团队，而"引导传播"一般有赖于意见领袖。所以，积极地寻找或培植意见领袖，利用意见领袖的号召力宣传品牌，增强宣传的可信度，对于企业来说不失为一个重要的营销策略。

### 他们是意见领袖：联系员、绝对内行、推销员

美国营销专家马尔科姆·格拉德维尔在《引爆点——如何制造流行》一书中说道："如果认真研究一下社会流行浪潮被引爆的情况，就会清楚一个道理，正如我们是依靠一些人才把我们与其他人联系起来，我们也是依靠一些人把我们与信息联系在一起。这个过程中既存在人际疏通专家，也存在信息传播专家。"马尔科姆·格拉德维尔认为"联系员"、"绝对内行"和"推销员"这三类角色发挥着人际疏通和信息传播专家的作用，流行的兴起就系于这三类关键的少数人身上。以联系员为例，马尔科姆·格拉德维尔发现：一个人的社交圈子可能呈现金字塔结构，位于金字塔顶端的那个人是关键人物。你在圈子里面认识的大部分人可能都可以追溯到这位关键人物，我们称他（她）为联系员。一般来说，我们日常交往的圈子依赖于"强关系"，如某人的朋友圈子来自他经常来往的几位同事、邻居，一般人数不多。但"联系员"却通过"弱关系"扩大

> 自己的社交圈子。那些只有一面之缘的人可能都会进入他（她）的社交网络之中。联系员不仅认识的人多，而且在认识的人中扮演重要角色。他们"应该是大家用不了几步就能找到的人。他们在不同领域，不同亚文化社会以及不同职位的人群都占有一席之地。"按照马尔科姆·格拉德维尔的说法，那些在社交中如鱼得水、认识人多且穿梭在多个领域的人最有可能成为联系员，这样的人对于"流行"具有巨大的推动作用。马尔科姆·格拉德维尔还区分了内行和联系员的作用：内行们就是数据库，他们为大家提供信息。联系员是社会黏合剂，他们四处传播信息。内行提供了信息传播的信度，联系员保障了信息传播的广度，一则既真实又传播广泛的信息就能产生持久的"流行"效应。

## 三、如何找到意见领袖

### 1．用意见领袖来引导流行潮

在进行网络策划的时候，如果想制造大规模"流行"，找到意见领袖是关键。如果能让意见领袖代表企业说话，利用他们的影响力和关系网进行传播扩散，就能影响到更多的人。正如可口可乐公司做的那样，先找到那8888名第一棒火炬在线传递大使，然后再利用他们进行推进。一环扣住一环，信息传递从第一阶段进入到第二阶段。这是一个很不错的活动策划。

在社会化媒体上，意见领袖扮演着更为重要的角色，具体表现为：

（1）他们是话题的发起者。很多时候他们会在网上分享自己的故事或者见闻，而这些内容往往都能引起积极的响应。当他们就某个商品或者某次购买体验发表意见的时候,可能会吸引更多人参与讨论。而且据研究发现,追随者和意见领袖的观点惊人的一致。当意见领袖发表批评意见时,追随者往往也会跟随意见领袖纷纷"吐槽"。当意见领袖就某次购物经历发出称赞时,追随者也会分享他们那些美妙的购物体验。

(2)他们让企业或品牌的粉丝产生互动,富有生气。当企业在经营粉丝的时候,需要话题引发互动,从而把分散的消费者连成一片。除了企业或品牌自己制造话题外,更多地还要依靠这些意见领袖制造话题。而且事实证明,由意见领袖制造的话题比起企业或品牌制造的话题更具有参与性和公信力。例如,由企业号召消费者行动起来向贫困地区捐赠,可能会遭遇消费者冷眼旁观,他们会认为这只不过是企业为了促进销售玩的把戏罢了。但是当意见领袖(如一位活跃的购物达人)站出来以自己的切身体会和经验呼吁消费者捐赠,就极有可能获得热烈的响应。

意见领袖具有什么样的特征呢?我们如何在茫茫人海中寻找意见领袖呢?拉扎斯菲尔德在《人民的选择》一书中大致描绘出意见领袖的肖像:"他们约占样本的五分之一,未必来自特定的社会阶层,他们的与众不同之处是非常关注新闻媒体,擅长在闲谈中讲清楚政治的意义。"

## 2．依据这些特征寻找意见领袖

具体说来,意见领袖主要表现出以下几个特点:

(1)意见领袖和被影响者处于同一团体并具有共同的兴趣爱好,而且他们的兴趣爱好相比群体其他成员而言更加浓厚。意见领袖主要是加强人们对原有观点的看法,而且影响的是那些与他们相似的群体。相关研究表明:意见领袖不是永远对追随者发挥绝对影响的人。他们的特征不过是更合群……他们也不是独裁者,他们被信任是因为他们符合追随者不言而喻的期待。

（2）意见领袖具有较高的发言质量。这意味着意见领袖的教育程度一般比较高，知识面比较广，经验比较老到，观点比较深刻，富有逻辑。他们可能是某方面的专家，具有权威性。

（3）意见领袖主动获取、分享信息的意愿比较强。他们十分活跃，总是主动地去搜寻、掌握更多的情报，对某一问题比别人了解得更加具体、深刻。

（4）意见领袖的社会关系网络比较发达。线下的意见领袖可能有比较广泛的朋友圈，线上的意见领袖则可能拥有大量粉丝，有很高的关注度。我们可以根据他的好友数量、关注数量、发帖数量、回帖数量、被推荐数量来确定谁是意见领袖。通过专门的网络监测工具对个体网民的粉丝数和转发数等指标进行跟踪监测，就能作出准确判断。一般来说，监测指标得分越高的网民，就越具有成为意见领袖的潜质。

（5）意见领袖往往有较高的媒体接触度。他们使用媒介与利用媒介扩大自己的影响力的频率比较高。例如，公众人物常常能够成为意见领袖，其中一个原因就在于他们的媒体曝光度比一般人高。

### 3．从特定圈子中寻找意见领袖

针对意见领袖的特征，企业首先应尝试从专业圈子里面去找意见领袖，所以要先定义圈子。耐克在做某款鞋的营销时，将世界权威杂志《跑步者世界》作为重要宣传平台，经过分析后，耐克判断该杂志的订阅者可能是散步鞋和跑鞋等产品的意见领袖。同时，考虑到意见领袖很合群，喜欢加入俱乐部和社团的特性，耐克将当地跑步俱乐部的成员，特别是俱乐部的活跃分子设定为意见领袖。之后耐克便将这些人作为头号宣传的对象。力图把他们发动起来，以他们为喉舌再向其他消费者推进，取得了不错的效果。在很多专业性的网络群里往往存在大量意见领袖，如天涯、网易、腾讯等网站上的设计群、美食群、家装群、亲子群、美容群等，都存在一些特别活跃且具有影响力的人，在商业营销时可加以利用。

## 四、社会化媒体上的两类意见领袖

### 1. 借用"网络大V"的号召力

随着社会化媒体的发展，"网络大V"们成为了典型的意见领袖，是社会化媒体上的明星。他们在微博、论坛等媒体上发表的意见往往被众多粉丝关注。正如某"网络大V"所说："支持你的粉丝总会站在你那一边，不用你亲自出马，他们就会挺身而出为你辩护，批评你的意见很快就会被挺你的意见淹没。""网络大V"有时也会遭遇反对的声音，但是每一次反对的声音反而促使他们的人气越来越火爆。由于"网络大V"拥有大批粉丝，所以很多商家都十分看重他们的号召力，希望借助作为意见领袖的"网络大V"来引导商业传播。值得一提的是，"网络大V"的人气主要是通过对社会问题的关注而形成的。很多"网络大V"时常会通过网络参与政治议论和政治立场的表白，正如拉扎斯菲尔德说："他们的与众不同之处是非常关注新闻媒体，擅长在闲谈中讲清楚政治的意义。"① 这也是他们被关注的主要原因。"网络大V"一旦舍弃社会话题，公然地为商业代言，那么他们身上的社会标签便会有被撕掉的可能，粉丝们对他的关注可能会消退。这使得很多"网络大V"不敢赤裸裸地代言商品广告，他们总是会把自己隐藏在商业中，秘密地为商业代言。有些"网络大V"甚至会审慎

---

① 埃里克·麦格雷. 传播理论史：一种社会学的视角 [M]. 刘芳，译. 北京：中国传媒大学出版社，2009.

地选择商业代言，避免商业损害自己的人气。

### 2．不可忽视的力量，草根意见领袖

我们认为在社会化媒体中，寻找意见领袖不必总是盯住为数不多的"网络大V"，还有很多潜在的意见领袖有待挖掘，特别是那些草根意见领袖，他们对流行兴起的推动作用更大，也更隐秘。草根意见领袖不像"网络大V"那样拥有巨量级粉丝，但在他们所在的社区里面，他们却拥有最为忠诚的追随者和拥趸者。草根领袖为数众多，几乎在每一个小型的网络社区中都能找到，他（她）可能就是你的朋友、同学或同事。事实上，利用这些草根领袖作为信息传播的中间环节，把他们安插在信息传播过程中的关键节点，将会让信息传播更加迅速。网络上的资讯很多都是由草根意见领袖扩散的，流行背后的推手也主要由他们来承担。正如可口可乐选择8888名火炬大使一样，他们虽然不是"网络大V"，但是他们具有主动传播、分享的热忱。在草根族中，只要耐心寻找就能发现很多在人际关系网络中具有影响力的意见领袖。对于营销工作者而言，锁定这些草根意见领袖，利用他们带动更多的人与企业或品牌进行互动，是社会化营销至为关键的一步。

## 五、意见领袖要不断制造新的内容或话题

很多学者研究发现网络意见领袖的影响力呈现一个长尾的趋势。初期一般会有很多人关注，一段时间后，随着意见领袖的沉寂以及话题的陈旧，传播热度就会逐渐冷却。要保持传播影响的持续性，就要不断更新内容，产生新的话题，制造新的兴奋点。

## 1．不断更新话题是意见领袖获得持续关注的关键

在同一事件引起的一系列话题中，意见领袖不一定是一个人，也可能是很多人。而且意见领袖的地位也不一定一成不变，反而可能出现这样的情况：旧的意见领袖没落，新的意见领袖出现。对于同一个意见领袖而言，如果他（她）想长期保持自身领袖地位，想持续获得关注热度，那么他就必须不断更新自己的信息，不断制造新的话题。一旦意见领袖停止在某一话题上发声，那么他的关注度就会减弱，进而可能失去作为意见领袖的地位。

## 2．信息交接棒：意见领袖、接力者各自的作用

一个品牌的流行，既要有品牌传播的信息源，又要有意见领袖，还要有接力者。当一个与品牌相关的爆炸性话题被制造出来后，意见领袖就像放大镜一样把话题放大，接力者则继续跟进这个话题。这就好像一场接力赛，每个队员都贡献自己的能量。从第一棒到最后一棒，既有最关键的一棒，又有最快的一棒。在信息交接的过程中，既有超级意见领袖，又有众多小型意见领袖；既有围观者，又有分享者和评论者，他们每一个人都发挥作用。

## 3．企业应寻找多个意见领袖

企业在利用社会化媒体从事营销活动或宣传的时候，应先找到这些意见领袖（如果找不到，我们的建议是，模仿意见领袖的声音），正如马尔科姆·格拉德所建议的那样，企业应该设法找到联系员、绝对权威和推销员这三种类型的人物。而且企业不应只找一个意见领袖，而是多个意见领袖，利用他们把信息棒交到更多人手中，连接、活络整个网络，并借助他们的力量把营销活动组织和传播起来，去影响跟随者及关注者的态

度和行为。意见领袖不能老调重弹，要变着法子提供兴奋点。所以"制造话题—引导传播—形成意见—自动传播"这个模式，也可以换一种方式这样表述："结合社会背景策划话题或事件—用意见领袖引导传播—形成舆论—积极地互动，不断更新话题中的兴奋点—形成持续的自动传播"。这一框架提供了如何利用意见领袖的一般步骤。

# 10 制造流行:流行策划的步骤

## 一、流行模式一：引爆话题—提供动力—产生效果

社会上的很多"流行"特别是那些公共领域里面的话题"流行"具有一定的偶然性，并非刻意制造。但是作为企业，要想拥有一种"流行"的消费观念，或者拥有一种"流行"的生活方式，或者拥有一种"流行"的企业或产品品牌，则非得经过一系列的精心策划不可。固然，我们可以把流行看做社会问题和情绪累积到一定程度上的大爆发，但是策划无疑是催化剂，它加速触发了流行的爆炸。综合前面的内容，我们可以把"流行"的制造分为三个阶段，如图10-1所示：

制造引爆流行的"话题" → 提供维持流行的"动力" → 产生流行

图10-1 从话题引爆到产生流行的过程

话题的制造就好比是导火索，需要靠它来引爆。流行的动力就好像是火药，要靠它为流行提供源源不断的能量支持。流行的效果就好像是炸弹爆炸，它产生的震动波迅速向四周波及，使得企业和产品信息成为人们关注的热点。从传播学的角度来看，这三阶段也可以描述成"议题设置—议题扩大—形成舆论"，如图10-2所示：

议题设置 → 议题扩大 → 形成舆论

图10-2 从议题设置到形成舆论的传播过程

营销人员在制定社会化营销活动的时候，同样需要先设置一个有趣的议题，来吸引人们参与讨论。随着营销人员与参与者的互动和对话的深入，双方都有可能提供一些新的话题，营销人员还可以以原始议题为触发点不断释放新的相关议题。议题的扩大维持了"流行"的热度，也增加了社会化营销的深度。社会化营销正是通过内容的更新、奖励的升级等方法不断吸引人们的关注，最终产生口碑传播效应。

## 二、流行模式二：制造话题—引导传播—形成舆论—自动传播

我们若以"制造话题—引导传播—形成舆论—自动传播"这一广告传播模型作为"流行"制造的构架，那么接下来的工作就是要根据这个传播流程思考流行制造的每一个步骤，如图10-3所示。

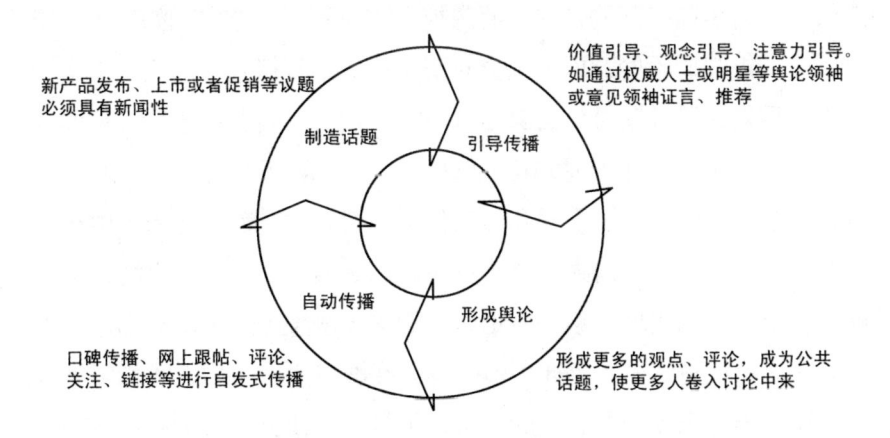

```
         价值引导、观念引导、注意力引导。
新产品发布、上市或者促销等议题    如通过权威人士或明星等舆论领袖
必须具有新闻性                  或意见领袖证言、推荐

            制造话题      引导传播


            自动传播      形成舆论

口碑传播、网上跟帖、评论、        形成更多的观点、评论，成为公共
关注、链接等进行自发式传播        话题，使更多人卷入讨论中来
```

图10-3　制造话题—引导传播—形成舆论—自动传播

### 1. 第一步：制造话题

　　制造什么话题？这个话题的爆炸性如何？如何增强话题的新闻性？如何利用公关活动增强体验性以便让人们觉得这个话题是真实的？一般来说，营销人员要制造值得传播、易于传播，并能引人们关注的话题。话题必须具有一定的公共性和新闻敏感性，才能够引起人们注意。与新闻中的公共议题不同的是，广告传播中的话题要减少负面的争议性，就需要第二步的引导传播。

### 2. 第二步：引导传播

　　如何让媒体报道这个话题？由谁来引导传播？谁是真正的意见领袖？明星意见领袖和草根意见领袖分别是谁？先要在哪个范围内进行传播，然后再波及另外哪个范围？企业自制的或者偶发的话题最初传播的面还很窄，不为人所知，故需要人为地、有策略地引导。很多广告企划都刻意把观众的注意力引向有利的方向，而忽视或避免不利的方向。如果生产尿不湿的厂商一再强调不好的尿不湿会对婴儿造成不舒适感，那么由于这个信息被不断重复，导致父母们会深信尿不湿的优选对婴儿健康非常重要。而事实上，相比引起婴儿不适的其他问题，婴儿尿不湿可能是一个并不那么严重的问题，但厂商通过引导和传播使得消费者的全部注意力集中在某一特定的方向了。又如以前人们有头皮屑，那是最平常不过的事情，头屑本身就是一个正常的生理现象，但是后来的洗发水生产厂家却成功地让人们觉得有头屑可能意味着不健康、邋遢等。在洗发水广告中，我们经常可以看到表现头屑带来烦恼和尴尬的场景，于是人们便觉得有头屑不是一件好事。同样，青春痘在过去并不是什么大问题，而现代的那些祛痘产品通过对青春痘造成的问题进行特别的强调，成功地让人们认为青春痘是个需要解决的面子问题。

对于那些具有争议性的公共议题，更需要实行引导传播，从而使舆论导向对企业有利的一面。在概念式营销中，一种新概念的制造也需要积极地引导传播，从而使得人们注意、认同、接受这个概念。一般来说，要做到引导传播，可以考虑先在具有影响力的小众圈层进行传播，让这种小众圈层成为话题的发酵池，再由小圈层扩展到更大的群体；或先要获得意见领袖或舆论领袖的支持，利用他们的示范效应进行传播。如很多广告主通过明星代言人或者权威人士来引发消费者的关注，其隐秘的目的就是引导、号召。

### 3. 第三步：形成舆论

如何让这个刻意制造出来的话题扩展成一个共同关注的舆论？如何进行病毒式传播？如何发动口碑传播？所谓舆论是指源于群众自发或有意引导的公众意见和言论，一旦形成舆论，就会有越来越多的消费者卷入进来，他们会鼓吹、附和、跟随，接着会形成更多的观点、评论。传播的面会不断扩展，对话题的讨论、认知由此也会进入到更深层面。当前一些学者提出"广告舆论造势"的观念[1]，认为企业可以通过广告传播策略来制造舆论、引导舆论、控制舆论，并通过舆论造势来提升企业品牌知名度。

### 4. 第四步：自动传播

如何让人们在一种愉快的心情中分享他们的体会、经验？刺激人们分享的奖励机制是什么？社交媒体将怎样被使用？如何对分享的东西开展监测？通过前期话题的制造、引导和深入解读，受众对话题的认知将

---

[1] 杨海军.广告舆论造势的经典之作——果维康广告传播策略评析[J].广告人，2009（8）.

越来越深刻，于是人们会在日常生活场合，如与朋友拉家常的时候进行口碑传播，一部分人则会通过网络跟帖、加关注、评论等形式进行自发传播。

"制造话题—引导传播—形成舆论—自动传播"这一整合模型完成了从被动认知到主动认知，从广告主刻意传播到受众自发传播的过程，最终流行的兴起就是源于人们自主自发地分享、传播。一个有计划的病毒式营销即可以根据这个模型来进行。企业在制订以流行为目的的营销或广告企划方案的时候也可以依据此四步来制定策略。

## 三、流行制造的七个步骤

除了上述流行制造的一般步骤外，社会化流行更为具体的企划步骤如图10-4所示：

| 利用社会普遍心理期望 | 制造话题形成引爆 | 利用意见领袖号召 | 传统媒体响应 | 提供奖励形成物质动力 | 更新和扩大话题 | 最终形成"流行" |

图10-4 流行制造的七个步骤

### 1. 第一步：分析当下的社会背景

找准社会中潜伏着的普遍情绪或集体记忆，或者说找准人们普遍的心理期望。毫无疑问，这是"流行"兴起的先决条件，也是最为关键的一步。流行现象一定是与人们的心理期望相对应，它要么能够戳到人们的痛处，帮助人们消除某种懒惰、消极的心理，要么能够引发一种积极向上的心理，从而引起人们的共鸣。一家阿根廷书店曾经发起了一个"书不等人"的病毒式营销活动，营销人员通过调查发现很多买书人都曾有这样的经历：虽然买了很多书，但是读了的却很少，能够读完的更是寥寥无几，很多时候书仅仅是一种摆设而已。买书本是为了获取知识，于今却成为了一种浪费。"读书拖延症"成为时下读者常患的一种病症。很多读者也意识到了这个问题，但是他们缺乏足够的动力能够让他们去读完自己买的书，他们经常提到的借口是："现在没时间读，先放着吧，反正以后会读的。"于是，书架上的书本越堆越高。有鉴于此，这家阿根廷书店用一种新型油墨出版了一位拉美作家的文集。塑料密封的文集被打开后，油墨一旦接触阳光和空气，文字就会在两个月内完全消失。如果读者不能在两个月内抓紧读完，那么这本书就报废了。这本书出版后引发了广泛讨论，无形中提高了该书店的知名度。书一经出版，订单纷至沓来。这家阿根廷书店成功的关键就在于它牢牢地把握住了消费者的心理，为消费者解决了一个老大难的问题。现代营销界经常强调要了解消费者内心隐秘的欲望，我们要了解消费者喜欢什么、讨厌什么，了解他们普遍的心理期望。最重要的是，我们要想办法达成他们的期望，确确实实为他们解决问题。

## 2. 第二步：制造话题，形成引爆

这个话题应该与社会普遍情绪相对应，要能够满足人们普遍的心理期待。什么样的话题最有可能流行？我们发现，最流行的话题往往是企业在对众多可能的话题进行比较之后选择的结果。一般说来，那些最流行的话题往往具有争议性和新闻性。同时，这样的话题要形成鲜明的反差，还要保持一定的娱乐性在里面。

### 3. 第三步：寻找意见领袖，通过意见领袖对话题的推荐和号召进行扩散

他们对追随者购买选择的影响要大于报纸杂志和广播电视中广告的影响。线下的意见领袖通常是那些社交活跃分子，他们在多个领域中自由穿梭，把整个社交网络连贯、激活起来。线上的意见领袖一般拥有大量的粉丝，关注度高。我们可以根据他的好友数、关注数、发帖数、回帖数、被推荐数来确定网络上的意见领袖。很多时候，营销中信息传递第一棒的选择至关重要，因为第一棒是信息的过滤者和筛选者。例如，微博营销的关键就是通过自己粉丝的第一层筛选，而这一层粉丝筛选的效果，则取决于博主对自己微博的定位和粉丝质量的选择。

### 4. 第四步：除了在网络上传播这个话题，还要让传统媒体响应它

如果一个网上传播的事件能够让传统新闻媒体如报纸、电视等也来参与报道，那么这个网络事件就能产生更大的传播效果。总之，在商业性质的网络策划中，我们要综合使用各种媒体，线上与线下配合，传统媒体与新媒体配合，让不同媒体相互关联，共同推动商业话题的传播。

### 5. 第五步：为促使人们参与到这个话题中来，必须提供激励和诱惑

提供足够诱人的奖品或者享受。在社会化媒体上，那些虚拟的奖励、精神上的慰藉像实物奖励一样有效。

### 6. 第六步：更新和演绎话题，不断制造新的引爆点，从而形成持续传播的效应

这就像新闻里的深度报道一样，不断挖掘新的素材，扩大话题或者

在原有话题的基础之上再制造新的话题，这样才能保持目标消费群关注的新鲜感，维持"流行"的热度。很多时候，目标消费群通过分享他们的感受和经历来更新话题。目标消费群的体验、感受以及经历又成为了新的故事，引发下一个目标消费者的关注。

## 7. 第七步：最终形成舆论，产生"流行"的现象

案例一：

> **店藏名画，欢迎来偷**
>
> 每年12月至来年1月中旬，澳大利亚墨尔本酒店业就进入传统的淡季。如何吸引客户入住成为了墨尔本市每家酒店的大难题。通常来说，这些酒店要么举办价格大酬宾，要么在提高服务水平、改善消费体验上做文章，因此同质化竞争的现象十分严重。在众多酒店中，有一家叫 Art Series 的奢侈连锁酒店有千逾间客房空置着，这让 Art Series 的管理人员伤透了脑筋。不过，他们很快想出了一场别出心裁的营销活动：
>
> Art Series 在墨尔本市拥有3家艺术主题酒店，均以澳洲本地著名艺术家命名。既然是艺术主题酒店，Art Series 的营销团队自然想到要与"艺术"这个词挂起钩来。举办一场艺术家作品展，进行一场艺术品拍卖，还是组织一个客户自由创作之类的活动？营销人员觉得这些活动都不够出奇制胜，难以取得真正"流行"的效果。考虑再三，他们终于想到一招：邀请住客来偷名画。
>
> Art Series 找来英国最抢手的地下画家、当今世界上最有才气的街头艺术家班克斯（Banksy）的两件名作，然后在各路媒体上广发英雄帖："嗨，我们这里有班克斯的名画，够胆，你就来把它偷走！只要能躲过酒

店员工的眼睛,成功把画带到酒店外,它就归你了!"

酒店的安保当然是不会轻易就让"偷盗者"得手。你得先找到那幅画——它被轮流放在3家酒店中的一家,然后你必须得骗过重重防备的酒店员工。好在从来都是"高手在民间",5天后,第一幅画作——《没有球赛》即被一位名叫茂拉·图霍的女性"偷"走了。她假扮成负责把艺术品搬到另一家酒店的公司雇员,成功骗过酒店员工,将画作带出了酒店。

接着,Art Series又放上了另一幅画作,出自"低俗小说"系列的一张价值4300美元的版画。不过,这次没有人能够带走它。有人扮作推销员,有人在闭路电视上做了手脚,有人在前台安装窃听装置,甚至有人干脆拿起来就跑,但都未能得逞。最后Art Series将这幅画作捐赠给了关注公共安全的慈善组织——Crime Stoppers Victoria。Art Series的"名店藏画,欢迎来偷"的营销活动开始后,前来冒险一试的"偷盗者"就络绎不绝,甚至连正在墨尔本参加澳网的网球明星小威廉姆斯都想来参与。这个营销活动如此成功,有什么诀窍呢?

其实,这个策划主要遵循了制造流行的这几个步骤:

第一,在按部就班的社会中,人们有一种冒险、猎奇的心理,甚至在人们的内心深处,天生有一种要反抗秩序的革命心理。正如心理学格言"Bad men do what good men dream"(坏人做事好人做梦)所言。偷盗是违法的,在正常的法治社会里偷盗行为要受到法律的制裁,但是当偷盗变成一种游戏,变成一种合法行为后会怎么样?让人好奇。Art Series对社会的这种普遍心理的把握可谓十分精准。

第二,"店藏名画,欢迎来偷"本身就是一个具有争议性的话题,本身就能引起人们的好奇,吸引人们一探究竟。有哪家酒店会主动欢迎偷盗者前来偷盗名画呢？这样的酒店一定是脑袋进水了吧，人们对此充满了疑问。这种不符常理、有违常规的话题蕴含了丰富的信息量，它具有新闻性，能够引起人们广泛的议论与猜测。

第三，为了让这个活动吸引更多人的注意，Art Series 请来了网球明星小威廉姆斯来代言，她作为意见领袖无疑拥有巨大的号召力。同时 Art Series 还把活动搬上了社会化媒体。在社会化媒体上，参与者中不乏活跃分子，他们兴致勃勃地在网上现身说法，在 Facebook 和 Twitter 上分享他们的体验并推荐了这个活动，他们也是当之无愧的意见领袖。社会化媒体有很多信息节点，每一个节点都可以向其他相互联系的节点扩散信息。通过意见领袖的推进，令这个活动的影响力成倍放大。

第四，这个活动成功的地方还在于丰厚的奖励。Art Series 宣称凡是能成功把画带出酒店的，这幅画就归他所有，单是这一点就很诱惑人。很多前来酒店入住的人都想碰碰运气，这就好像中彩票一样。更重要的是，偷盗名画的行为有点像侠盗电影里面的场景，它本身就是一次充满刺激、冒险的体验，是一个斗智斗勇的过程，体验式的享受也成为吸引人们参加的重要激励因素。

第五，Art Series 通过社会化媒体，不断将每个失败者的"犯罪"过程爆料出来，这个办法对此次营销活动的成功起到了关键作用。"偷盗者"的偷盗方法可谓千奇百怪，有些充满创意，有些则让人笑掉大牙，非常具有观赏性。这些被分享出来的"偷盗经历"就好像是一个个充满趣味的离奇故事。它们作为不断更新的话题，是新的"流行"引爆点，不仅维持了"流行"的热度，还扩大了 Art Series 品牌的影响力。

总之，Art Series 酒店的营销活动基本上遵循了上述几个流行制造的步骤，从话题的引爆到话题的更新、扩大，每一步都经过精心的策划。就连 Art Series 最终将第二幅名画捐给关注公共安全的慈善组织——Crime

Stoppers Victoria，而不捐给其他主题的公益组织都显得那么有用，它实际上是在引导人们继续关注"偷盗"行为对公共安全造成的危害。总之，这个营销活动成功地制造了"流行"：它实现了 680 万次 Twitter 转发，10 万次网站浏览，更收获了实实在在的销售增长——短短 4 周内房间预订量已经超过了 1500 间。

### 案例二：步行创造绿色

> **巨幅写真，步行也能创造绿色？**
>
> 上海恒美广告公司（DDB）为中华环境保护基金会创作了一则呼吁大家保护绿色环境、倡导多步行少开车的公益广告，该则广告主要通过户外广告的形式，在街头与大众进行互动。广告选在车主和行人接触最多的红绿灯前的斑马线上，铺上长 12.6 米宽 7 米的巨幅写真布，上面印了一棵有枝无叶的大树，然后在人们等红绿灯的两端摆放绿色的快干环保颜料海绵垫子。当人们踩上巨幅写真，因为脚上沾了颜料，所以写真布上的枯树就像长出了许多绿色的叶子，这样让人们感受到步行真的能创造绿色环境。这个活动在上海 6 条主道上开展，参与人数总计近 392 000 人。活动引起了社会各界的关注，网络、杂志、报纸、电视等各大新闻媒体争相自发报道，活动结束后市民脚踩出来的巨幅绿树还被美术馆盛邀展览。可以说，这是一次成功的事件广告，它巧妙地把户外广告与无车日活动连接起来，既注意到了与市民的互动性、参与性，又注意到了活动的后续延展性；既有线上的传播（如新闻报道），又有线下的现场展览。

可以说这则"绿色出行"的户外广告之所以能够"流行"，也是因为遵守了"流行"制造的步骤。保护人类生存的环境，倡导绿色生活，是我们这个社会老生常谈的话题了，但是怎样让这个观念重获新生从而吸引人们的关注呢？为了让人们真实感受步行创造绿色（这本来是一个非常抽象的概念），策划者想到了在红绿灯前的斑马线上铺设巨幅写真的方式。这幅写真是一幅未完成的画作，需要行人用自己的脚踩踏完成，这就使广告具有了参与性，行人成为了作画者。而当这幅步行出来的"绿树"在上海美术馆的高墙上盛大展览时，那些行人，也就是活动的参与者们看到了自己创作的作品像一件艺术珍宝一样被收藏和展出，他们的心情可想而知，他们会觉得自己获得了奖赏，于是这些参与者们可能会在网上继续分享、转发活动的场景和感受，让更多的人来关注。这整个过程其实就是心理激励的过程。该活动除了在社会化媒体上被人们关注，传统媒体也对它做出了积极响应，比如《东方早报》、中央电视台等媒体的报道提升了人们的关注度。社会化媒体进行病毒式传播，传统新闻媒体进行响应，于是一条公益广告已然转变成为了一条公共新闻，流行就是这样开始扩散的。

营销人员经常遇到的一个问题是：他们必须从老生常谈的概念中寻找新的表现形式。比如每当中秋节、国庆节，商家们都想要沾点节日的氛围，希望策划出一个新颖的活动来。有很多商家抱怨每年的活动都是炒剩饭，没什么意思，他们急切地需要新的点子。而健康生活、低碳出行、珍惜水资源、知识产权、消费者权益维护等话题，公众也都非常熟知，但仍是每年必须要提倡的公益话题，因此问题就出现了，我们该如何提倡，该如何用新的形式去表现这些老的主题？绿色创造步行的例子为我们提供了很好的借鉴。根据"流行"进行策划，我们完全可以让每一次营销创意变成意想不到的流行势力。

## 四、电通广告公司的 SIPS 模型

每个时期的流行都在变,这是因为产生流行的技术以及社会的心理结构都在发生变化。与过去相比,社交化媒体时代的"流行"与报纸、电视等传统媒体上的流行很不一样,这主要表现在信息传播者和接收者发生了变化,信息传播的路径和速度也发生了变化。过去信息只是从有限的信息源开始传播,现在每个人都成了自媒体,都可以生产并传播信息。同时,过去的信息传播主要是单向传播或者只是有限的几个渠道传播,现在的信息则像原子爆炸一样产生裂变式的传播,而且网络上的信息是共时的、横向扩散的。这些变化,无疑对我们的营销和广告事业产生了影响,它要求我们不能再禁锢于过去的老的推广策略中,而应该跳出传统框架,重视沟通的作用,努力地去运用现今信息传播的规律策划营销和广告活动。世界著名广告人、素有"亚洲广告之父"之称的日本电通公司特级顾问镜明先生在一次论坛上做了题为"Reset Yourself"的演讲,在演讲中他提出,这个时代的第一个变化就是人已经成为沟通的核心。他认为,社会化媒体的含义可简单地概括为以下三点:

(1)每个人都可以传播信息。

(2)信息在多个层面进行同时传播。

(3)信息瞬间便会传遍全世界——这意味着消费者的概念已经淡化。

以消费者这个概念创造出来的广告方法论本身是否还管用,正在接受检验。镜明先生指出:广告行业商务模式正在从沟通商务变成运用沟通的解决方案的商务。具体来说是理念(Idea)发生了变化,今后要更多地

从核心理念（Core Idea）去考虑广告问题，寻找商品和目标受众洞察的交点，也是核心理念（或诉求信息）与欲求的交点。核心理念将成为推广活动的整体基础。镜明先生所说的核心理念也就是"流行"引爆点。从企业或产品的角度出发，所倡导的话题必须与社会的普遍心理和情绪发生交汇，也就是要与所有消费者的核心欲求产生交汇。

针对社会化媒体时代的传播特点，日本电通株式会社在2011年发布了一个数字时代的消费者行为分析工具——SIPS模型（Sympathize 共鸣，Identify 确认，Participate 参与，Share& Spread 共享与扩散）。如图10-5所示：

```
   S  ▷  I  ▷  P  ▷  S
Sympathize Identlify Participate Share&Spread
 （共鸣）   （确认）   （参与）   （共享与扩散）
```

**图10-5　电通公司的 SIPS 模型**

这个模型是电通公司在 AISAS 模型（Attention 注意，Interest 兴趣，Search 进行搜索，Action 购买行动，Share 反馈分享）的基础之上延伸出来的，它更加贴近以微博、微信为代表的社会化媒体时代的传播。SIPS 模型深刻剖析了"流行"的规律。首先，消费者要对品牌发出的信息和生活者发出的信息产生共鸣。共鸣是一种非常微妙的心理学机制，要引起共鸣，不是让消费者去追随企业，而是要让企业去追随消费者。共鸣的前提条件是要与消费者的内心期望相一致，即想消费者所想，满消费者所欲。只有与消费者的心理价值和期望相交汇，才能产生共鸣。在形成共鸣之前，我们需要同消费者沟通。那种自上而下或者自下而上的沟通方式都不容易引起共鸣，只有那些平行、真诚、谦虚的交谈才能引发共鸣。当我们利用社会化媒体与消费者对话的时候，我们要与他们站在同一立场，如朋友一般倾诉、倾听、拉家常，这样才会让消费者感受到真诚。电通公司把社会化媒体的使用群体分为四种类型：一般参加者、粉丝、忠诚顾客、狂热信奉者。对此另外一种可以参考的划分方式在伦·李和乔希·贝诺夫合著的《公众风潮：互联网海啸》一书中涉及。作者根据受众在不同的社会化媒体平台上的行为，确定了社会化媒体中六个截然不同的群体：创造者、评论者、收集者、参与者、观看者、不活跃分子。如图10-6所示，在电通划分的四类群体中，粉丝和一般参加者在品牌知名度的形成上作用巨大，而忠诚顾客和狂热信奉者在购买行为上作用巨大。这些群体不是孤立的，他们总是通过一种"弱关系"连接在一起，在连接中他们实现了品牌信息的共享和扩散。

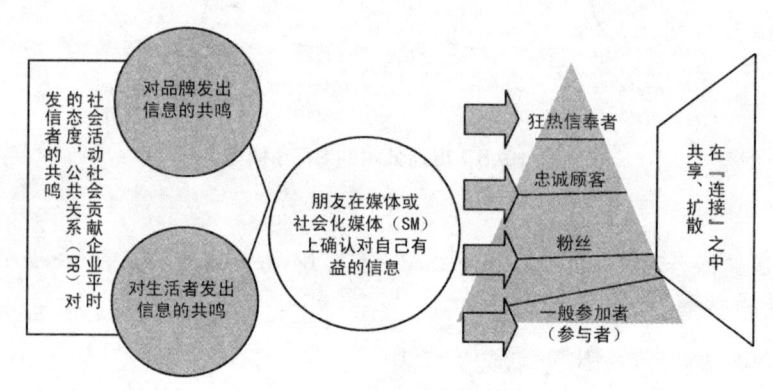

图10-6　电通公司的共鸣模式图

## 五、不要忘记设置奖励计划

### 1．奖励是刺激消费者采取行动的重要因素

奖励依然是刺激消费者采取行动的重要因素之一。在社会化媒体上，

营销人员经常通过奖励来吸引人们参与、互动与对话。但是，通过多年研究，笔者发现一般公司的营销活动尽管都会提供奖励，但并不怎么吸引人。有些消费者对商家的奖励计划早已司空见惯，有些则心存疑虑，他们认为很多奖励只不过是忽悠人的把戏而已。

## 2．如何设置奖励

奖励要产生预期效果，首先奖品必须是大家渴望得到的，而不是一些不实用的处理品。很多公司容易犯的错误是，把存货或者廉价品拿来当奖品，对消费者而言，这些奖励根本就不是他们想要的。

其次，奖励要有足够的分量。有些企业为了吸引人们参加活动，不惜拿出价格昂贵的重磅奖励，如汽车、钻戒或者劳力士手表等。把这些奖品摆在最显眼的位置，让大家都能看到，而且要让大家有一种感觉：能够拿到大奖的可能就是自己。

最后，要使奖励容易得到。一方面，获奖几率要有一定保证。如果获奖几率太小，那么很多人可能就丧失了参与的动力。另一方面，赢取奖励的步骤要简单。例如，只要按下按钮或者只要发送一条短信就能完成所有的步骤，获取中奖的资格。

## 3．在社会化媒体上设置奖励计划

在社会化媒体上，要吸引大家参与互动和分享就要提供有价值的奖励计划，并且要让获取奖励的途径简单明确。在网络上，奖励呈现的方式应该尽量特别，它就像一个触发器，能够成为流行引爆的一个点。马尔科姆·格拉德维尔就形容，奖励使得"信息具有了附着力"。

营销人员运用社会化媒体，不仅希望消费者在社交平台上了解品牌信息，还希望消费者能够参与进来，体验品牌带来的真实感受，并最终采取行动。要使社会化媒体发挥作用,就必须有引爆人们行动的刺激物。这个刺激物可能是一个奖励,一个具体的行动步骤,或者是一张行动的路线图。比如要号召人们去观看一场足球赛,仅仅告诉人们足球赛有哪些明星以及将会很精彩是不够的,还要告诉人们足球赛举办的时间、地点和如何乘车以及如何获取奖励的方法。在某一个商业中心,有两家家居公司开业。其中一家在媒体上发布了开业大酬宾的消息,并电话告知了客户,声称将有"神秘大礼等着你",然后就坐等客人上门。另一家公司的营销人员则不同,他们除了在社会化媒体上发布消息和打电话告知客户外,还在广告及电话中强调:公司将在下午6点准时开奖,每个进店消费的人都有可能赢取奖励。营销人员没有耍什么噱头声称"将会有神秘大礼",而是非常坦白地告诉消费者奖品有哪些,中奖率是多少以及如何赢取奖励。这家公司还在市中心便利的位置设置了一个集合点,在那里准备了免费的热饮和报纸并租有一辆巴士,每隔一个小时往返于集合站和公司。任何人都可以免费乘坐巴士前来家居公司参观。毫无疑问,第二家家居公司获得了更多前来参观的顾客,到场人数足足是第一家公司的两倍。相比第一家公司,第二家公司制订了更为详细的行动计划。

## 4．来自精神上的奖励

事实上,社会化营销中使用的奖励不一定非得是实物,还可以是精神上的、虚拟的奖品。我们在设置奖励时,一定要精心策划,让奖励成为真正有吸引力的引爆点。"一次难忘的体验或刺激"、"一次情绪宣泄的机会"、"一个安慰"、"交到新的朋友"等都有可能成为吸引人们的奖励。

**案例三:Flying Pie 比萨店出奇招分享快乐**

位于美国爱德华州的一家叫 Flying Pie 的比萨店想出了一个绝妙的主

意。它策划了一个"It Is Your Day"的线上营销活动。每天 Flying Pie 都会喊出一个名字，比如第一天是"Joey"，第二天是"Ross"，第三天是"Tamarra"，比萨店会在当天邀请5位同名者作为幸运儿在当天下午2~4点或晚上8~10点这两个比萨店比较空闲的时间，来到他们的厨房，亲手为自己制作免费的10寸大的比萨，并拍一张照片发在社交网络上。

接下来，Flying Pie 会请这5名幸运儿继续提供名字，下一次的幸运儿将在以前参与者提供的名字中投票产生，以此类推。Flying Pie 还号召人们都来看每周公布一次的幸运名单（名单都会公布在比萨店的网站上），如果你看到你朋友的名字，欢迎告诉他，然后叫他过来。一位叫 Kendra 的幸运顾客，她的老板每周都会查看 Flying Pie 的网站，直到有一天他看到 Kendra 的名字，然后告诉她："'Kendra 日'来了，赶快去参加吧。"

Flying Pie 的这个营销活动非常成功，它以简单的构思赢得了出其不意的效果。可以说，Flying Pie 提供的奖励非常有效，"幸运儿"不仅可以制作自己的免费比萨，还可以推荐自己的朋友获得同样的奖励。在 Flying Pie 的奖励计划中，不仅有实物奖品，还有亲身体验的乐趣以及分享的乐趣。总之，Flying Pie 在活动中制造了兴奋点，它将目标客户群体连接起来，让朋友告诉朋友，让客户带来客户。

大家对 Flying Pie 的营销案例是不是似曾相识呢？其实很多营销人员都运用过这种"老带新"激励客户的方法。网络上曾经流行的"点名游戏"，它的游戏规则是：第一个人提出一个问题，点名下一个人回答，第二个人回答了这个问题后，又可以提出一个更刁钻的问题，点名第三个人回答，以此类推。这种"接龙式"游戏将网络用户连接起来，通过人际关系的链条传播信息，与比萨店的营销方式异曲同工。

## 六、舞动流行的四只翅膀

斯坦福大学的营销学教授珍妮弗·阿科尔（Jennifer Aaker）和营销战略专家安迪·史密斯（Andy Smith）在对社会化媒体发挥作用的大量实例进行研究之后，合著了一本叫《蜻蜓效应》的书。蜻蜓一直以来被认为是昆虫世界中的"飞行之王"，它飞行能力极强，能够在空中悬停，转向自如。而这种极强的飞行能力离不开蜻蜓的四只翅膀的协调配合。

《蜻蜓效应》一书中提到，在社会化媒体的传播世界中，也存在四只翅膀，它们分别是专注、赢得关注、吸引人们参与、采取行动。珍妮弗·阿科尔说道："社会化媒体中蜻蜓的所有四只'翅膀'必须协调配合。第一只翅膀是专注，你的单一的、小范围的、具体的目标是什么？这个目标应该可以随着时间推移不断进行衡量，从而使你知道离自己的目标还有多远。第二只翅膀是吸引注意力，要使人们都来围观。这与更传统的营销手段非常相似。第三只翅膀是参与、讲故事，这在过去也一直很重要。但是，你如何才能让员工和消费者也采取行动？这对于社交媒介行业还是一个很新的课题。当你同时舞动这四只翅膀——协调一致地采取这四种小规模行动之时，就正是你获得放大效应，或发挥富有感染力的作用之日。"[1]这四只翅膀的配合让社会化媒体产生巨大的"流行"效应。如果哪个企业想通过社会化媒体这个平台——这个被学者和商界人士称为革命性的平台

---

[1] 珍妮弗·阿科尔，安迪·史密斯. 蜻蜓效应：运用社会化媒体的制胜秘诀［M］. 刁海鹏，赵俐，等，译. 北京：机械工业出版社，2011.

上开展它的营销之路,那么就必须懂得怎样舞动这四只翅膀。《蜻蜓效应》为我们讲述了这样一个案例:

> 斯科特·哈里森(Scott Harrison)曾经是他所在世界的佼佼者。这位28岁的纽约夜总会和时尚界推销商非常擅长把模特儿和对冲基金大亨们聚到一起,并向他们销售500美元一瓶的伏特加酒。他拥有金钱和权力。然而,他的生活方式也带来了某种别的东西:空虚。哈里森感到精神上极度贫乏。
>
> 于是,哈里森离开了纽约,志愿去一家为世界上最贫穷国家提供免费医疗的流动医院服务。哈里森担任这艘医疗船的摄影记者,他很快就沉浸在一个截然不同的世界中。成千上万的病人蜂拥而至,来到医疗船寻求医治各种令人衰弱不堪的疑难病症:巨大的肿瘤,兔唇和腭裂,由水传播的疾病产生的细菌吞噬着人们的肉体等。哈里森的镜头开始聚焦于令人震惊的贫穷与痛苦,并且记录下这些民众的奋斗和他们的勇气。
>
> 8个月后,哈里森回到纽约,但并没有恢复自己以前的生活。哈里森意识到,自己目睹的许多疾病和医学难题,都来源于缺乏干净的饮用水,他决定在这方面做一些事情。2006年,哈里森创办了一家名为"上善若水"(Charity:Water)的公益组织,这是一个旨在帮助发展中国家人民获得清洁和安全的饮用水的非营利组织。
>
> 在哈里森31岁生日时,这家公益组织正式成立,他要求朋友们每人捐赠31美元,而不是送他生日礼物。哈里森的这次生日共筹集了15 000美元,帮助修建了"上善若水"在乌干达的第一批水井。在随后的3年中,哈里森朴实的生日愿望如滚雪球般不断扩大,如今,捐款总额已经超过2000万美元,并转化为近3000个饮用水项目,其范围从手挖水井和深机井,到保护泉水和收集雨水的各类工程。现在,该组织已向遍及17个国家的140多万人提供了洁净的生活用水。

"上善若水"的成功可以通过以下四项精心设计的原则来解释,这些原则旨在通过社会化媒体创立品牌,从而吸引大众参与的企业提供借鉴。

(1)讲故事——哈里森的个人历程。从纽约夜总会和时尚界推销商到一位公益组织的创办者,哈里森的经历曲折离奇。从空虚的生活脱离出来,走上公益之路,哈里森在接受媒体采访中坦诚了他创办"上善若水"的主旨和期望,以及他是如何从事这项事业的。他的故事在YouTube等社交网站上广泛传播,反响强烈。

(2)使你的受众产生共鸣——让人们与你的品牌打交道,获知什么东西对他们来说最重要,以及他如何与你发起的运动密切相关。"上善若水"通过照片和视频,揭示在发展中国家水资源问题的紧迫性,唤起了人们的共鸣。该组织并不是只依赖各种统计数据,而是通过宣讲扣人心弦的故事,迫使人们去思考那种无法获得洁净水的生活将会是什么样子。

(3)强调真实性——真实的激情具有感染力,而且,你所表达的东西越真实,其他人就越容易与你和你的事业产生联系。由于"上善若水"组织对透明度的承诺,捐助者不仅了解该组织的发起历史,而且也清楚地知道自己捐赠的钱的确切去处。在该慈善机构网站上公布的报告以及不断更新的数据,将捐助者与他们慷慨解囊的结果直接联系了起来。

(4)使媒介与消息相互匹配——对于某件事情,如何说以及在哪里说,可能与说什么同样重要。"上善若水"组织有一名工作人员专门负责升级更新各种社会化媒体平台,并为Twitter和Facebook的粉丝页面创作独具特色的消息。该组织还大量利用视频发布消息。"上善若水"最有效的视频宣传项目包括由令人信服的特瑞·乔治(Terry George)——电影《卢旺达饭店》的导演制作的一段60秒的公益广告。其中,电影明星詹妮弗·康纳利(Jennifer Connelly)带着一个汽油桶来到纽约的中央公园,用污水池中的脏水灌满汽油桶,然后带回家供她的两个孩子使用。真人秀电视节目《美国偶像》的制片人同意在节目中安排播出这则公益广告，确保有超过2500万电视观众能够看到。

《蜻蜓效应》一书中提到的四只翅膀如表10-1所示：

表10-1 珍妮弗·阿科尔和安迪·史密斯的蜻蜓效应模型

|  | 第一只翅膀：专注 | 第二只翅膀：赢得关注 | 第三只翅膀：吸引人们参与 | 第四只翅膀：采取行动 |
|---|---|---|---|---|
| 含义 | 集中注意力，专注于单一成果，而不是"野心勃勃" | 吸引目标受众的注意力 | 让你的目标受众从情感上参与你的事业 | 激励受众切实采取行动来参与你的事业 |
| 终极目标 | 将所有的资源和关注集中于单一成果的实现 | 让人们注意你，并为他们参与进来打下基础 | 让人们"准备"采取实际行动 | 使目标受众自愿为你的事业贡献时间和金钱 |
| 如何实现 | • 设定一个目标<br>• 将其分解成更小、更容易实现的子目标<br>• 设立衡量成功与否的指标<br>• 制订一个行动计划<br>• 做到明确和具体<br>• 做真实的自己 | • 原创<br>• 保持简单<br>• 脚踏实地<br>• 使用图片 | • 理解什么能够吸引人们<br>• 讲一个故事<br>• 利用各种媒体<br>• 个性化 | • 简单<br>• 有趣<br>• 促进贡献者和捐助请求之间的"特质匹配"<br>• 与目标受众融洽相处<br>• 提供实时的及时反馈，说明每个人对你的事业所做出的贡献 |
| 提示 | 一个目标，一个人 | 你的宣传标题是什么 | 你的故事是什么 | 别人能做什么 |

复旦大学的著名广告学者程士安女士借用《蜻蜓效应》一书的四只翅膀概念，提出了企业要玩转社会化媒体从事品牌营销，要采取四个步骤：

## 1. 第一步：提出话题

　　企业应该提出有针对性的、独特的话题，来吸引目标人群的关注。随着数字化技术的发展，现代营销人员可以通过数据挖掘和文本分析寻找哪些话题是目标消费群关注的热点。针对消费者关注的程度，企业就可以适时地推出相关话题。例如，"通过对香港迪斯尼乐园微博的语义分析，迪斯尼可在动态中了解住宿、门票、交通、美食等问题，官方微博及时开展'对话'，此间，不仅推出有迪斯尼官方微博发布的，也有转发那些有过体验的人群所提供的切身感受的信息。"[1] 在这些信息中，营销人员通过进一步的统计分析，可以清楚地了解消费者最关注的话题是什么，各个话题的热度又如何？最终，可以根据相关数据确定要开展对话的那个话题，或者可以在话题上分配资源。事实上，很多企业不仅可以从自有的网络平台（如企业论坛、微博）上跟踪目标消费群对不同话题的关注度。还可以从其他平台获取人们的关注点到底在哪里。比如从新浪、网易的微博群以及各种网络论坛上了解人们最感兴趣的话题。一些由消费者自己推动的免费社交网络和个人主页站点与企业的官方微博和论坛比起来，可能里面蕴含了更丰富、更有价值的消费者信息，这些个人化网站能够帮助营销人员弄清楚消费者真正关注和感兴趣的是什么。

　　正是因为话题可以来自四面八方，这就要求营销人员需把他们的眼光放得更长远一些。他们不能只想着营销、广告上的那些事儿，不能只把眼光局限在一个狭小的范围内并只对与目标消费者相关的信息感兴趣，他们还要关注社会，从社会这张更大的网中广泛搜寻信息，从中寻找与目标消费群相关或可能引起目标消费群关注的话题。从商业话题到社会话题，从私人话题到公共话题，从感性话题到理性话题，教育、经济、政治、环

---

[1] 杜家杰. 数字营销消费者洞察的起点 [J]. 泛媒参考特刊, 2013（2）.

保、娱乐、文化等各类话题都有可能成为企业营销话题的生成点。现代商业和社会的发展，对营销和广告人员提出了更大的挑战，只有融入社会、洞察社会，才有可能获得更多"流行"制造的灵感。

### 2. 第二步：构筑对话平台

要建立起一个目标人群的网络聚集地。因为人们总是愿意听到和自己观点一致的话题，所以那些有共同爱好、共同关注的人更容易聚集在一起。程士安曾提出"信息茧房"的概念，她认为现代数字技术搭建了一个类似鸟巢一样的网状信息网络，每一个人都可以成为这个网状结构中的一个节点。意见相似的人群在这个网络中聚合说自己想听的话，于是形成了一个共同分享信息的"茧房"。在社会化网络平台上，这样的"茧房"大量存在。营销人员建立一个行动网站或者在已有的社会化媒体上认证一个空间，这个空间就是"信息茧房"，企业和消费者在"茧房"里对话，对话的内容就有如编织"茧房"的蚕丝。

### 3. 第三步：讲述"一千零一夜"故事

传统的营销策略是讲述一个故事，掀起一个高潮。在微博、微信等社会化媒体上则需要一个故事接着一个故事讲下去。每一个粉丝的故事都是值得重视的，都有可能触发流行效应。品牌是那个首先讲故事的人，如果品牌故事能够打动粉丝，那么这些粉丝就有可能与人分享这些故事，在分享的过程中，他们也在讲自己的故事，于是粉丝的粉丝成为了听故事的人……故事不断被演绎，融入到新的语境之中，"流行"的浪潮便这样兴起来了。

### 4. 第四步：搭建分享平台

当故事引起了人们的共鸣，就应该鼓励人们去分享他们的感受，这样品牌信息才能循环往复。"品牌必须不断和粉丝对话,用策略请他们把自己的感受分享出来。如果粉丝被吸引了、关注了、喜欢了、购买了又分享了,就成为品牌最有价值的粉丝。"①

## 七、利用社会化营销制造流行的五步法

腾讯公司在开启社会化营销平台后,提出了社会化营销的五步法。

### 1. 第一步:建立阵地

在实行社会化营销之前,需要提供一个参与者聚集的平台。它可以是企业专门设计的独立活动网页,也可以是一些互联网公司已有的平台,如新浪、腾讯微博、人人网、优酷等。在这些已有平台上,企业需要开通品牌微空间或认证空间,建立品牌长期的营销阵地。在阵地的选择上,除了考虑平台上的人气外,还要考虑消费者与品牌的契合度。此外,企业还要着重考虑入口问题,即人们是否很容易地进入到自己的营销阵地。

### 2. 第二步:投放广告

除了传统的展示广告外,社会化广告也是必不可少的。很多企业开通了社会化营销管理平台账户,纷纷在微博、QQ空间、论坛、人人网、朋友网等社会化媒体上投放广告。在社会化平台上,那些用心良苦的广告一般都不会以纯粹的广告形式出现,它们可能是营销活动的一个页面入口,或者以其他形式嵌入到营销活动之中,甚至一些线下活动被录成视频上传

---

① 杜家杰.数字营销消费者洞察的起点[J].泛媒参考特刊,2013(2).

到营销阵地上后，就成为了最佳的广告宣传。相比展示广告而言，社会化广告更侧重"内容化"。如果稍加留心，我们就能发现在那些社交内容中，可以隐隐约约感觉到广告就嵌入在企业及参与者之间的互动、对话、留言、评论、转发之中。

### 3. 第三步：粉丝互动

接下来的关键一步就是要与粉丝互动。营销人员要精心设计各种互动的环节。互动成功的关键在于要让互动产生意义：要么它能为参与者提供有用的价值，比如解决他们的实际烦恼或问题；要么能给他们带来娱乐；要么能让他们相互之间建立起新型的朋友或邻里关系；要么能够实现他们的梦想，哪怕这只是一种从现实中搬到虚拟世界去实现的梦想。互动环节一般包括两种形式：

（1）完成企业所设定的任务环节。

（2）问答环节。

互动的激励措施一般可以设置奖品，包括实物奖励和虚拟奖品的奖励。互动时的氛围塑造也非常重要，根据人们的从众心理，如果能够在营销阵地积极造势，就会让更多的人参与。比如某企业在进行社会化营销时，在邀请消费者参与互动之前，可以先让人们观看一段预热视频，如果这段视频能把人们的兴致一下子点燃起来，那么人们会禁不住想看看下一步会发生什么。值得注意的是：互动的目标一定要非常明确，互动不仅仅是为了加深人们对品牌的体验，它甚至还担负着连接线上和线下的纽带功能。企业经常性的做法是：在社会化平台上赢得的虚拟奖励可以兑换积分或者直接兑换商品。很多营销人员试图引导参与者从认知转化为行动，从线上走向线下，如星巴克的APP闹钟规定：如果用户能够在闹铃响起一小时内起床并走进星巴克咖啡店，就能获得一份半价咖啡。

### 4. 第四步：粉丝经营

昆仑置业的营销副总蔡阳先生曾这样表示："说到微博营销不得不提的就是粉丝经营和经营粉丝。这两个词看似简单，却是微博营销的精髓所在。"其实对于任何一种社会化媒体，粉丝的意义都至关重要。对企业营销来说，扩大实实在在的粉丝数量（或者说关注与参与者的数量）直接关系到品牌或营销活动能够影响到多大的范围。目前很多网络推广公司或者社会化平台都存在"假粉丝"、"买粉丝"的现象，造成大量的"僵尸粉"，形成虚假人气。作为企业，不仅要追求粉丝数量，还要追求粉丝质量。

粉丝经营不能一蹴而就，它是一个长期、艰巨的过程。营销人员需要发布有趣的信息，通过与粉丝建立关系以达到培养粉丝忠诚度的目的。粉丝之间的分享是一种人际传播，即它是基于信任前提下的传播。一旦粉丝对品牌或活动产生信任和情感上的共鸣，就会分享他们的心得体验，从而产生口碑传播的效果。在企业的社会化营销阵地上，粉丝越活跃，营销效果就越佳。为了激发粉丝的活跃度，话题的引爆、有趣的内容更新、层层的诱导机制和奖励是必不可少的。企业与粉丝之间不是索取与被索取，利用与被利用的关系，他们应该更像是一种知心朋友的关系，他们有共同的话题与爱好，经常嘘寒问暖。企业能够不期回报地提供对粉丝有价值的内容，让粉丝产生情感或精神上的慰藉，这样粉丝才会最大限度地回报企业。

### 5. 第五步：深度营销

网络经济时代，为深度营销创造了条件。所谓深度营销就是利用互联网，在企业和顾客之间建立深层联系，通过深度沟通，了解顾客的隐性需求，从而使客户对企业品牌形成高度认同感和忠诚度。传统的营销观念主要关注人们的显性需要，强调供应者的主动性。深度营销则从人性出发，以客户为中心，强调双向交流，与客户建立深层关系，这种关系表现为亲密的亲人关系、朋友关系、邻里关系或圈层关系。深度营销追求情感上的共鸣、价值上的认同、双方之间的相互信赖以及高黏性，它是一种更加人性化的营销方式。在网络2.0时代，社会化媒体本身的交互特性，让深度营销大放异彩。

### 案例五：舒肤佳20周年庆"感谢妈妈"的社会化营销活动

> **舒肤佳20周年庆"感谢妈妈"线上活动**
>
> 我们以舒肤佳20周年庆"感谢妈妈"的营销活动为例，看舒肤佳是怎样采用社会化营销五步法的：
>
> 宝洁旗下的舒肤佳品牌不知不觉中已经伴随中国的妈妈一起走过了20年的岁月。为了纪念这个特殊的日子，宝洁公司策划了一个"感谢妈妈"的活动。首先，宝洁建立了一个舒肤佳感谢妈妈的线上平台Mini-Site网站，鼓励用户以各种方式在这里抒发对妈妈的感谢。于是，这个行动网站成为了舒肤佳的营销阵地，也成了一个名副其实的社会化对话平台。它与人人网相连接，作为一个登陆该官网的入口。用户可在这个平台分享他们内心的关于妈妈的故事，还可以邀请好友一同参加分享活动。那么，舒肤佳是如何让参与者（粉丝）互动的呢？在这个平台上互动的方式有很多种：你可以用微博表达潜藏在心里一直想对妈妈说的话，与网友们一同分享你与妈妈的难忘故事；为妈妈制作一张独一无二的个性化明信片，其中20万张明信片将免费寄送到妈妈手上；你可以分享与妈妈的难忘视频或图片，重温成长的回忆。而且，你还可以在这里为妈妈许下一个愿望，舒肤佳将为最感人的20个愿望提供5000元的心愿基金，并且还将把愿望成真的感恩时刻予以全程拍摄，让网友一起分享感动的画面。

从舒肤佳的互动设置来看，我们发现"感谢妈妈"的互动绝不是虚情假意的互动，而是发自内心的最真诚的互动。唯其真诚，所以感动。想一想，在这个忙碌的社会里面，我们是不是已经离妈妈越来越远了呢？我们忙于自己的工作和生活，很少有时间陪陪妈妈。也许，时光荏苒中妈妈的两鬓又添了很多白发，也许妈妈此刻正呆立在门口盼望着孩儿归来。随着我们每长一岁，我们对妈妈的愧疚就增添一分。当我们倦了的时候，我们是不是会想起妈妈做的那道拿手好菜，妈妈曾抱我们入怀的臂膀，以及妈妈曾经常唱的那首歌谣呢？也许是我们太害羞，也许是我们很不擅长面对面地表达，我们很难当着妈妈的面大声说："妈妈，我爱你。"但通过舒肤佳提供的 Mini-Site，几乎人人都很容易写一两句感谢妈妈的话。特别是在夜深人静的时候，当你一个人坐在电脑前，又恰逢母亲节即将到来，所有的思念倾泻而出，我们很难不允许自己写点关于妈妈的东西。当我们在分享自己妈妈的故事的时候，我们也被他人妈妈的故事所感动，在 Mini-Site 网站上，总能找到引起我们共鸣的关于妈妈的故事，于是 Mini-Site 成为了我们的慰藉，让我们的心灵得到了一次升华。可以说，舒肤佳不仅为人们提供了一次感恩母亲的机会，还帮助你实现为妈妈许下的愿望。所以，舒肤佳制造的互动是有意义的互动。这样的互动才能真正把人们的参与热情调动起来。

总之，流行的过程是推与拉的过程。从情绪的发酵，到话题的触发，再到网民的戏耍、拟仿，最后形成雪崩式的舆论，这就是流行发生的轨迹。在这个轨迹中，既存在一定的偶然因素，又需要营销人员参与到整个过程之中，积极地干预和策划。从这个角度来看，流行是可以制造出来的。

# 11 流行的温床：Web 2.0时代的社会化媒体

## 一、什么是 Web 2.0 时代

随着科技的发展，中国网民数量已经越来越多，互联网的普及率也越来越高。据中国互联网络信息中心（CNNIC）统计，如表11-1所示，截至2013年6月底，我国网民数量达5.91亿，互联网普及率为44.1%，其中手机网民规模达4.64亿。互联网因其海量的共享资源，快捷方便的通信等特色，使各种信息在传播范围、传播速度、信息容量及信息交互方法等方面都取得了前所未有的突破。特别是随着移动终端（如智能手机、平板电脑）的发展，具备了移动性的互联网更是如虎添翼，它使得网民可以随时随地发布信息，从而大大突破了信息发布和流通的时空限制。

互联网对人类的影响如此深刻，它不仅改变了企业的运营管理方式，还潜移默化地改变了人们的生活方式和价值观念。互联网以其卓越的功能使网络媒体成为现代广告的新兴媒体，被社会各界广泛使用，也吸引了大批广告主的目光。在1998年5月的联合国新闻委员会年会上，网络媒体被正式宣布成为继报刊、广播、电视三大传播媒体之后的第四大传播媒体。

表 11-1　中国网民数和互联网普及率①

| 时间 | 2006年 | 2007年 | 2008年 | 2009年 | 2010年 | 2011年 | 2012年 | 2013年6月 |
|---|---|---|---|---|---|---|---|---|
| 网民数（万人） | 13 700 | 21 000 | 29 800 | 38 400 | 45 730 | 51 310 | 56 400 | 59 056 |
| 互联网普及率（%） | 10.50 | 16.00 | 22.60 | 28.90 | 34.30 | 38.30 | 42.10 | 44.10 |

在 2003 年后，中国互联网发展迅猛，网络媒体的种类和数量也开始剧增，并且越来越垂直细分。新的网络媒体层出不穷，涉及衣、食、住、行的方方面面，人们的工作、生活、休闲、娱乐、购物等也逐渐网络化。如果想要获取信息，人们可以在百度、谷歌等搜索引擎进行搜索；如果想要随便看看，新浪、网易等门户网站提供了大量资讯，它们就好像是"网上的沃尔玛"，各种信息应有尽有。此外，各种专业或综合的购物网站更是充分利用了网络的"长尾优势"，消费者可能跑遍全城的书店都很难买到的一本书，在网上就能轻而易举地买到。如果人们想要与亲友同事联系，可以用电子邮件、QQ、MSN 等即时通信工具实时联系。现在微博、微信等社会化媒体逐渐取代了博客、个人空间，成为时下最流行的网络平台。可以说，我们正处在 Web 2.0 时代的鼎盛时期。与 Web 1.0 相较，如果说Web 1.0 时代的互联网功能主要是获取信息，那么在 Web 2.0 时代，互联网的功能早已超出了获取信息，它更重要的功能还在于能够帮助人们形成新型关系。正如一名叫霍华德·莱恩格尔德的"网虫"所说："我可以证明，我和其他数千万网虫们都知道我们所要寻找的东西并不仅仅是信息，而是立即就能进入另外一大批人正在形成的交往关系，这一发现让我们自己也感到吃惊。"② Web 2.0 时代的典型特征是"交互"，人们在网络上构成

---

① 中国互联网信息中国. 第32次中国互联网络发展状况统计报告 [R]. 2013.
② 马克·波斯特. 第二媒介时代 [M]. 范静晔, 译. 南京：南京大学出版社, 2000.

"虚拟社群",形成交互关系,并不停地转换自己的身份。可以说,网络社会提供的虚拟现实并不亚于现实世界的现实。

2004年兴起的Web 2.0技术对互联网产生了深远影响,它带领互联网进入了一个社会化媒体的新时代,使得网民不仅能通过浏览器获得信息,还可以编辑网站内容,成为网站信息的制造者,网民的主动性和参与性有了前所未有的突破。在Web 2.0日益完善的今天,各种社区网站悄然发展成熟,论坛、博客、空间、微博、播客等新媒体也不断兴起,而以网民互动参与,建立人际关系传播网为特色的网站也逐渐被人们熟知,最后发展成社会化媒体的概念。如今,在Web 2.0的基础之上,互联网业界又提出Web 3.0的概念。关于Web 3.0的定义和特征,现在尚无定论。它可以用来概括互联网发展过程中某一阶段可能出现的各种不同的方向和特征,包括将互联网本身转化为一个泛型数据库;跨浏览器、超浏览器的内容投递和请求机制;人工智能技术的运用;语义网;地理映射网;运用3D技术搭建的网站甚至虚拟世界或网络公国等。总之,Web 3.0代表互联网发展的未来方向。谁能够引领Web 3.0,谁就可能是网络世界的下一任主角。

## 二、Web 2.0时代下社会化媒体的发展现状

"社会化媒体(Social Media),也称为社会性媒体、社交媒体,指允许人们撰写、分享、评价、讨论、相互沟通的网站和技术,是人们彼此之间用来分享意见、见解、经验和观点的工具和平台。"[1] 中国社会化媒体经

---

[1] 曹博林.社交媒体:概念、发展历程、特征与未来:兼谈当下对社交媒体认识的模糊之处[J].湖南广播电视大学学报,2011(3).

过多年的发展，类别呈现多样化。可以概括为以下几个类别：论坛、社区网站、博客、微博、即时通信工具，以及各种消费点评、问答百科、位置服务、分享视频网站等。这些新兴的以 Web2.0 技术为基础的社会化媒体，以共同的兴趣和话题为中心，构建了强大的以人际关系为核心的社交网络社区，为用户提供了极大的互动交流空间。

如今互联网发展的一大趋势就是社会化，社会化媒体发展迅猛，无论是网民覆盖率、使用率，还是网民上网时间，都是传统的门户网站无法比拟的。短短几年的时间，社会化媒体从无到有，在 Alexa 全球排名前 20 的网站中，就有 6 家属于社会化媒体网站，并且它们还在持续快速地增长。表 11-2 是 2011~2012 年中国网民对各类网络应用的使用率排名前 17 的网站：

表 11-2  2011~2012 年中国网民各类网络应用的使用率[1]

| 排序 | 应用 | 用户规模（万） | 网民使用率（%） | 用户规模（万） | 网民使用率（%） | 年增长率（%） |
|---|---|---|---|---|---|---|
| 1 | 即时通信 | 46 775 | 82.9 | 41 510 | 80.9 | 12.7 |
| 2 | 搜索引擎 | 45 110 | 80.0 | 40 740 | 79.4 | 10.7 |
| 3 | 网络音乐 | 43 586 | 77.3 | 38 585 | 75.2 | 13.0 |
| 4 | 博客/个人空间 | 37 299 | 66.1 | 31 862 | 62.1 | 17.1 |
| 5 | 网络视频 | 37 183 | 65.9 | 32 531 | 63.4 | 14.3 |
| 6 | 网络游戏 | 33 569 | 59.5 | 32 428 | 63.2 | 3.5 |
| 7 | 微博 | 30 861 | 54.7 | 24 988 | 48.7 | 23.5 |
| 8 | 社交网站 | 27 505 | 48.8 | 24 424 | 47.6 | 12.6 |
| 9 | 电子邮件 | 25 080 | 44.5 | 24 578 | 47.9 | 2.0 |
| 10 | 网络购物 | 24 202 | 42.9 | 19 395 | 37.8 | 24.8 |

---

[1] 曹博林. 社交媒体：概念、发展历程、特征与未来：兼谈当下对社交媒体认识的模糊之处 [J]. 湖南广播大学学报, 2011 (3).

表 11-2（续）

| 排序 | 应用 | 用户规模（万） | 网民使用率（%） | 用户规模（万） | 网民使用率（%） | 年增长率（%） |
|---|---|---|---|---|---|---|
| 11 | 网络文学 | 23 344 | 41.4 | 20 268 | 39.5 | 15.2 |
| 12 | 网上银行 | 22 148 | 39.3 | 16 624 | 32.4 | 33.2 |
| 13 | 网上支付 | 22 065 | 39.1 | 16 676 | 32.5 | 32.3 |
| 14 | 论坛/BBS | 14 925 | 26.5 | 14 469 | 28.2 | 3.2 |
| 15 | 旅行预订 | 11 167 | 19.8 | 4207 | 8.2 | — |
| 16 | 团购 | 8327 | 14.8 | 6465 | 12.6 | 28.8 |
| 17 | 网络炒股 | 3423 | 6.1 | 4002 | 7.8 | -14.5 |

目前，我国网民使用互联网以交流沟通、信息获取、休闲娱乐、网络购物为主要目的。即时通信作为第一大网上应用，网民使用率还在继续上升；网络购物、网上银行、网上支付、团购等电子商务类应用继续高速发展；电子邮件、论坛/BBS 等老牌互联网应用使用率持续走低。微博用户持续增长，并逐渐趋向移动化[①]。其中，即时通信、博客空间、微博、SNS 等都属于社会化媒体。

从表 11-2 可以看出，我国即时通信用户规模达 4.68 亿，博客和个人空间用户为 3.72 亿，微博用户规模为 3.09 亿，使用 SNS 网站的用户规模为 2.75 亿，而就网民使用率，即时通信 80.9%，博客和个人空间 62.1%，微博 48.7%。

从全球社会化媒体发展状况来看，各国的社会化媒体的普及率普遍走高，如表 11-3 所示，美国的社会化媒体普及率高达 98%，这说明我国社会化媒体使用率还是有很大上升空间的。

---

① 舒咏平. 新媒体广告［M］. 北京：高等教育出版社，2010.

表11-3 世界社会化媒体的普及率[①]

| 国家和地区 | 社会化媒体的普及率（%） |
| --- | --- |
| United States（美国） | 98 |
| Japan（日本） | 58 |
| China（中国） | 53 |
| Hong Kong（中国香港） | 93 |
| India（印度） | 95 |
| Indonesia（印度尼西亚） | 94 |

另外，2012年7月尼尔森发布的《中国社会化媒体受访用户研究报告》同样指出，中国目前主流社会化媒体中，微博发展最快，覆盖率达到97%；SNS（社交网站）的覆盖率达到70%；同时使用两者的受众覆盖率为66%。微博的使用率持续上升，网友使用微博集中表现在视频、图片和新闻等应用领域；开心网等社交网站则出现饱和现象，其新增的使用方式主要表现在视频及餐饮资讯分享。

随着参与社会化媒体平台的网民越来越庞大，各大知名企业也建立了微博和博客，有些还在人人网设立公共主页，甚至连政府等机关单位也不敢小觑社会化媒体，纷纷参与到社会化媒体当中，与网民进行线上沟通。广告主们不仅通过各种社会化媒体渠道发布广告信息，吸引网民注意，还在微博、博客及各种营销活动中与消费者互动，增强受众对品牌的好感，以期提高品牌知名度和品牌形象。对于很多企业来说，社会化媒体平台是"不可错过的未来"。

据2012年互联网实验室对1000家企业的市场营销负责人进行的电话问卷调查，如图11-1所示：企业进行社会化媒体广告的主要目的是促进销

---

① 蒋海瑛．新媒体环境下的广告营销前瞻［J］．广告大观，2012（9）．

售与树立品牌，占比分别高达75.6%和70.9%。

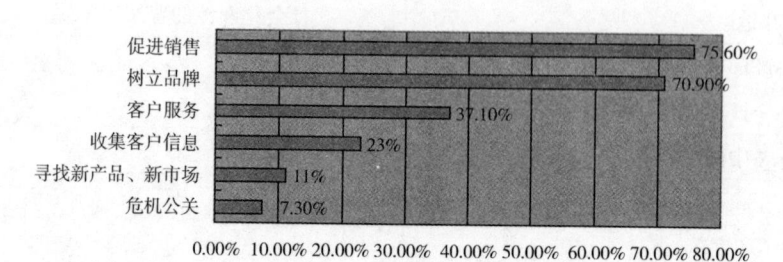

图11-1 企业投放社交化媒体广告目的[1]

企业在社会化媒体平台上采用的主流广告手段仍是发布产品信息或服务信息，比例高达82.5%；其次是投放传统网络广告，比例为40.0%。

图11-2显示，企业对社会化媒体广告效果的认可度。在开展社会化媒体广告的企业当中，89.5%的企业认可社会化媒体广告为企业带来的效益，其中5.4%认为非常有效，74.1%认为比较有效。

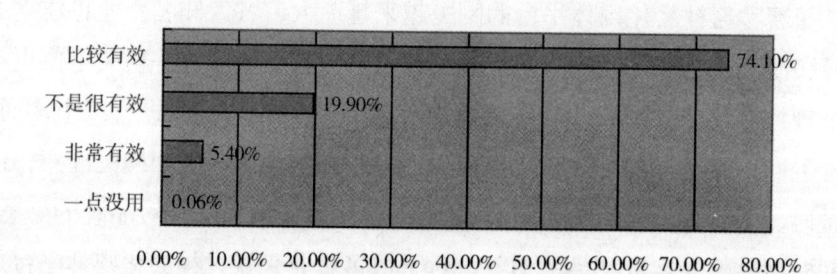

图11-2 企业对社会化媒体广告效果的认可度[2]

---

[1] 互联网实验室.《2011—2012社会化媒体营销发展报告》调查部分 [EB/0L].
http://chinalabs.blogchina.com/1388669.html.
[2] 互联网实验室.《2011—2012社会化媒体营销发展报告》调查部分 [EB/0L].
http://chinalabs.blogchina.com/1388669.html.

现阶段，企业对于社会化媒体广告的投入仍比较有限。企业对于社会化媒体广告在未来一年的预算投入也多持谨慎态度。如图11-3所示：80.2%的企业不会减少预算投入，其中38.4%将保持不变，35.3%将选择小幅度的增加，6.5%选择大幅增加。

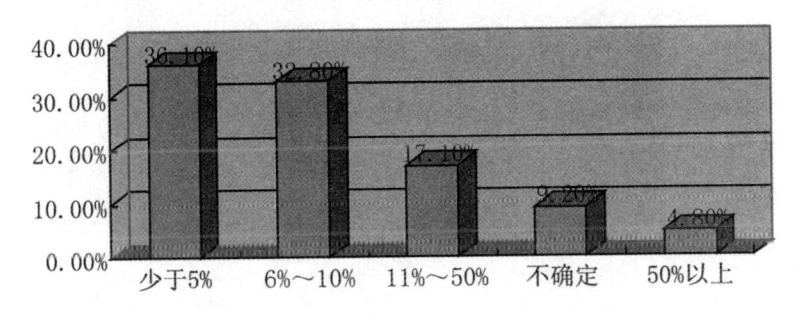

图11-3　2012年企业社会化媒体广告预算投入[①]

2012年，企业在投放广告时最认可的社会化媒体平台的前5名分别是：新浪微博、腾讯微博、博客、论坛与团购类。有45.0%的企业在新浪微博开展社会化媒体广告活动，腾讯微博的应用比例也有26.4%。新浪微博也成为2012年最热门的社会化媒体广告平台，而微博广告已跃升为主流的社会化媒体广告方式。图11-4的数据显示，微博用户还在持续增加，相信在未来几年内，微博广告的发展将更加迅猛。

---

① 互联网实验室.《2011—2012社会化媒体营销发展报告》调查部分［EB/OL］. http://chinalabs.blogchina.com/1388669.html.

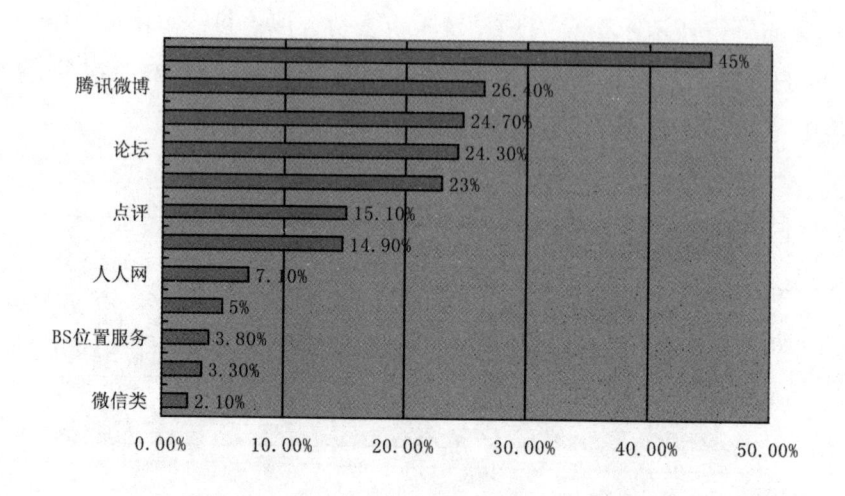

图11-4　2012年企业投放广告时最认可的社会化媒体[①]

　　总之，在如此规模的网民中，社会化媒体的发展被越来越多的人接受和参与，它的一些特性赋予了社会化媒体不同于传统媒体的优势，它为人们昭示了一个巨大潜力的金矿。很多企业纷纷利用社会化媒体宣传它们的品牌，营销人员则希冀通过社会化媒体创造新的营销体验活动。就"流行"的制造而言，在社会化媒体上，"流行"更加容易扩散，因为社会化媒体这个平台拥有一些有利于促进"流行"的特点和因素。

---

[①] 互联网实验室.《2011—2012社会化媒体营销发展报告》调查部分［EB/OL］. http://chinalabs.blogchina.com/1388669.html.

## 三、社会化媒体上的参与者

社会化媒体的使用者不同于传统媒体及一般网络的使用者。马修·弗雷泽和苏米特拉·杜塔在《社交网络改变世界》一书中就认为社交网络中的参与者具有三个显著的变化：身份日益多元化；地位日益民主化；权利日益分散化。

从营销和传播的角度来看，我们认为社会化媒体上的参与者具有如下特性：

### 1．人人都可以是媒体

随着博客、微博、微信等社会化媒体的发展，一个Web2.0的数字化时代开启了。社会化媒体的典型特征是单向传播向交互传播的转变。网络用户既是信息的接收者，又是信息的生产者。过去，对于报刊、电视和门户网站等媒体发布的信息，人们只能被动地接收。现在的社会化媒体中的网民自己就能成媒体，他们利用博客、微博分享身边的事情、传播观点，就如同传统媒体在传播信息一样，于是网民拥有了一定数量的听众。对此李开复说道："在微博时代，如果你有100个粉丝，你就像一个小报的编辑那样，可以在朋友圈子里享受被尊重、阅读的乐趣。如果你有1000个粉丝，你就像是街头海报、大字报的创作者那样，可以把你声音传递给相当数量的人。如果粉丝数达到了1万，你就会有创办一家杂志的成就感。如果你有10万个粉丝，你发出的每条微博就像刊登在地方性报纸上那样受人瞩目。当你的粉丝数增加到100万，你的声音会像全国性报纸上的头条新闻那样有影响力。

假设你有1000万个粉丝，那你是不是觉得，自己就像电视节目的播音员一样，可以很容易地让全国人民听到自己的声音呢？"

## 2．人人都可以参与共同的圈子

与传统媒体的听众不一样的是，社会化媒体的听众更具有黏性，其忠诚度会更高。因为在社会化媒体上，人们分享着身边的信息，显得更真实。社会化媒体传播是基于人际网络关系的传播，人际间的双向沟通较之传统媒体的直线式传播更加深入人心。相比之下，传统媒体比较强势，总是迫使人去接受它的信息。而社会化媒体从不去强迫人接受，只是把本来就具有相同爱好以及相同意见倾向的人聚集在一起。所以在网上，志趣相投的人可以形成一个圈子，在这一个圈子里面，人们讨论着共同感兴趣的话题，分享着共同的故事。因此，人们对圈子里面的信息的认同会更深。

## 3．人人都可以制造口碑传播

Web 2.0赋予网民特别的成就感，人们可以通过网络发布、分享、交流信息，获得关注。每个参与Web 2.0的人都是一个品牌，通过对个人品牌的经营，会逐渐集聚起人气，进而也就拥有了影响力。正如媒体的功能不仅在于传递信息，还在于影响他人一样，拥有众多听众的网络使用者自然就拥有了强大的品牌号召力。在Web 2.0时代，信息的流向已经不是单向的或者在有限的渠道内的传播。每个人都可以拥有听众，这些听众里面既有基于强关系的亲朋好友，又有大量基于弱关系的陌生人。Web 2.0时代的信息呈现出点对多的网状辐射传播，每个人既是信息接收的节点，又是信息生产的节点，信息因此能够被分享。比如在微博上，你被别人关注，同时你又关注别人。你既生产信息，又接收来自他人的信息。而且，微博上大部分发布，包括转发与评论，通常并不特定发生在两个通信对象之间，往往也同时向其他关注者和网友公开。Web 2.0上的信息不像传统媒体一样呈纵向传播，而是横向传播；不是历时传播，而是共时传播。当一些人发布信息之时，也就是另一些人接收信息之时。因为人与人之间的关系，信息呈现病毒式传播的特征，这表明利用Web2.0，企业可以进行口碑传播。

## 四、Web 2.0时代的社会化媒体的传播特征

社会化媒体是集博客、论坛、即时通信工具等功能于一身的新型网络媒体，这种新型网络媒体提供了一种基于关系的网络信息传播模式。从理论上说，社交网络的信息传播模式仍属于网络信息传播的范畴，但其传播者与受众、传播媒介、传播内容、传播方向、传播效果等均有自身的特殊性。具体表现如下：

### 1．社会化媒体传播是一种人际传播

基于社会化媒体受众的可参与性，受众与广告主可以交互沟通，受众与受众之间也可以互相传播信息。于是传统的广告信息传播从发送者到接收者的传播模式，发展成人际传播模式。这种模式中的广告主和消费者之间可以进行一对一的交流，而不是广告主与所有消费者一对多的传播模式。人际传播的双向交流非常直接，能迅速、及时、高效地拉近传播者与受众的关系，有利于相互间的理解和认同。社会化媒体令人们的现实社会关系网络化，人们可以在社会化媒体上与现实中的亲戚朋友及各种社会关系联系、交流，也可以和与自己有共同兴趣爱好或其他相同属性的网友交流。在社会化媒体人际传播网络中，双方关系具有很多相同属性。社会化

媒体可以让网友拥有自己的朋友圈，自己的人际关系网。同一个朋友圈的网友在文化、观念、意见和价值判断上往往会有很大程度的相近性。换言之，社会化媒体中的人际传播常在"经验范围"内进行，具有互相影响互相同化的倾向。例如，某大学生看到一段幽默搞笑的视频，他可能会分享在他的好友圈，他的好友们看到他分享的视频，也会主动去看信息并再次传播，这种传播就是在人际关系网中的传播。

**2．社会化媒体传播是一种非强制性传播**

大众传播作为传统的传播方式具有一定的强制性。以广告为例，报纸、广播、电视、杂志等传统媒体，会事先安排好广告投放版面和投放时段，传统大众媒体把信息硬性传递给受众，通过媒体的发行量、收听率、视听率来判断信息传播的覆盖面。不止传统大众媒介如此，一些传统网络广告同样如此，比如弹出广告、对联广告、横幅广告等。这种强制性传播的模式在一定程度上引起受众反感，甚至引起抵触情绪，而反感或抵制等不良情绪都会影响受众对媒体的印象，降低受众对该媒体的满意度。同样这些对媒体的不良影响也会对媒体上的广告信息传播产生很大负面效应，会大大影响广告的影响力和信息传播的有效性。

社会化媒体上发布的内容大部分由网友自主创造，信息传播也多是由网友自主分享转发的。网友可以根据自己的属性和喜好关注自己喜欢的栏目，看到的都是自己选择的内容。因此，社会化媒体传播是"以允许为基础的"传播方式，它的传播渠道更加私人化和专一化。微博用户的关注者基于对被关注者的信任，会把所关注的信息迅速扩散开来，从而制造出口碑传播效应。在这种传播链条中，受众多是从自己人际关系网中的好友处获得信息，因此具有人际传播的可信性。这不是被动、强制性的信息接收，而是受众主动搜索他感兴趣的信息。这种主动而非强制性的接收，令受众更乐意接收信息，也更愿意主动向他人传播，这使得社会化媒体中的信息及广告就能像病毒一样不知不觉地侵入受众的思维。

### 3．社会化媒体广告是一种隐蔽式传播

企业利用社会化媒体与目标消费者进行沟通，无形中就宣传了企业的品牌信息。与传统的显性广告相比，这无疑是一种隐形广告。例如，人人网中用户的日志、留言、上传的图片、收藏、发布的链接、音频、视频等都有可能是广告主做的广告，但这些广告往往隐蔽性极强，摆脱了受众常见的广告形式，使广告信息不容易被察觉。这种隐蔽性广告逃避了受众对广告的过滤，让广告穿上新衣以一种新的姿态出现。

软文广告是论坛上运用最多的隐蔽式广告形式。软文广告经常以帖子的面貌出现，以话题的方式呈现出来，广告主把自己的身份隐藏起来，代之以论坛参与者的身份出现在网民面前，所以很多软文广告看上去不像是广告。消费者很难分清楚这是一条帖子还是一则广告。也正因如此，软文广告在各大社会化媒体平台上频繁出现，且多次为企业赢得颇佳的营销效果。

### 4．社会化媒体广告是一种互动式传播

消费者越来越追求个性化，也对传统媒体单向刻板的传播方式感到麻木和厌烦，所以他们越来越倾向于向他人表达自己的想法。Web2.0的出现满足了消费者的这一需求，消费者可以在社会化媒体上编辑创造内容；可以随时随地上网表达自己的心情；可以针对网络热议话题与网友互动，并发表自己的观点看法；可以参与企业发起的互动性活动。社会化媒体为广告主和消费者提供了一个互动交流沟通的平台。

互动式传播是Web 2.0时代下社会化媒体传播方式的最大特点。如图

11-5所示，互动式传播模式强调传受双方的交流互动。在社会化媒体中，消费者可以深度参与到媒体平台中，根据自己的喜好与兴趣，与企业发起的活动和广告进行互动，操控广告活动的内容和结局，在行动中接受并传播广告信息。社会化媒体的信息传播不同于传统媒体，社会化媒体的信息传播是受众自发的，信息传播的主体和受众并不清晰。传播主体可能就是广大网友，而企业反而成为信息传播的受众；也可能传播主体和传播受众都是网友。这种企业与消费者，消费者与企业，消费者与消费者之间的互动式传播，是社会化媒体广告最突出的特性。

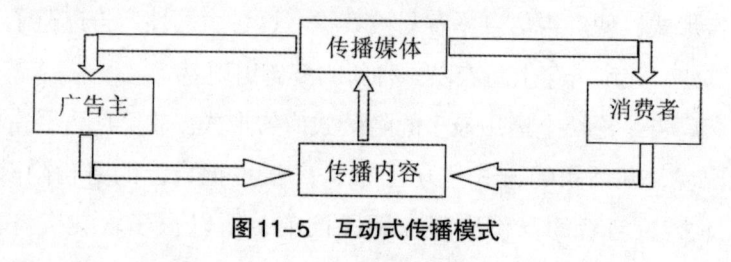

**图11-5　互动式传播模式**

## 5．社会化媒体广告是一种网状传播

传统大众媒体传播由广告主创作传播内容，投放到大众媒体上，然后经大众媒体统一传播到千家万户，采用的是"点对多"的辐射状传播模式。这种信息传播模式虽然可以根据媒体的发行量、收视率、视听率等数据计算出信息传播的覆盖面，但无法确定广告信息是否送达目标受众。而社会化媒体的广告传播是自发的、扩张性的、重复的信息传播，它不会同时、均衡地传给每一个受众，而是通过网络人际关系和群体传播的渠道进行传播。广告信息被消费者传递给那些与他们有着某种关系的个人或群体，广告信息在巨大的人际关系网中传播。这种多点对多点的网状传播方式更促进了信息的到达率和覆盖面，病毒式广告的迅速高效也是基于社会化媒体网状传播模式。人际关系的网状传播对用户来说也使得广告信息更具有可信度和影响力。

## 五、Web时代下的社会化营销

### 1. 社会化营销的定义

　　社会化营销是指利用社会化网络、在线社区、博客、百科或者其他互联网协作平台和媒体来进行营销、销售、公共关系处理和客户服务维护及开拓的一种方式。随着社会化媒体的发展，广告、公关、促销、推广实现了高度整合。广告隐藏得更深，公关也由现实的互动转移到虚拟的互动。说白了，社会化营销是一种关系营销、社群营销，通过建立品牌与用户以及用户之间的关系，从而产生口碑传播的效应。1971年，杰拉尔德·蔡尔曼和菲利普·科特勒提出了"社会营销"的概念，促使人们将营销学运用于环境保护、计划生育、改善营养、使用安全带等具有重大推广意义的社会目标方面。时至今日，社会化营销需要在更广阔的社会层面与用户开展对话，它的本性其实就是一种"社会营销"。在社会化媒体上，企业不能只讲品牌、产品，而需要与用户就各种社会问题开展对话，通过把企业品牌信息融合到时下的社会热点、公共话题的对话之中，从而传递企业品牌价值、引发病毒式传播。

### 2. 社会化媒体是企业有待开垦的处女地

　　近年来，中国的社会化媒体蓬勃发展，但是中小企业的社会化营销远远没有普及。据中国互联网络信息中心27次互联网报告数据统计，网络营销中位于前三位的是电子邮件营销、电子商务平台推广、搜索引擎关键词广告。似乎一提到网络营销，企业想到的就是这三种营销方式。可以说，目前网络营销还处在初级阶段，更深层的社会化营销对很多企业来说依然是一片有待开垦的处女地。大部分企业还没有明确的社会化媒体营销策略，更未将其纳入到企业营销的长远规划中去。据调查显示，很多企业使用社会化媒体往往是兴之所至，它们仅仅把社会化媒体当成工具，用后就弃之不管，很少有企业有长期经营社会化营销的意识。还有很多企业使用社会化媒体的程度十分肤浅。事实上，社会化媒体对企业的功用很多。例如，除了利用社会化媒体推广品牌外，企业还可以把它用于企业危机管理、客户管理、企业文化管理，以及公共关系管理等。李志军在《社会化企业：社会化媒体企业级应用路线图》一书中提出现代企业将在变革、创新、营销、风险控制、客户关系、沟通方式、企业文化这八个维度上受到社会化媒体的影响。利用社会化媒体向社会化企业发展成为当今企业发展的新方向。

### 3．要做好长期经营社会化媒体的打算

我们确实见到很多这样的流行现象：一次偶发的事件引发大规模的流行，比如"李刚事件"、"贾君鹏事件"。这让很多营销人员想入非非，他们也希望能够策划这么一个事件，一举让企业闻名。不可否认，只要有一个好的点子就能引爆流行，但在找到这个点子之前，我们还是应该老老实实地经营好自己的社会化阵地。特别是，如果我们希望在粉丝中建立起一种忠诚的关系，更需要抱着长期经营的决心。

总体来说，社会化营销的关键在于四个元素：阵地、内容、关系、行动。简而言之就是要以阵地为平台，以内容为吸引聚集一批粉丝，建立起粉丝之间及粉丝与企业间的纽带关系，并最终引导粉丝产生购买行动。如图11-6所示：

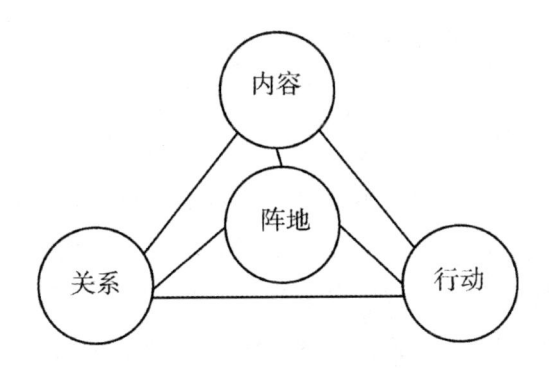

图11-6 社会化营销的四大要素

（1）阵地：选择正确的社会化阵地。目前，论坛、微博、博客、图片和视频分享成为很多企业的理想选择。

（2）内容：创建具有吸引力的内容，与用户开展对话。

（3）关系：建立互动、忠诚的关系，最好要能引起用户共鸣。

（4）行动：利用诱惑刺激用户采取行动。行动包括两种：线上的分享与参与，线下的购买。

## 4．像鸡尾酒会一样的社会化媒体

目前，国内的社会化媒体主要包括博客、微博、论坛、即时通信工具、社区网站、视频分享、维基百科、网络音乐、网络相册、论坛聚合、社交网络聚合、网络书签、点评、问答、网络游戏、电子商务等。社会化媒体呈现出多元化趋势。美国人斯科特曾经形象地将网络比喻成一座城市。他说："我很喜欢将网络比作一个城市——这样更便于理解网络生活的方方面面，以及如何建立网络和相互之间如何交流。企业网站是主街上宣传商品的店面。Craigslist网站像是便利店门口的布告栏；易趣像是一个廉价商品市场；亚马逊则是一家拥有大量老顾客的书店。主流媒体网站是城市中的报纸,如《纽约时报》在线。聊天室和论坛则是网络世界的酒吧和沙龙。"

斯科特接着说:"如果按照我的比喻把网络看成一座城市,那么接下来就可以把社会媒体及人们在博客、论坛和社交网站上的相互交流看成是城市中的酒吧、私人俱乐部和鸡尾酒会。"[1] 斯科特要我们进一步考虑,在一个鸡尾酒会上,我们会怎样与人们打交道?我们会在酒会上做些什么?是向参加酒会的人去硬性推销产品,还是大声叫卖"快来买我的产品"?显然两者都是很不恰当的。鸡尾酒会的社交特性要求我们先撇开那些一心想着推销的想法,而应该先去交朋友、去真诚地沟通。

## 5. 利用社会化媒体制造流行的"蝴蝶效应"

现今,很多企业看中了社会化媒体的商业契机,国外的Facebook、Twitter等,以及国内的人人网、新浪、网易、腾讯的微博、博客、优酷等网站就像是一座座有待开采的金矿,众多消费者聚集在这些平台上交流互动。网络上消费者的发声方式与现实中的完全不同,他们更加主动,其个人的影响力也越来越大。网民每一次使用网络,都会在网络上留下印迹,企业通过特定的工具可以发现这些印迹,通过对消费者足迹的跟踪、过滤,从而准确地把握消费者的需求。企业还可以通过社会化媒体与网民开展对话、互动,建立起更紧密的联系,利用网民自我播放信息的能力,引发一场病毒传播,这样可以极大地延伸品牌的知名度。企业在社会化媒体上开展的营销活动,往往也能够带来广泛的参与性。而线上的成功往往能够带来线下的收获。

社会化媒体是最容易发生蝴蝶效应的地方,互联网上一个微小的原

---

[1] 斯科特. 新规则:用社会化媒体做营销和公关[M]. 赵俐,等,译. 北京:机械工业出版社,2010.

始触发就可能引起"多米诺式"的连锁反应，一件最普通不过的小事经网民的关注、放大、演绎，可能会变成一个典型的社会事件。比如李某某事件，原本是一起未成年人犯罪案件，但是通过网民的关注和演绎，这起案件被不断放大，最终演变成了一个全社会注目的社会事件。在蝴蝶效应的背后，我们看到的是关注度和影响力的迅速提升。正是社会化媒体的这一特性，使它成为了"流行"孕育的温床。很多企业于是开始思考：既然一些社会话题能够流行起来，那么利用社会化媒体，是不是同样能制造品牌流行，制造一种消费方式或消费观念的流行呢？社会化营销正是在这种背景下应运而生的，并形成一股锐不可当之势。社会化营销主要是通过制造具有吸引力的内容，利用社会化媒体构成的社区环境发布这些内容，吸引用户分享并最终形成口碑传播的效应。社会化营销其本质是一种关系营销，它以用户为本，植根于用户的关系网络，与用户共同建立和维护互动式的关系。因此，关系营销决定了社会化营销不同于一般形式的营销。在社会化平台上，各种营销手段都要嵌入关系之中，在与消费者的日常交往与互动中附带性地（或者隐秘地）实现商业目的。近年来，社会化浪潮正在从根本上改变受众和媒体的属性。受众的阅读时间呈现碎片化特征，受众的主动性也日益增加，这就要求营销人员能掌握更具整合力、跨平台的营销方法和工具。社会化营销恰好满足了这些新的变化，它引发了一场新的营销革命。

具体来说，在社会化营销中，"社区"、"口碑"、"分享"是三个关键词。网络用户在社会化媒体的某一个板块上会形成具有一致性的群体或关系网络，就好像一个社区，它起到沟通、连贯的作用。在一个社区里面，人们之间的关系是一种朋友或邻里的关系，社区成员在生活、心理、文化上有一定的相互关联和共同认识。这种社区形式为网络营销创造了条件。由于社区内部的黏性以及社区的日常生活特性，用户经常会在这个社区上谈论一些有趣的话题，并分享身边的故事。分享成为社区活跃的动力，而连续的分享就会产生企业渴望已久的流行效果。

## 六、社会化媒体与大数据

### 1. 社会化媒体是大数据产生的平台

在信息化时代，企业最重要的一项核心资产就是数据。可以说，数据将会对国家治理模式、企业决策、业务流程以及个人生活方式产生巨大影响。从数据的生成方式来看，大部分数据是由社会个体生产的信息痕迹，这些信息以字节、图片、视频图像、网页等不同格式文件储存，既包括静态信息，又包含实时变化的动态信息。随着云时代的到来，"大数据"（Big Data）时代也来临了。美国研究机构（Gartner）这样定义："大数据是需要新处理模式才能具有更强的决策力、洞察发现力和流程优化能力的海量、高增长率和多样化的信息资产。"[1] 据国金证券的统计：每秒人们发送290封电子邮件；每分钟人们在 YouTube 上传20小时的视频；人们每月总共在 Facebook 上浏览7000亿分钟；移动互联网用户发送和上传的数据量达到1.3exavytes，相当于10的18次方；每秒钟亚马逊处理72.9笔订单。另据麦肯锡全球研究院（MGI）估计，全球2010年在硬盘上存储超过7EB（1EB 等于10亿 GB）的新数据，同时消费者在个人电脑和笔记本等设备上存储超过6EB 数据，1EB 数据相当于美国国会图书馆存储数据的400多倍。[2]

---

[1] 张意轩，于洋. 大数据时代的大媒体[N]. 人民日报，2013-01-17.
[2] 国金证券. "大数据"专题分析报告[R]. 2011-12-07.

社会化媒体将"大数据"推向了一个新的高峰。例如,国外社交网站脸谱(Facebook)的全球用户达到8亿,其中活跃用户有3.5亿,全世界人们每月在 Facebook 上花费的时间达93亿小时,相当于1 065 449年,其中平均每天有2.5亿张照片被上传,每20分钟发布的状态条数达到1 851 000条,如此巨量的数据几乎是过去任何传统媒体都无法想象的。由于社会媒体的社会化平台允许网络用户自己生产、分享内容,所以催生的数据也更为庞大。社会化媒体的诞生意味着现代社会进入了一个人人制造"大数据"的时代。此外,社会化媒体还改变了传统的传播路径,使几千年来单中心、单向的传播方式,向多中心、网状裂变传播方式转变,这种社会关系网络型的传播方式又使得数据的价值呈级数增加。概而言之,社会化媒体上的数据呈现这样的特点:

(1)社会化媒体的数据呈现碎片化的特征。网友们经常在社会化媒体上书写碎片式的文字,发表碎片式的观点。

(2)社会化媒体的数据具有公开性特征,即社会化媒体本身的公开性使得数据能够被任何人看到,任何人都可以参与进来开掘这座数据金库。

(3)社会化媒体的数据价值具有隐蔽性,即碎片化的信息也就意味着真正有商业价值的信息往往需要"大浪淘沙"后才能显露出来。社会化媒体的参与者往往在闲谈或者随意书写中表现出个人的消费偏好,这些信息和大量其他生活化信息掺杂在一起,企业需要通过一定的技术或平台加以分析才能剥离、甄别出来。

## 2. 社会化媒体上的数据价值

对于企业而言,最重要的数据之一无疑是关于消费者的数据了。除了那些专门的消费平台可以获取消费者数据外,更多的消费者数据则散布在各种社会化网络上。以腾讯为例,腾讯拥有7亿个QQ活跃账户和3亿个微博用户，它每天生成的数据如此之多、如此纷繁，以至于大量数据不得不即时处理掉。试想恰巧某一天有某一位QQ用户在线聊天时谈到他（她）的消费偏好，如果腾讯能够从海量数据中及时拣阅到这条信息，那么就可以在第一时间向这位用户推荐相关产品。这种一对一的广告方式无疑比那种漫天撒网的广告要精准得多。利用现代互联网技术，我们可以对数据重新筛选、整理、组合、交叉分析，以此寻找数据背后的价值。作为网络用户，他们的每一次网上浏览、评论都会留下有价值的蛛丝马迹，网民浏览了哪些网页、查看了哪些商品、发表了哪些观点、关注了哪些动态、在网上停留的时间有多长，都将在网络上留下痕迹。根据这些痕迹，新媒体利用数据分析和处理技术就能找到这个消费者，并分析出该消费者的偏好及行为倾向。

### 3. 社会化媒体的精准化营销

精准营销或精准广告一直是营销人员或广告人员追求的目标。例如，传统媒介总是声称自己具有精准优势。事实上，它们的精准主要建立在"对消费者进行聚类分析"的基础之上，只能精准到"大致相同的某一消费群类"，而不能精准到"每一个消费者个体"。报纸、电视等传统媒体，会先对受众的心理和行为特征进行分析，然后把受众分为"精明的理性消费者"、"现代感性消费者"，或者分为"白领"、"少儿"、"家庭主妇"、"老年"等类型。它们根据消费者市场区隔原理，规划相应的版面或频道，提供相应的内容。这种聚类分析看似精准，实则并不准确，它的问题也恰在于聚类的模糊化、静态化和泛化，因为这种聚类方式忽视了消费个体不同的心理需求，更无法了解个体消费者的心理需求随时的变化状态。

与传统媒体的聚类分析不同，随着互联网技术的发展，我们可以利用社会化媒体上的数据追踪消费者在网络上的浏览痕迹，运用云计算和其他数据处理技术实时筛选、锚定每一个消费个体的态度、意见和行为变化，掌握每一个消费者实时的个性化需求，从而实现真正意义上的精确引导。通过了解"单个消费者的欲求"，营销人员就能只针对这一个消费者提供相匹配的广告或营销信息。可以说，从"精准到一类人"到"精准到一个人"的转变，互联网数据技术下新媒介的精准引导远远优于传统媒介。表11-4就广告代理公司、传统媒介和新媒介各自的精准性进行了对比分析。

表11-4 社会化媒体与传统媒体及广告公司的精准性比较

| | 广告创作公司的精准性 | 传统媒介的精准性 | 社会化媒体的精准性 |
|---|---|---|---|
| 类型 | 创作型、策略型广告公司 | 报纸、杂志、电视 | 谷歌、百度、当当、淘宝、Facebook等 |
| 消费者区隔方法 | 通过广告定位、消费诉求和广告基调等手段进行区隔 | 按照一般人口学特征对媒介进行类型化、专门进行区隔 | 通过数据处理平台分析每一个消费者的行为和意见 |
| 精准范围 | 只能精准到某一类别 | 只能精准到某一类别 | 精准到每一个人 |
| 精准性评估 | 难以评估 | 难以评估 | 可进行测量和验证 |
| 获取精准性的技术手段 | 利用广告调研和消费洞察知识 | 利用传统的营销定位和市场区隔手段 | 利用先进的后台数据处理技术 |
| 优劣比较 | 无法了解大类中的具体消费者个人的需求（每一个体消费者的需求可能都不一样） | 无法了解大类中的具体消费者个人的需求 | 可以了解到每一个消费的独特需求 |
| 精准的特性 | 静态的精准 | 半动态的精准 | 动态的精准 |
| 精准性强度 | 精准性弱 | 精准性较强 | 精准性最强 |

社会化媒体上的大数据不仅改变了现代营销和广告的方式，还改变

了内容及产品的开发方式。过去，企业在生产出产品之后再去寻找相应的目标消费者。现在，社会化媒体可以在收集、分析完人们的需求之后来确定应提供什么样的产品或服务内容。例如，2013年最火的一部美国电视剧《纸牌屋》就成功地运用了社会化的数据营销。该剧在2013年的艾美奖上获得9项提名，创下了全球电视剧网络点播的最高纪录。谁是《纸牌屋》的编剧？是美国怪才导演大卫·芬奇吗？不，真正的答案是——观众。这部红极一时的电视剧并非出自传统电视台，而是出自社交网络Netflix。Netflix在美国拥有2700万订阅用户，在全世界则有3300万订阅用户。每天Netflix的用户会产生3000万多个行为，Netflix的订阅用户每天还会给出400万个评分，以及300万次搜索请求询问剧集播放时间和设备。Netflix利用大数据收集、分析观众的收视习惯和口味偏好，并据此决定拍什么、谁来拍、谁来演等问题。

**4. 利用社会化媒体对受众进行实时监测**

传统的广告和营销策略把消费者看作是静态的，即消费者的欲求和动机是不变的，在此基础上再对消费者进行区隔。事实上，现实中的消费者的欲求动机是一个变化的过程。以网络为代表的新媒体数据平台可以通过消费者留下来的信息痕迹展开跟踪，对消费者的行为进行实时监测，这样就可以了解消费者不断变化的行为轨迹，并能随时调整传播策略以适应消费者变化了的需要。在新媒体的数据平台监测体系中，消费者是数字化的，消费者的行为、需求等都将转化为数据结果被精确地测算。几乎每一个消费者都没有什么秘密可言。这正如国金证券的研究人员宣称的那样："互联网最本质的一点，就是它真实地展示了个人的想法，并能迅速为人所知。"当每一个网民的需求和想法都暴露在巨大的网络实时监测中的时候，大众、网民、受众以及消费者之间的界限已经消失。

总之，在信息化时代，国家、民族、企业之间的争夺是信息数据的争夺。大数据既给各国政府和企业带来了新的机遇，又带来了新的挑战。面对大数据，我们迫切需要的是对数据的破译和对数据的筛选、分析、存储，从而获取数据的价值。数据本身不会说话，数据只有以一定的方式组合、排列、转换、交叉、比较，才能看出其中的意义。这就要求我们要有更强、更快的数据获取和处理技术。对于社会化媒体而言，数据和数据处理技术是它生存的命脉，是优势产生的根本原因。社会化营销之所以具备更强大的营销手段和广告效果，以及实时的监测能力，其幕后推手就是社会化媒体聚集起的海量数据及日益革新的数据处理技术。

# 12 流行的工具：一些典型的社会化营销形式

# 一、微时代下的社会化媒体——微博

## 1．微博是什么

微博，即微博客（MicroBlog）的简称，简而言之，就是一句话博客。李开复在《微博改变一切》一书中指出，微博＝社会化收件箱＋社会化即时信息＋社会化媒体。也就是说"微博集合了我们熟悉的三种沟通方式——电子邮件、即时通信工具、媒体的优点，又分别赋予它们社会化的特征"。其实，微博是一个基于用户关系的信息分享、传播以及获取的平台，用户可以通过Web、Wap以及各种客户端组建个人社区，以140个字以内的文字更新信息，并实现信息的即时分享。

## 2．140个字的意义

尽管微博只有短短的140个字，但是千万别小看了这140个字的意义。140个字意味着零距离、意味着它降低了我们在媒体上发布信息的难度，任何人都可以通过微博发表个人意见。正如李开复认为的那样，人们使用长博客的时候，需要构思、酝酿，不是人人都可以写一篇长篇大论的，上传图片的时候要先扫描再复制、粘贴，过程十分麻烦。操作上的难度无形中把一部分人阻隔在传统博客的大门之外。微博就不同了，人们可以随意地、像唠嗑一样分享信息。只需要一句话，140个字以内，几乎人人都可以做到。这140个字的微博也脱去了人们的伪装。因为当人们长篇大论、写很正式的文章的时候，那种严肃的气氛、精心的设计会让用户试图隐藏自己。而微博的短小精悍让人们习惯于分享身边的事情，微博相比其他媒体来说更加随意，随意也就意味着更真实。

### 3．微博的用途

在Web 2.0时代，微博才真正显示出平民化、社会化媒体的本色。特别是随着手机终端的应用，人们几乎可以随时随地发微博。当你在旅行的时候，当你在公交车上，当你在上学途中，你随时都可以把你所见所闻发布成信息。所以微博让你成为了亲历者、见证者、围观者，也让你成为了一名新闻记者。因为这个特性，微博也被人们称为"自媒体"。当你拥有了一个微博账号后，你就如同拥有了一个属于自己的媒体，信息发布的决定权已经握在了你的手中。

微博最初是作为一个人们参与社交的网络平台，后来慢慢发展出各种用途。而"微博问政"，则大大提升了人们的政治参与度。学者们认为微博和电话一样具有去中心化的特征，所以他们把微博当成是民主的又一次召唤。营销人员开始用"微博营销"，利用微博话题爆转的特性制造病毒式传播，提升品牌知名度。企业管理层也已深刻地意识到微博是一个上佳的沟通平台，一线员工的意见可以通过微博自下而上地反映到管理层，上下级之间可以通过微博这个桥梁进行有效连接。弱势者利用微博维权，"网络大V"们利用微博聚集人气，制造知名度。传统媒体，如报纸杂志等则利用微博作为自己的电子平台的延伸，第一时间发布新闻简要。总之，微博既是媒体，又是社会，还是一种公关工具。微博虽小，能量却大。在这个平台上，人们的交流更平等、更开放、更鲜活，也更直接。微博改变了我们的世界，开启了一个全新的个人互联网时代。

### 4. 微博的三种类型

陈英金在《微博、政治及其功能限度》一文中认为，微博大致可以分为如下三种类型[①]：

（1）广播型，主要是利用微博传递博主个人身份以外的信息。博主不讨论私人话题，不涉及个人价值观和立场观点的偏好。仅仅是将微博作为对外发布信息的平台。比如政府机关的微博，经常用来发布政务信息，企业的公关部门在官方微博上发布新款产品的信息，都可视为广播型微博。

（2）日记型，主要是博主用微博记录个人生活经历和内心感受。这类微博表现出很大的随意性和私人性，无需斟字酌句。比如很多个人用户利用微博发布身边发生的一些有趣事儿。某人做了一道美味佳肴，某人收到了远方的朋友寄来的糖果，某人在生活中遇到了一个小麻烦，所有开心的或者不开心的，就像写日记一样，非常私人化地发布在微博上共享。

（3）专栏型，主要是针对一些公共话题发表意见，用户一开始就将其视做一个与其他网友交换意见、切磋观点和讨论问题的平台。比如很多媒体记者、公共知识分子、专家学者或者网络名人会就社会新近发生的一些事件表达个人观点，这就好像报纸上的专栏文章一样，相对来说会比较正式，一般要求有一定的逻辑和深度。

### 5. 微博的特性

具体来说，微博的特性表现为：

（1）使用方便——人们可以用电脑、手机短信或彩信以及对应的客户端发布微博。这就意味着信息的发布可以随时随地，突破了时间和空间的限制。就这一点而言，它对企业来说既是机遇又是挑战。企业或许无法知

---

① 陈英金.微博、政治及其功能限度[J].新闻传播与研究，2012（3）：70-71.

道消费者会在何时何地冒出一条关于品牌评论的信息,但是企业可以随时随地与消费者进行互动。

(2)使用门槛低——140个字以内,简单明了,任何人都可以上微博书写。这意味着微博能够聚集更多类型的人,也意味着微博打破了传统网络产品的窄关系网或对等关系网,使人们可以与不同层次的其他人建立沟通与联系。微博拉近了人们的距离,不管他是高高在上还是处于社会底层,不管他是在西北的一个偏僻小镇还是在东部的大都会,微博可以把不同职业、不同层次的人联系起来。同样,企业也可以把微博当成是一个沟通的最佳平台。特别是对于那些员工上万的大企业,底层员工和管理层可以通过微博交流意见,通过微博来塑造企业文化、增强企业凝聚力。

(3)传播信息快——微博改变了以往发送方信息主动推送的形式,改善繁琐、容易被过滤的问题,转变为用户主动获取信息。另外,通过裂变效应,信息传播得更快、更广。微博上有大量弱关系的链接,当你发布一条信息后,你的粉丝就能够看到。一旦粉丝转发,粉丝们的粉丝也可以关注到。如果海量网友在较短的时间内对某微博用户的某条微博发言进行疯狂转发,那么就能造成该微博用户的受关注程度如同核裂变一般,呈几何级数递增。

(4)获取信息多——各种类型的人可以利用微博发布各种各样的信息,既包括非常私人化的信息,也包括各种公共话题;既有情绪化的宣泄,也有非常理性客观的评说。可以说,微博是一个百家争鸣的地方,人人都可以发言。事实上,只要关注一下粉丝们就某个问题的评论,你能发现很多有意思的观点。

## 6.微博营销

微博是孕育病毒式传播的最佳平台。病毒式传播通常是指在互联网上，利用普通网民之间口口相传、相互转发的口碑式传播渠道，快速而有效地把品牌或产品信息发布给千百万普通网民，其传播效应就像病毒感染一样，一旦成功发起就四下蔓延、快速复制，在极短的时间内获得最大的传播效果。微博的一些功能，如关注、转发、评论，让分享变得十分容易，可以让信息呈几何型裂变传播。当企业微博拥有大量粉丝的时候，这些粉丝就会成为品牌的自发式宣传员。而粉丝对品牌的意见、评论比一般的广告拥有更高的可信度。可以说，微博对企业的用处多多，它既是企业新闻发布和公关的平台，又是企业进行客户服务的平台，还是企业内部员工交流和业务促进的平台，更是一个与消费者建立真诚联系的平台。

新浪网总结出企业微博的五大商业价值：

（1）微博已逐渐成为标配。

（2）微博是一个"0"成本的企业对外平台。

（3）微博能够拉近企业与用户的距离，能够让企业不再闭门造车。

（4）微博能够和各类推广活动并存，并成为最好的催化剂。

（5）微博能够聚集目标用户群体，并为后继的任何目的提供用户基础。

## 7．如何经营好企业微博

经营好企业微博需要注意以下六个方面：

**第一，正确设置或利用自己的标签。**

微博提供的标签和搜索功能，是寻找粉丝的重要方法，也是让消费者找到企业的最重要途径。为了让更多的人更方便地找到企业，企业首先要考虑消费者常搜的关键词有哪些，哪些关键词与企业的目标受众群相关。例如，拥有千万粉丝的李开复在微博中设置的标签与他的工作、他所关注的内容紧密相关：创新工场、教育、科技、电子商务、移动互联网、创业、信息技术互联网、世界因你不同、微博控、风险投资。而招商银行在新浪的官方微博设置的标签为：财经、公益、世博、绿色金融、招商银行、理财、金融服务。企业设置的标签除了包括企业名称、行业性质、主要业务这些内容关键词外，还要考虑它所瞄准的消费群体最关注什么，他们的共同爱好是什么。人们只会搜索他们关心的词汇，所以企业设置的标签要与消费者关心和期望的一致。

第二，找准自己的目标群体或共同爱好，建立互相关注的关系。

赛斯高丁认为，目标族群的选择直接决定了病毒营销的成败。在社会化媒体上，流行的兴起最容易发生在族群里面，如粉丝团体、年轻的妈妈群、酷闪族等都是典型的族群，他们拥有共同的心理期望以及共同的语言和爱好。这种族群对特定话题分享的渴望远远强于其他人群。在现代营销中，网络上的社区——也就是族群活动的场所，对营销人员具有极为重要的意义，它就好像是孕育"流行"的子宫。在社区里面产生的病毒传播，就像现实中的病毒一样，会针对特定人群感染。网络病毒具有一定的适应性，往往与某些族群的特征相匹配，因此这些族群比其他族群更容易感染。正如氏族或部落主要通过血缘关系维系一样，在社会化媒体上，联系一个社区中的族群也要通过关系，这种关系是一种建立在共同的爱好、心理期望和情感认同上的想象共同体。在微博营销中，确定目标群体是实现精准营销的关键，而确定族群是为了通过共同的爱好，建立起互相关注的关系。

第三，创建易于在微博关系圈中流传的广告文本。

一般来说，微博上的广告文本不同于一般的广告文本，它更加重视"有意思"和"互动"，更需要对内容悉心经营。微博作为社会化媒体，是比较排斥商业信息的，所以在微博上硬性推销会让粉丝用户非常反感。营销人员在使用微博宣传品牌信息的时候，应该尽量避免那些赤裸裸的硬性广告，应该巧妙地使用嵌入手法，将广告嵌入对粉丝更有价值的内容里去。这就好像企业在不经意中透露了一点广告信息，甚至用户自己都感觉这不是在做广告，而是在讲一件有趣的事情。例如，讲讲办公室里面舒适的工作环境，并上传几张图片，就比硬性推广自己的产品更有吸引力。有一位网友晒出了在他的办公桌上酣睡的一只宠物狗的图片，小家伙的萌样十分可爱，吸引了不少粉丝的称赞。该网友在博文中有意无意地提到了他所在公司的名字，这客观上起到了宣传公司的作用。

第四，要学会"倾听"，要知道"回访"。

"倾听"是"微博营销"必备的一种技能。我们想了解粉丝们最近热论的议题是什么，他们关注什么，就需要"倾听"，只有这样，我们才知道我们应该提供什么样的内容给他们，以便满足他们的期望和口味。事实上，正如伊文思在《社会化媒体营销技巧与策略》一书中强调的：在社会化媒体上，不管你在与不在，人们都会谈论你，而且他们可能会在鲜为人知的小角落里谈论你，远不在公关人员的监视范围之内。这就对企业提出了更大的挑战，它们必须伸长自己"耳朵"，像"顺风耳"一样，全方位地倾听用户们的对话。有些企业使用专门追踪消费者会话的系统分析用户感兴趣或者正在议论的话题，如"Talktrack"、"Groundswell"等工具。用心聆听可以获得粉丝最真实的意见。比如一家名为"雕爷牛腩"的餐馆生意十分红火，餐馆创始人"雕爷"每天都花大量时间盯着微博、微信上的大众点评。只要有用户对菜品和服务提出意见雕爷就马上给出反馈。如果粉丝认为某道菜不好吃，可能这道菜就会在菜单上很快消失。"雕爷牛腩"每个月都会更换菜单，更换的依据在一定程度上就是粉丝的"声音"。

作为企业，不仅要倾听用户，还要鼓励用户说出他们的真心话。不管这些话是好话还是坏话，企业都必须怀着极为真诚的态度聆听，并积极地做出反馈。反馈的方式不是逆着粉丝的想法一味地为自己辩护，而是要真诚地沟通，恰当地接受粉丝的意见。

"回访"是企业扩大微博粉丝以及提升粉丝忠诚度的法宝。任何一个关注你的人,哪怕这是一个陌生人,他(她)"不经意"来到你的阵地,你也要摆出主人的姿态,殷勤地招待。礼尚往来,及时地回访能让你和粉丝发展出一种更深层的关系。企业的目标——让"网络用户"变成"粉丝",让"粉丝"变成"发烧友"就可能实现。对于用户提出的任何一个问题,包括那些批评的意见,企业都要及时做出反馈。若因为企业失误而使顾客在微博上抱怨时,企业应该在第一时间做出反应,真诚地向他(她)道歉,并对后续的跟踪服务及时回访。

**第五,快速发展微博,需要"诱饵"。**

扩大微博粉丝数和提升关注度,吸引更多人参与企业的微博平台,需要"诱饵"。很多企业提供有针对性和诱惑力的奖励,有些企业提出帮粉丝实现他们的梦想,有些企业则利用幽默动听的故事吸引人,还有一些企业提供宣泄情绪的管道。很多小企业,没多少资金,因而无法在大媒体上投放广告。法兰红酒的老板科恩就面临这样的问题。由于平时就喜欢在微博上和朋友交流,他发现利用微博可以推广自己的红酒,并且无需任何广告成本。于是,他在网上搜索并联系了一些平时比较活跃的微博博主,并向他们寄去了免费的红酒。没想到一些博主在品尝完红酒之后,相继在微博上表达了他们的感受。科恩还在微博上发起了免费品红酒的活动,只要粉丝们能够回答科恩的问题,提供地址后就能获赠一瓶红酒。科恩的问题十分有趣,人们的回答也幽默诙谐,这点燃了不少粉丝的热情。正是因为科恩多次抛出"诱饵",把"红酒"与"话题"结合在一起,才吸引了越来越多的粉丝关注。

在现代营销中,奖品已经不是什么新鲜事了,几乎所有的营销活动都会提供奖品或抽奖的机会,很多消费者对此已不再感冒。如何设置更有吸引力的奖品,便成为营销人员头疼的一件事。"诱惑"设置得好,就能真正吸引到更多的粉丝。"诱惑"并不一定是实物奖品，还可以是其他东西。

**第六，让微博与自己"息息相关"。**

企业首先要明确自己的营销目的，只有明确了目的才能利用好微博、设置正确的话题、提供适当的内容。同时，企业还要懂得如何在正确的时间、正确的版面位置嵌入广告信息。不管企业微博谈论的是什么，最终都要让微博与企业"息息相关"，都要把消费者吸引到对"品牌"的关注上来。比如小米公司运用微博经营自己的粉丝时，提供的都是有关小米及行业的动态，如小米新品发布、玩机技巧、签售会、小米的应用软件下载、小米游戏、小米摄影等，这些信息罗织出一张大网，把小米品牌和用户紧密地联系起来。

### 诺基亚 N8 手机的微博营销

2011年8月25日，新浪微博首页推出诺基亚N8手机"微博发布会"，诺基亚官方微博进行在线直播。诺基亚高级副总裁梁玉媚与《新周刊》及《三联生活周刊》以微博专访形式座谈，实时回答来自微博网友的问题。韩庚、林俊杰等7位明星嘉宾也在发布会上登场，他们通过各自的新浪微博账户围绕诺基亚N8的话题与网友密切互动。直播当天，截至下午6点，仅新浪网就吸引了超过55万的独立用户登录微博发布会页面，由此产生的转载和评论超过200万条，直接覆盖800万新浪微博用户。微博在产品新闻发布上显示出了惊人的威力。诺基亚通过微博把新产品成功地推向市场。可以说，微博不仅是一个发布会的"现场"，还是目标用户交流、沟通的平台。

### 8．微博营销的五个步骤

凡是从事微博营销的人，都知道微博营销不只是在微博上发布信息那么简单。人们可以利用微博做很多事情，从帮助企业提升知名度，到促使消费者从品牌认知到购买行动的转换都包括在其中。归结起来，营销人员可以利用微博制订社会化营销计划；倾听消费者的声音；积极地与消费者开展对话从而与客户建立长期的关系；企业还能对这些对话进行监测，从而识别出不同类别的信息；企业还可以经常利用微博作为整合传播计划的一部分，以此达到口碑传播的目的。总之，开展微博营销可以根据"计划—倾听—参与—整合—测量"这五个步骤进行，如图12-1所示：

| 计划（Plan） | 倾听（Listen） | 参与（Engage） | 整合（Integrate） | 测量（Measure） |
|---|---|---|---|---|
| 根据企业战略或者营销活动制订社会化营销计划 | 及时倾听消费者的声音 | 与消费者展开积极的对话，并建立长期忠诚的关系 | 把社会化营销作为整合传播的一部分，制造口碑效果 | 通过网络分析设定目标，跟踪、监测、分析人们的对话 |

图12-1　开展微博营销的步骤

### 9．微博广告

所谓社会化广告，即基于用户关系链的广告营销产品，让品牌和用户进行对话，并形成多次传播。广告主可以将广告创意与用户的社会化网络行为有机结合，激励用户产生转发、评论、分享等进一步的行动和口碑传播。近几年来，社会化广告因为它的病毒式传播效应，受到了很多营销人员的青睐。若利用好它，就可能取得四两拨千斤的效果。据相关数据显示，2014年，全球社交网络广告总收入近120亿美元。在营销智库网站负责人赵福军看来，"社交广告或社交营销在本质上已不再是传统意义上的硬广告，而是故事。传统的硬广告，解决的是知名度问题，而社交网络上的广告或营销，解决的是可信度以及可爱度等问题。在这里，如何实现'广告内容化'创意，如何有效驱动用户关系链，实现消费者和品牌之间的参与、互动沟通与分享就显得更加重要。"

微博广告是社会化媒体广告的一种，微博广告就是以微博作为广告发布平台，根据用户属性和社交关系将信息精准地投放给目标人群，同时微博"粉丝通"也具有普通微博的全部功能，如转发、评论、收藏、点赞等。微博广告凭借五大优势可帮助企业实现品牌信息与受众的有效沟通，如图12-2所示：

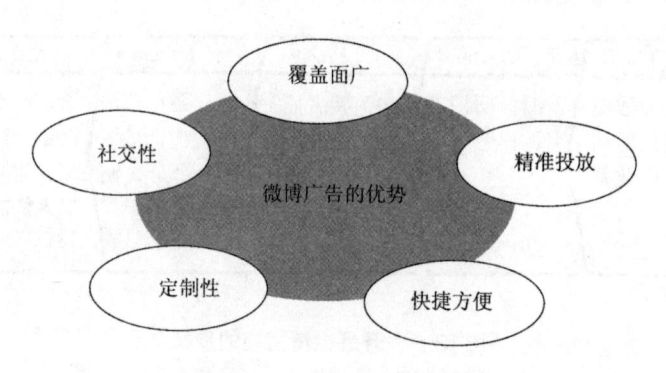

图12-2 微博广告的优势

（1）覆盖面广。微博通过粉丝关注的形式进行病毒式的传播，覆盖数亿微博用户，影响面非常广泛，同时，名人效应能够使事件的传播量呈几何级放大。微博广告在投放给目标用户后还可以被多次传播，使广告效果最大化。

（2）精准投放。根据用户属性、社交关系等信息帮助企业更准确地找到目标人群。微博用户可以根据个人属性设置个人标签，也可以对自己感兴趣的微博设置关注或加为好友，这样，微博广告面对的受众更加精准化。

（3）快捷方便。微博广告优于传统的广告，发布信息的主体无须经过繁复的行政审批，从而节约了大量的时间和成本，方便快捷。一条创意度高的微博广告在互联网及与之关联的手机WAP平台上发出后，可在短时间内通过互动和转发抵达微博世界的每一个角落，实现短时间内最多的受众。

（4）定制性。微博可以根据网络社区中群体的期望和特征定制出适合消费者口味的广告。微博广告可以是一段文字、一段视频，也可以是一系列照片，它的创意可以根据消费者的需求和行为方式呈现出多样的形式。例如，肯德基在腾讯微博上开展的社会化营销，采用的是"微博连环画"的形式。所谓"微博连环画"是指腾讯微博发布框下方三个话题共同组成的社会化媒体广告位组合。"第一幅画"——用户可以选择自己喜欢的酷饮；"第二幅画"——用户可以与互听网友分享酷饮；"第三幅画"——肯德基"有料同享"的官方活动网站。这"三幅连环画"环环相扣，紧扣微博用户的行为习惯，从"选择"到"分享"再到"行动"，层层递进。据腾讯微博方面统计，在该活动上线期间，"有料同享"话题共计有超过125万条微博关注。

（5）社交性。社会化媒体广告不同于传统广告。传统广告重在展示，社会化广告则重在内容。有意思的内容，可以吸引用户一同建立一个具有共同爱好或共同行为方式的社交圈子。微博广告主要是在用户和粉丝之间进行传播，微博粉丝既有来自"强关系"的亲朋好友，也有来自"弱关系"但有共同期望的陌生人。广告嵌入有意思的微博内容中，顺着社交圈子被粉丝们关注、分享。于是，人们在建立关系的过程中顺带接受广告信息。

新浪微博的广告形式主要体现在微博页面顶部、底部和右侧的推荐产品中。除了出现在微博页面顶部、底部和右侧的容易识别的创意图片广告之外，微博广告还包括活动推荐、话题广告、分享视频等。

## 二、论坛类社会化媒体

### 1. 论坛是"同类人"聚集的网络社区

社区论坛是一些有着相同爱好、同类工作等共同属性的"同类人"聚集的网络社区。大量的信息都是通过会员发布或者回复，以实现互相沟通的目的。影响力大的社区论坛有百度贴吧、天涯、猫扑、西祠胡同等。论坛是一个非常有用的场所，在共同分享和互动的论坛社区上，你和那些"同类人"可以了解彼此的观点，可以通过交流形成更深层更紧密的关系，同时还可以帮助他人或者向他人求助。经常活跃在论坛上的"同类人"很可能发展成为意见领袖，用户与用户之间也会产生对彼此的信任。企业可以利用论坛开展有趣的营销活动，如通过投票了解用户需求等。

**百吉福奶酪的论坛营销**

一直以来，中国的乳制品市场主要以液态奶、酸奶和奶粉为主，国人消费奶酪的数量十分小，对奶酪的认知也十分有限。对专业生产奶酪的法国百吉福公司来说，要想占据中国这块市场，既面临巨大的商机，又面临巨大挑战。通过调查，百吉福发现它的受众为宝宝在1~3岁的父母，即以年龄在21~35岁的年轻女性为主，因为这些年轻妈妈相对来说比较容易接受新事物。百吉福还发现，年轻妈妈们平常喜欢做的一件事就是登陆各种亲子、育儿论坛，获取育儿营养等相关资讯。针对上述情况,百吉福决定利用网络打一场论坛攻坚战,通过论坛来普及奶酪知识,提升自己品牌的影响力。于是,百吉福开始有计划地占领网络阵地,覆盖大、小型网络社区,尤其关注育婴、育儿、哺乳等版面。例如,百吉福在太平洋亲子网、妈妈论坛以及各大城市的亲子乐园上发布话题。其中一个帖子这样问道:"百吉福奶酪,有妈妈给孩子吃吗?"楼主详细介绍了百吉福的营养成分,推荐妈妈们首选。另一个帖子的主题是:百吉福一周家庭秀!抢楼赢百吉福豪礼!(公布获奖名单啦!),这是一个关于百吉福促销活动的帖子,也引来了不少人回复。还有一个帖子的话题是:"有妈妈想给宝宝买百吉福奶酪吗,一起买优惠。"值得一提的是,有一位"妈妈"分享了她的"孩子断奶记",表达了养育孩子的艰辛,引起了很多妈妈们的共鸣。在"孩子断奶记"的故事中,这位妈妈顺便提到了百吉福。除了亲子、育儿论坛,百吉福还在天涯问答、百度贴吧上发布信息。例如,"百吉福奶酪深圳哪里买?"的问题帖,帖子下面紧接着便有两个详细的回答。

## 2．如何做论坛营销

在论坛营销中,我们几乎很难分清帖子中哪些是企业公关人员发表的,哪些是消费者发表的,这正是论坛营销的优势。在论坛上,企业可以化身为消费者,像消费者一样提问或发表意见。当"消费者"分享的故事看似真实、感人时,无形中就会增加人们对该品牌的好感。

## 3．论坛上的软文广告

论坛类的社会化媒体广告有各种形式,包括置顶广告帖、回复广告、软文广告等。置顶广告帖一般需与吧主协商。

论坛类社会化媒体广告比较有效的是软文广告，即"文字广告"。软文的精妙之处就在于一个"软"字，好似绵里藏针，克敌于无形。等到受众体味出广告意味的时候，广告的信息已经传达到受众的头脑中。

当然软文广告也要讲究质量，赤裸裸的广告帖不仅达不到提高品牌知名度的广告宣传作用，相反还会有损品牌形象。赤裸裸的广告帖没有什么创意，并不是受众感兴趣的或是希望在论坛上看到的内容，容易受到用户反感，也很容易被论坛版主或贴吧的吧主删帖。

## 4．如何在论坛上写好软文广告

那么在论坛类社会化媒体上，软文广告该如何写？软文广告又该如何运营操作呢？总结以往经验及对受众心理的分析后，总结出如下几点建议：

（1）好的标题。标题是整个文章的眼睛，也是文章的精华聚集，更是吸引网民点击的关键。标题是否有吸引力，也是软文推广成功与否的一个关键因素。具有穿透力的标题，能吸引点击量。

（2）广告信息要隐蔽。写软文毕竟和普通的文章不同，也和纯粹的广告帖不同。软文要含有广告的性质，但是又不能过度，我们不能硬生生地把广告放进去。文章内容要吸引受众，要有娱乐性或者感人的故事等，要对受众有用。这样的软文才会引起用户参与，带来较高回复和较大的广告影响力。

（3）软文投放有覆盖性。浩瀚的网络海洋中怎么样才能让企业的资讯广泛传播？那就需要大范围的覆盖。要选择目标受众集中、用户多、影响力大的社区论坛，且要多投放，这样才能达到较大的覆盖面和广泛的影响力。

（4）整体运营性。企业在制订广告计划的时候，在软文推广上一定要有系统的策略，要达成线上线下全网沟通，各部门相互配合。只有整体运作才能达成目标。

## 三、网络视频

### 1．无处不在的网络视频

截至2011年6月底，中国网民总数达到4.85亿，其中网络视频用户已经达到3.01亿。美国网络视频平台 Brightcove 创始人兼首席执行官杰里米·奥莱尔对网络视频行业进行展望时说："视频无处不在，所有企业说白了都是媒体企业。"据统计，在优酷用户群中，七成用户会转发视频与他人分享。分享无疑是社会化营销最大的关键词。而最能引发分享的（文字、图片、音频、视频），就包括精彩、有趣的网络视频。大部分病毒式传播的视频都是通过 YouTube、优酷、土豆、百度视频、酷6视频、新浪播客等视频网站扩散。据电通广告公司的媒体调研发现，视频用户往往趋于男性化、年轻化，高收入的白领对网络视频的偏好明显强于电视。在视频消费人群中，上班族和学生是主力消费群。从内容上看，影视剧无疑是视频用户最喜欢的内容，现今网络视频成为热播剧播放的重要平台。

### 2．微视听与微电影

网络视频的发展开启了一个"微视听"时代，其间微电影来势汹汹，无论是草根阶层还是专业人士对微电影都跃跃欲试。如果说明星拍微电影是"我拍你看"，那么草根路线的微电影则是"你拍你看"。明星路线的微电影更加专业化，也更加精致，而草根阶层的微电影则更有亲和力，反而更容易引起人们共鸣。微电影还为企业带来了无限商机，比如很多企业把营销活动、品牌发展的历程拍成微电影,上传到网上,引起病毒式传播。还有很多企业在微电影中植入广告,推荐新品,提升自身知名度。微电影营销的优势如图12-3所示:

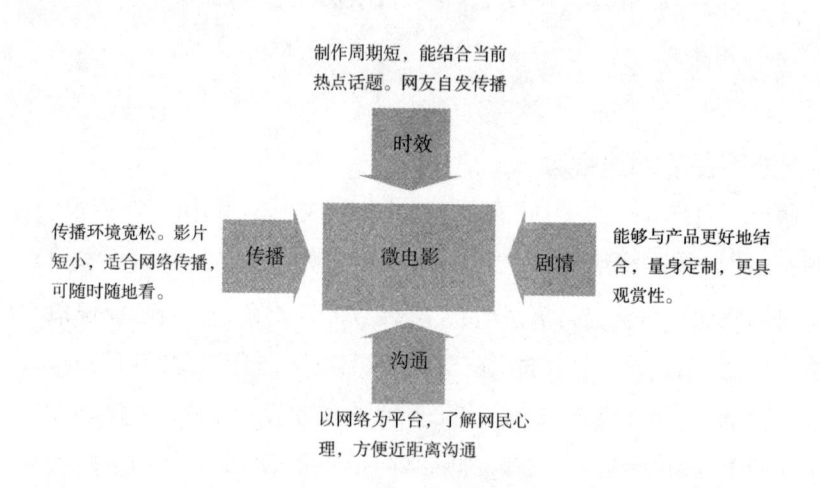

```
                制作周期短,能结合当前
                热点话题。网友自发传播
                        ↓
                       时效

传播环境宽松。影片
短小,适合网络传播,  传播 → 微电影 ← 剧情   能够与产品更好地结
可随时随地看。                               合,量身定制,更具
                                             观赏性。
                        ↑
                       沟通

                以网络为平台,了解网民心
                理,方便近距离沟通
```

图12-3 微电影营销的优势

## 3．网络视频广告

人们对网络视频广告的接受度比较高。一般来说,网络视频广告包括两种:一种是网络分享视频广告,以创意的广告故事和创新标题吸引网友眼球,它的传播完全依靠网友的分享。受众自愿观看也自发分享,因此有很好的传播效果。另一种是微电影广告。微电影广告是新兴的广告传播形式,是为了宣传某个特定的产品或品牌而拍摄的有情节的,时长一般在5～30分钟,以电影为表现手法的广告。微电影广告的本质依旧是广告,具有商业性或目的性。随着手机、平板电脑等终端的出现,忙碌的现代人的观影方式也发生了改变。首先,人们观影的时间呈现碎片化、零散化特征。其次,观影屏幕越来越小。最后,固定影院变成了移动影院。微电影

的诞生可谓恰逢其时,它很好地满足了现代人的观赏习惯。

### 4．网络视频广告中的微电影广告

微电影广告采用了电影的拍摄手法和技巧,与传统视频广告相比,增加了广告信息的故事性,能够更深入地树立品牌形象。把广告信息隐藏在短小精悍的电影中,更能够实现"润物细无声"的境界,从而获得好的广告效果。有创意的微电影广告用户点击量大,且容易被转发分享、形成病毒效应,广告信息的覆盖面也更广。因为是有情节的微电影形式,所以也很适合口头传播,广告信息植入受众头脑中的程度也就越深,广告效果不言而喻。

> **益达：酸甜苦辣微电影系列**
>
> 从2010年开始,历时3年,一部由新生代人气偶像彭于晏、桂纶镁担纲主演的微电影广告系列《益达·酸甜苦辣Ⅰ、Ⅱ》开始流行。它制作精良、情节曲折浪漫,以连载的方式展示了男女主角酸甜苦辣令人回味的纠结的恋爱之旅。凭借完整的故事情节、出众的电影台词、高播放率等,这个系列的微电影成为益达最有名的广告。网友的高转发起到了很好的传播效果,在优酷的点击量超过300万。不仅如此,这个系列广告先后斩获了亚洲实效营销金奖、艾菲实效营销金奖,还一举拿下了微电影金瞳奖等诸多奖项。其中,"兄弟,加满！"的广告台词因充分体现了女主角的个性成为家喻户晓的"流行语"。广告中深情款款的彭于晏不仅因此广告大赚人气,更被网友戏称为益达胸肌侠,说"他的八块腹肌就是嚼益达嚼出来的"。凭借第一、二部微电影的人气,益达趁热打铁,又推出了由影视明星白百何和郭晓冬主演的《益达·酸甜苦辣Ⅲ》。

目前主流的微电影广告主要有两大来源：一类是由视频网站、门户网站组织筹划，召集创作人员拍摄，寻求广告品牌合作的作品。这些微电影通常成本较低，制作人员来自民间力量和非专业人士，如《11度青春》《4夜奇谭》；另一类则是由广告主直接发起，按照自身需求量身定制，这一类广告通常由名导、明星加盟，阵容和手笔相对更大，如凯迪拉克的《一触即发》《66号公路》，同方电视的《看得见的幸福更出色》等。

### 微电影之锐享征程

著名青年导演陆川曾经为大众锐途汽车拍了一部名叫《锐享征程》的微电影。该电影讲一位来自北京的摄影师为了举办摄影展专门开车前往新疆采风，在风雪交加的途中，他遇到了一个放羊迷路的新疆女孩。这位摄影师把女孩送回了家。在哈萨克族聚居区，他受到部族长者和女孩哥哥的盛情款待。女孩哥哥邀请他参加他们一年一度的大会，于是一场大众锐途汽车和马的对决开始了，最终摄影师驾驶的锐途赢得了比赛……在部落里，摄影师慢慢习惯了哈萨克人的生活，并和女孩互生好感。在去"魔鬼城"采风的时候，女孩问："北京是一个什么样的地方？"，似乎对北京充满无限向往……女孩还说："我们哈萨克的女孩子都要留在自己的部落里。"……最后，摄影师带着些许惆怅独自回到了北京，留下了久久难以忘怀的思念。他的摄影展也如期举行。电影最后的画面是安静的展厅，突然传来清脆的脚步声。原来，是那位哈萨克女孩。这个故事的模式虽然有些老套，但是陆川凭借自己高超的摄影技术，让这部微电影具有了浓重的西部风格和异域风情。这部电影放到网上后，引发了网友们的广泛关注。尽管这部微电影广告相对来说较为俗套，但是它的故事性和电影式风格还是很受欢迎。

### 5．视频是最常见的"流行载体"

我们只要留意一下那些真正"流行"的东西就会发现，在"流行"的清单中，广告很少跻身其中，往往最"流行"的是那些有趣的原创视频或音频。鉴于这一特征，很多企业试图把品牌信息植入到这些视频之中，通过视频的创意性给人们带来观赏的乐趣，从而引发病毒式传播。在过去，企业很少借助视频来从事营销。如今，越来越多的企业已经认识到视频的威力，知晓相对文字性的东西，观众更愿意看图像。据Facebook调查显示，在所有不同类型的内容当中，图片的吸引力比文字的吸引力大2.2倍，而活的画面又比静态的画面更具吸引力。宝马、奥迪、大众、潘婷、喜力啤酒等品牌都纷纷制作各种有趣的创意视频，并把它们上传到优酷、土豆和百度视频等视频网站上与网友分享。这些视频要么幽默诙谐，要么剧情出奇、结局意外，所以都获得了不错效果。对网友们来说，与其说是在看一则广告，不如说是在看一部小电影，或是与"开心一刻"类似的幽默片，或是一部感人至深的故事片。对营销人员来说，植入式广告已经深入人心。随着植入式广告的发展，植入的方式也越来越多样化。无论是广告视频还是活动视频，只要"有料"，都有可能在社会化媒体上流行起来。

## 四、游戏化应用（APP）

### 1．星巴克闹钟

2012年9月，星巴克推出了一款别具匠心的闹钟形态的游戏化应用程序：EarlyBird（早起鸟）。下载该程序后，用户的手机屏幕上会显示，"咖啡搭配半价早餐，让你早起更有动力"的广告语。手机用户只需在设定的起床闹铃响起之后，轻轻按下屏幕上的起床按钮，就可得到一颗星。如果能够在一小时内走进任意一家星巴克店，就能买到一杯打折的咖啡。这个创意看似简单，但是它却将消费者与星巴克品牌紧紧联系起来，称得上是2012年最成功的游戏化应用程序之一。这款应用程序最大的创意在于它使得那些赖床的人有了早起的动力，而且星巴克没有忘记将这种动力转化为让顾客走进店内购买咖啡的实际行动。

## 2．杜蕾斯宝宝

杜蕾斯也开发出了一款非常有意思的游戏化应用程序。在制定营销战略的时候，杜蕾斯就一直在思考男人戴避孕套的第一大理由是什么？是预防艾滋病？或者预防梅毒等其他性病？都不是。根据调研数据，杜蕾斯发现男人戴避孕套的最大理由是——避免女伴怀孕。当女伴将怀孕消息告诉男人的时候，他们就像是被判了死刑一样。很多男士还没有做好面对小孩的准备，他们只想玩消失。于是一款模拟抚养小孩的游戏化应用程序应运而生。在杜蕾斯包装盒上印有一个二维码，链接到杜蕾斯"防小人"手机下载程序，只要将自己的手机与朋友的手机前后摩擦几下，对方手机里的"孩子"就诞生了。然后便是一系列抚养小孩的烦恼事，比如喂奶、换尿不湿、逗小孩玩、带孩子出去晒太阳、要想办法让孩子不哭闹。这款游戏化应用程序还会更新机主的 Facebook 状态，如果显示"我当爹啦！"各种与婴儿相关活动的邀请也会随之而来，而每当退出程序时都会显示"用杜蕾斯"的提醒。

随着智能手机和平板电脑等移动终端的发展，一种新的营销形式——游戏化应用程序营销逐渐进入了人们的视野，并被越来越多的商家采用。而游戏化应用程序在社交平台上的运用，使得游戏化应用程序具备了社交游戏的性质。杜蕾斯开发的"防小人"游戏化应用程序，游戏内容看似是个玩笑，实则让人们在游戏中建立圈子、产生联系。而社会化营销成功的要诀就是建立联系。杜蕾斯的这款游戏化应用程序，可以和朋友一起来玩，一起分享快乐，在欢乐中体会一段"带小孩"的艰辛。

### 3．游戏化应用程序营销

所谓游戏化应用程序，是指移动设备（如智能手机或平板电脑等）上的应用程序。游戏化应用程序营销就是通过这些应用程序来进行品牌宣传、促销等营销活动，它是移动营销的核心内容。据相关统计数据显示，2012年有20%的知名品牌广告主首次把移动营销列入他们的营销计划。与传统互联网相比，移动互联网能够充分利用现代人碎片化的时间，而其移动性使人们能随时随地接触广告信息，大大突破了传统广告的时空限制。游戏化应用程序嵌入移动互联网上，使人们在乘坐公交、地铁或任何闲暇之时，都能享受游戏化应用程序创意带来的乐趣。游戏化应用程序让营销插上了想象的翅膀，开启了一场新营销革命的序幕，它是品牌与用户之间形成社会化关系的重要渠道，也是连接线上线下的天然枢纽。一般来说，多数游戏化应用程序都提供分享到微博、人人网等社交网站的功能，因此能够聚集具有相似兴趣的目标群体。游戏化应用程序打开了人与人互动的通道，"通过在内部嵌入SNS平台，使正在使用同一个APP的用户可以相互交流心得，在用户的互动和口碑传播中，提升用户的品牌忠诚度。"①

### 4．利用游戏化应用程序建立新型社会关系

也许朋友们都还记得曾经在开心网和校园网上风行一时的农场游戏，甚至有一段时间，很多网友定好闹钟，睡到凌晨三点起床偷菜。偷菜这种虚拟

---

① 白静，刘俊玮．APP：营销新战场［J］．销售与市场（渠道版），2012（5）．

行为本身真的有那么大的魅力,能够让网友们玩得乐此不疲?事实上,这款游戏成功的秘密并不在于偷菜、种菜这种游戏行为多么有趣,而在于它的社交性。它能够把你和朋友聚合起来,在同一个平台上建立关系。网友可以在开心农场上种菜、建房子,还要防止邻居来偷菜。此外,他们还可以帮朋友的菜地除草、杀虫,获得奖励。收获的果实也可以用来交易。在这个平台上,我们既看到了朋友或邻里之间的生产合作关系,又看到了竞争关系。这种社会化关系在虚拟农场这个平台上植根、发展,并得到新的阐释,这正是农场游戏成功的秘密所在。农场游戏本身很好地体现了游戏化应用程序的思想。

## 5．利用"寓教于乐"的游戏化应用程序进行企业营销

近几年来,游戏化应用程序社交游戏越发流行,营销人员把应用软件、商业营销和游戏三者结合起来,让用户在网络社区中和朋友玩游戏,在游戏中置入品牌或促销信息,在"玩"的乐趣中体验品牌价值。越来越多游戏化设计的手机和基于浏览器的网络游戏化应用程序出现,是社会化营销的一大趋势。比如宝洁公司的舒肤佳品牌,曾经推出一款亲子游戏应用程序"舒肤佳超人大战细菌",这款卡通风格的可爱游戏,讲述了小朋友和爸爸妈妈一起出游遭遇到细菌入侵的故事。小朋友化身为舒肤佳小超人,为拯救遭到细菌包围的地球,英勇地投入到与细菌的战斗中去。游戏中小朋友需要使用舒肤佳盾牌、水、香皂等武器,在地铁、操场、卫生间等不同场景中与细菌激战(这些场景都是容易滋生细菌的地方),这样,小朋友在玩的过程中自然而然地学到了健康的卫生常识。通过游戏的"寓教于乐",小朋友也养成了勤洗手的好习惯。可以说,舒肤佳的游戏化应用程序把游戏和品牌融为一体,让小孩子们在玩的过程中学习卫生知识;这样的游戏有用而且有趣,符合小朋友们的游戏天性,而且超人拯救地球

的战斗故事是小朋友们酷爱的游戏类型；亲子互动的方式不仅让小孩，更让父母们对舒肤佳有了深刻的体验（对舒肤佳而言，小孩是影响决策的人，父母才是真正的消费决策者）。在游戏化应用程序社交游戏中，奖励回馈设计也非常重要。近年来奖励回馈在游戏化应用程序中越发多样，包括等级排名制、得分制、勋章奖励制，以及实物或虚拟礼品等。奖励回馈也让线上与线下的互动与联系加强。

> 观点（View）：游戏化应用程序营销能否成功，关键看以下三点：
> （1）这款游戏化应用程序是否有用。
> （2）是否有趣。
> （3）是否能够建立用户之间的关系。
> 此外，游戏化应用程序的操作是否简单、界面是否美观等也是吸引用户的重要因素。

## 五、自建互动网站

还有很多企业为了组织某一次营销活动，专门建了一个网站作为活动的官网。这些网站，一般都具备了社会化媒体的基本功能，设置各种互动环节。同时，网站通常还会提供从人人网、腾讯、新浪微博等知名社会化媒体链接的客户端。用户只要从这些平台登录或者通过官网注册，就能参与官网的活动。一般来说，活动网站会与企业网站相连。自建官网的好处在于自有社会化平台能够保持足够的独立性、自主性，但问题在于官网自身的推广并不是一件容易的事情。除了活动本身要求足够的吸引力外，互动网站的推广也是让营销人员颇为头疼的事情。建立自有社会化网站需要注意如下几点：

（1）保持网站的社会化特征，即要具有充分的互动、对话、分享、评论的特性。

（2）网站界面的设计应该简洁，活动内容及流程要清晰明确。

（3）参与活动的操作流程应该尽量简单。

# 13 流行的受众：社会化浪潮下的新型消费者

## 一、消费者呈现碎片化的特征

### 1. 社会化时代消费者的需求越来越个性化

"碎片化"是21世纪营销传播革命中的一个重要关键词。媒体的碎片化表现在"泛众传播"向"分众传播"的转变,"多种媒体,一种声音"的时代早已一去不复返了,随之而来的是媒介的小众化。就消费者而言,他们的品位、需求呈现出碎片化趋势,甚至处于同一阶层或同一圈子里面的消费者的态度、观念、生活方式和个人需求都不一样,这让营销人员常常哀叹"众口难调"。有人把现代营销环境比喻成丛林,在丛林中,我们不知道消费者会出现在哪儿,也不知道消费者到底在想什么。特别是在互联网上,消费者可以像一个游击战士一样时而出现时而隐遁。似乎一切都已经逃离了营销人员的掌控,消费者的权力越来越大。随着互联网时代的到来,受众作为传播个体,处理信息的能力得到前所未有的强化,这不仅让受众群体细分呈现为碎片化现象,也引发受众个性化的信息需求,整个网络传播呈现为碎片化语境。正如美国西北大学媒体管理中心负责人约翰·拉文所说,"碎片化"是"遍及所有媒体平台最重要的趋势"。

### 2. 在互联网上消费者变成了一个个数字

在社会化浪潮下,消费者的碎片化特征还表现为一个个数字。我们知道，传播受众研究中有一个"受众商品论"的观点，这一观点被人们广泛接受。对媒体而言，受众就是它们的商品。媒体通过有趣的内容先把人们吸引到平台上，再把一般的大众转化为蕴含商业价值的受众，正如把原料生产为产品一样。然后媒体再把受众卖给广告商。在互联网免费经济时代，很多消费者非常满足于免费经济带来的实惠，受众获取资讯、收听音乐、观赏电影，看上去都是免费的。事实上，那些网络公司真的有那么好心提供免费馅饼吗？当然不是。当人们在浏览互联网、使用互联网提供的免费产品的时候，他们已经把自己的个人信息透露给了这些互联网公司了。而消费者的个人信息对企业来说是最大的宝藏。如果说，过去传统媒体把受众当成商品，其表现形式像是一台简单的"信息接收器"，那么今天受众作为商品的新的表现形式就是数据——任何消费者的消费行为、消费偏好、阅读某类信息的频次，以及消费某类商品的情况都可以用数据说明，都可以利用互联网的统计分析技术通过图表样式清晰地体现出来。消费者，可能已经被简化成为一连串的数字，或者化成图表上的某一点了。总之，消费者的数字化充分体现了碎片化的特征，当这些数字通过一定的方式由分散的状态排列组合起来，零碎的东西就会变成整体，大数据时代的商业价值就会凸显出来。

## 3．消费者的阅读时间和书写方式越来越碎片化

在这个忙碌的社会，人们的阅读时间也越来越碎片化了。我们很少有整块的时间来进行阅读。忙碌的工作和生活把人们的阅读时间分割成零星的碎片，七零八落地散落在各个时段。现代人习惯了在乘坐公交、地铁，或茶余饭后等间歇来阅读。如何把这些碎片化的时间利用起来，就成为现代营销需要思考的问题（移动社会化媒体很好地解决了这个问题）。不仅受众的阅读呈现碎片化趋势，人们的写作也越来越碎片化。我们也习惯于

零星地记录下生活的片段，很少会从头至尾地叙述事情的经过，而采取从中间直接插入的断层策略。例如，在评论一条社会新闻的时候，我们可能不会去追寻整个新闻事件的来龙去脉，而是从事件的某一片断进入并开始评论。我们还越来越不喜欢长篇大论。对很多年轻人来说，那些长篇累牍的书写，不仅写着累，连看着都累。我们零星地记录着，生活的片段也表现为碎片化；我们习惯于用很少的文字，甚至是通过关键词拼凑事情的经过。此外，网络媒体为争夺时效性而推出的滚动报道，也成为"碎片化"写作风格形成的强力"推手"。社会化媒体的诞生适应了消费者的碎片化特性。面对消费者书写的碎片化，微博、微信的精简特性就非常符合现代消费者的风格；面对阅读时间的碎片化，移动社会化媒体使得人们随时随地都能阅读。

## 二、消费者接受信息的方法变了

### 1．从"你听我说"到"你说我听"

传统媒体传递信息，通常是你听我说，即企业说消费者听，人们没有选择权。在 Web 2.0时代，人们接受信息的方式由"你听我说"变成了"你说我听"，即消费者说企业听。现在人们接受信息的方式主要有两种：搜索与浏览。一种情况是，网民们往往会在网上毫无目的地冲浪，在浏览的过程中发现他们感兴趣的信息。这就好像一个人逛商场，本来没有买东西的打算，但是在随意逛的过程中遇到了好看或好玩的商品，于是其内心的购买欲被点燃了。网络的长尾理论告诉我们，网络上有着极为丰富的信息，那些偏僻的、非主流的、在平日商场里面难得一见的商品及资讯在网上都能找到，而每一个消费者的需求可能都不一样，网络不仅能满足主要的消费需求，也能满足那些小众的消费需求。另一种情况是，人们会有针对性、有目的性地去获取信息。比如为了买一部相机，消费者会主动去网上搜索。谷歌、百度等搜索引擎技术为消费者有针对性地获取信息提供了强有力的工具。消费者很容易利用网络了解产品的信息，也很容易去对比不同品牌商品的价格、性能。特别重要的是，网络提供了人们发表意见的空间，人们对某一商品的评论（赞扬或批评）在网上一览无余。

## 2．从亲朋好友推荐到网民评论

过去，人们了解他人对商品的看法主要通过亲朋好友以及销售人员的推荐。现在，评论人已经突破了时空的限制，任何人在任何时间都可以参与商品的评论，而这些评论对人们最终的购买决策产生着决定性影响。随着社会的进步，人们获取信息的渠道越来越多，大多数人不会刚刚和某人对话后，马上就跑到百货商场买回他们所需物品。如今，人们会先听听邻居怎么说，然后到网上去查询，最后再决定买哪些品牌的东西。在众多信息渠道中，网络成为了人们获取信息的主要途径，也是辅助人们进行购买分析和决策的重要工具。过去，我们在做营销的时候，总是把商品分为两类：一类是高参与度的商品，比如房子、电脑等，需要人们较多的理性思考，在进行比较、分析之后才会采取购买的行动。另一类是低参与度的商品，比如洗发水、牙膏等，人们主要凭一时的感性冲动做出决策。对于高参与度的商品，人们往往在家里就已经想好要买什么品牌了，前期的理性比较让他们心中有数。而对于低参与度的商品，决策的时间大大延后，人们一般在逛商场的过程中才临时决策。现在拥有了网络之后，人们把购买前的思考过程和购买时的决策过程都转移到了网上,人们坐在家里就可以购买商品。这就让他们对低参与度的商品也有了比较的可能。过去把参与度分为高和低的这种划分在网络上已经变得越来越模糊了。

总之,人们获取信息的方式已经发生了很大变化。网络使得人们的阅读习惯已经悄然改变。由于消费者的主动性增强,较之过去的被动接受信息,如今在社会化媒体上,消费者完全可以根据自己的偏好主动选择信息。而且人们对时效的要求也越来越强,与传统媒体信息的冗长不同,人们更乐意从社会化媒体上去获取那些精简的"信息精粹",比如微博上的内容就要求限制在140个字以内。而论坛上的帖子,短小而精悍,就好像是读者文摘和格言汇编,信息发布既短又快,像碎片一样离散各处。归结起来,在社会化媒体上,人们获取信息的方式有以下几个特征:

(1)根据偏好,强调时效。

(2)从被动接受到主动选择。

(3)从整体到离散。

## 三、消费者聚合方式和形态变化了

### 1.相同观点和趣味的人被聚合在了一起

社会化媒体把志趣相投的人聚合在一起,人们在同一个网络空间里生产、评论、转发、关注、分享各种信息。"当我们进入一个圈子以后,相似需求相同观点的人聚合在一起,于是我们说我们想听的话,从社会心理学的角度来说,人不愿意听和自己意见相左的话,网络上社群成立以后让相同观点和相同需求的人聚合在一起说自己想听的话,于是形成了一个

'信息茧房'。"[1] 在这个"信息茧房"中既存在有影响力的意见领袖，又存在跟随者。网络社群的个体既是多元的，又是充满个性化的，他们之间的联盟松散而广泛。他们是信息网络中的节点，通过人与人之间的互动来实现信息的生产、发布、传递。这就意味着我们的营销和广告应该从硬性宣传转向双向交流，我们必须以"消费者"为中心，去聆听他们的意见，参与到他们的社群中去，与他们展开对话。

### 2．消费者的聚合已经不受时空限制

传统消费者的聚合极大地受到时空的限制。例如，一个商场只能聚集它附近的人群，一个社区超市主要聚集该社区的消费者。过去的消费者可能主要在白天，或者在节假日采购商品。而如今，在网络上，消费者的聚合已经不受时空限制，不同地方的消费者，哪怕相隔千里之外，也可以聚合在同一个网络平台上，还可以在任何时候购买。当凌晨所有的实体店铺都关门的时候，消费者只要按下键盘即可购物，这意味着：

（1）企业的客户不再拘泥于某地某时，他们可能来自四面八方，可能出现在任何时候。公车上、地铁上、工作时、睡觉前，只要他们愿意，他们都可以拿起手中的移动互联网进行消费，Web 2.0大大扩展了客户的来源。

（2）今天企业的竞争对手（不管这家企业有多大），已经不能根据就近性来确定了。

自从有了互联网，竞争对手已不再局限在同一个社区或同一座城市，竞争对手可能来自千里之外，甚至来自国外。

---

[1] 程士安．数字技术颠覆传统广告理念及策略［EB/OL］．http://www.meihua.info/knowledge/article/3139,2011-10-31．

## 四、消费者购买行为发生了变化

### 1．从搜索浏览到比较分享

随着 Web 2.0 的发展，消费者的购买行为发生了变化。可以说，网络成为了一个重要的商品信息集散地。一方面，现今人们通过淘宝网、京东网、亚马逊等网站足不出户就能完成消费。另一方面，通过网络来获得对品牌的认知成为很多人的选择。当要购买一台电脑的时候，我们习惯性地上网搜索关于电脑的各种信息，了解它们的价格、功能。网上既有专业机构建立的专业站点、论坛或讨论区，也有电脑爱好者个人发起的独立网站。网上既集合了关于电脑产品的各种信息，也集合了人们使用各种品牌电脑的经历、感受和评论。过去，人们主要通过亲朋好友的口碑来判断商品的好坏，现在人们主要根据网民的体验和评价来决定购买，由亲朋好友的口碑传播转向虚拟社群的网络用户之间的口碑传播。比如，当某人要购买一本关于社会化媒体营销的书籍，他可能会习惯性地做这样几件事：

（1）去当当网、京东网等网站输入"社会化媒体"、"网络营销"等关键词，寻找相关书籍。

（2）比较每本书的价格，查阅它们的内容介绍和目录。

（3）留意购买此书的人对该书的评价。如果这本书压根就没什么评论，那么一般就会被排除在选择之外。如果差评太多，基本上不会考虑。而那些有很多评论且好评如潮的书进入消费者购物车中的可能性会很大。

（4）除了查看图书的图片、装帧，图书版式的美观度和阅读的舒适度也是消费者考虑是否购买的因素。

## 2．从现实购物转向虚拟购物

网络使得人们的购物由现实转向虚拟，网络购物瓜分了实体店的市场份额。对很多女性而言，现实中的商场已经成为试衣间，在商场试完衣后，她们还是会选择去网上购买。或者人们会在线上完成购买，然后再到线下消费。2011年2月，美国最大的团购网Groupon在中国落地，中文名称为高朋网。高朋网在规定的时间内推出低折扣的商品或服务，当买家人数达到一定限额时，即可交易成功。"这样的网站不同于以往的是，购买对象不只是可送货上门的物品，还有娱乐健身、摄影、教育培训等需要买家线下消费的项目。"[1] 团购网既聚集了大量目标明确的消费者，又聚集了很多"闲逛者"。当闲逛者们发现自己感兴趣的东西或者一些吸引他们的优惠活动后，他们才会产生消费意向。也就是说，网络不仅实现了人们的购买行为，还刺激了人们的消费欲望，Web 2.0颠覆了人们的线上线下行为。线上行为最终向线下发动了大规模的"入侵"。

归纳起来，Web 2.0对消费者购买行为的影响主要表现在：

（1）它使得人们的购买行为从现实的商场转向网络。

（2）它使得人们的消费意向不因现实需要而产生，而是在网络上产生。

（3）它使得商家与消费者之间的主客关系变成了一种交互关系。消费者拥有了更多的权力，对于消费者，商家需要更多倾听、沟通与对话。

人们不仅网购，还利用网络获得品牌信息并对品牌进行认知。购买者通过分享对品牌的体验和评论极大地影响了后续购买者的购买决策。

---

[1] 姚晓欧. 互联网广告——重新部落化与他者缺失［J］. 新闻与传播研究，2011（6）.

## 五、社会化媒体上的六类人

在查伦·李和乔希·贝诺夫合著的《公众风潮：互联网海啸》一书中，作者根据受众在不同的社会化媒体平台上的行为，将社会化媒体的使用者分为六个截然不同的群体：

创造者：创造者是社交中的活跃分子，他们具有天才一般的创造力和火一般的热情。当他们喜欢一些东西并产生了一些想法后，他们就会把这些东西拿出来分享，而且会通过博客、视频、微博、论坛等工具进行分享。他们就像是一把火，不仅点燃自己，还希望能够点燃他人，把其他人拉进自己建立的这些平台上来。

评论者：评论者是那些酷爱在博客、论坛上发表评论，对产品或服务进行评价的人。他们也属于社交中的积极分子，而且是一帮直言者。他们可能对你的产品给予正面积极的评价，从而成为你的盟友；他们也可能会对你的产品给予差评，从而成为你的梦魇。不管怎样，在网络营销的时代，评论者对企业是至关重要的。因为消费者往往会通过这些评论者的评论来做出购买的决策。企业的品牌营销和广告也离不开这些评论者，因此企业面临如何吸引更多的人来评论，以及如何获得更多正面积极的评价的问题。

收集者：收集者喜欢寻找和分享互联网上的东西，所以"他们对提交到社交网站上的东西能够多么快地变得受欢迎、能够多么快地推动到社区网站的显著位置会产生很大影响。"①

---

① 莉娅娜·李·伊文恩, 社会化媒体营销技巧与策略[M]. 王正林, 王权, 肖静, 等, 译. 北京：电子工业出版社, 2012.

参与者：参与者希望就某个共同关心的话题来分享他们的经验，以此获得归属感。他们经常从属于某个圈子，在这些圈子里面，存在大量参与者，可能他们彼此并不认识对方，而且观点各异，但共同的话题把他们联系在一起。

观看者：观看者喜欢静观。当网络论坛、微博上就某些话题正讨论得热火朝天时，他会饶有兴趣地观看评论，但并不一定会参与其中去主动表示看法。

不活跃分子：不活跃分子虽然上网，但基本不会参加社会化媒体上的活动。

企业在社会化媒体营销中通常会遇到这六种不同类型的人。明确自己所面对的群体的主体，以及各自所占的比例是企业营销成败的关键。如果公司的目标消费者以围观者为主，那么这就意味着公司创建与分享越多就越有利；如果目标消费者以评论者居多，那么公司创建用于评论和评级的页面就非常重要。总之，如何根据群体的特点和偏好制定相应的对策，这是社会化营销必须考虑的问题。

## 六、洞察消费者的工具和方法变化了

消费者变化后，我们该用什么方法洞察消费者就成为一个迫切的现实问题。传统的问卷调查、焦点调查已经不合时宜。取而代之的应该是一种全新的了解消费者的方法。这就意味着我们应从定量研究跨入到数据挖掘的分析过程。

### 1．传统的消费者分析方法——聚类分析

传统广告经常会使用的消费者分析法，我们称之为聚类分析法。这种

方法是指我们分析消费者的时候总是习惯性地对消费者进行区隔，把消费者归为不同的类型。一家来自广州的某广告公司通过所谓的消费者洞察得知某一品牌的目标消费群是家庭主妇，广告人员遂对她们进行了心理归类，认为目标消费群具备如下特征：关爱家庭，特别注重家庭成员的健康、安全及家庭氛围的和谐，且善于持家的理性消费者。这一归类看似准确，但它的问题恰在于归类的模糊化、泛化，因为这一归类忽视了每一个个体消费者的心理和需求可能各不一样。有些家庭主妇最主要的需求或者当下的需求并不像上述归类那样，她们或许只是希望她们的厨艺得到丈夫的认可，另一些家庭主妇则是对于摆脱家庭主妇身份、成为职业人士的渴望，还有一些家庭主妇可能只在意她们的孩子。一般来说，这种心理特征（欲望、需求）的聚类法存在两个问题：

（1）忽视了每一个消费者个体内心的多样性和复杂性，故把非同一类型的消费者划入同一类型之中的谬误就产生了。

（2）无法指出这些类型的消费者到底在哪里，进行心理归类后的消费者可能还是零散的，广告仍然无法精准到达目标消费者那里。

现实中，试图利用聚类分析了解所有消费者的需求和心理的做法在商业中十分普遍。例如，某些杂志把目标读者定位为拥有汽车一族，某些则定位为都市女性一类。电视台根据不同类别的观众划分出不同的节目类型，诸如少儿频道、妇女频道、养生节目等。这种定位方法虽然能够网罗住一批消费者的心，但也会忽略很多有独特需求的消费者。它的问题在于忽视了每一个独立的消费者的具体需求和欲望，他们的需求和欲望并不都一样，是千差万别的。

## 2．网络时代的消费者分析方法——数据处理

在网络时代，未来的网络公司的竞争，乃至其他企业的竞争，包括广

告的竞争，在很大程度上是数据处理能力的竞争。谁能以更快的速度、更精准的分析处理更多的数据，谁就能在这场商业角逐中取胜。一般网站的数据分析技术胜于传统媒体，而谷歌等搜索引擎的数据处理技术又胜于一般网站。谷歌既能对各网点的信息进行重新组织和处理，又能实时分析消费者的搜索行为，因此，"谷歌相信自己已经找到一个正确的方向：无论受众处在互联网上的哪个地方，只要在合适的时间和地点，都可向恰当的受众，展示恰当的广告"。[1] 换句话说，谷歌的数据处理技术大大提高了广告投放的精准性。2012年4月，谷歌正式宣布在中国推出 Double Click Ad Exchange 广告交易平台，在架构的设计上，这是一个展示广告实时拍卖（Real Time Bidding）的交易市场。对于每一次广告展示，Double Click Ad Exchange 都会扫描整个市场，将买方的定位要求与卖方的广告资源进行匹配。又如亚马逊、当当等购物网站，可对网民每一次的浏览页面及搜索商品的痕迹进行跟踪、收集与分析，从而确定每一个消费者的购物偏好，适时推出关联产品。此种广告展示的方式相较于一般广告的漫天撒网、无的放矢，其媒体投放和消费者的匹配度已大大提升，广告的精准性得到实现。

## 3．利用网络处理消费者数据更具精准性

其实，广告创作公司、传统媒体都同样强调精准，但它们的精准和网络等新媒体利用数据分析产生的精准在本质上有所不同。广告创作公司强调对消费者的洞察来提高广告的精准性，通过正确的定位、诉求和基调来获取精准性。广告媒介通过细分它们的市场来提供精准性。如同电视台既开办少儿频道、妇女频道等类型频道，又开办厨艺节目、养生节目等类

---

[1] 王伟．谷歌的广告观［EB/OL］．http://content.businessvalue.com.cn/post/6446.html，2012-05-18.

型节目。概而言之,广告创作公司和传统媒体主要是通过人口学特征对消费群体分类来获得精准性。与传统媒体不同,诸如谷歌、百度、淘宝、当当、阿里巴巴等新媒体主要是通过数据分析,技术跟踪网民的浏览行为、搜索行为以及在网上发表的意见和展现的态度,从而判定消费者的真实需求以获取广告投放的精准性。如果说传统广告创作公司和广告媒体只能精准到某一类,对某一大类中的消费者个体的差异难以预见的话,那么网络等新媒介则能精准到个人,能了解每一个个体的具体需求。新媒体与传统媒体的精准营销之差异见表13-1。

表13-1 新媒体与传统媒体的精准营销对比

|  | 广告创作公司的精准性 | 传统媒体的精准性 | 网络时代的精准性 |
| --- | --- | --- | --- |
| 类型 | 创作型广告公司 | 报纸、杂志、电视 | 谷歌、百度、当当、淘宝、Facebook等 |
| 消费者区隔方法 | 通过广告定位、广告诉求和广告基调等手段进行区隔 | 按照一般人口学特征对媒介进行类型化并对其专门进行区隔 | 通过数据处理平台分析每一个消费者的行为和意见 |
| 精准范围 | 只能精准到某一类别 | 只能精准到某一类别 | 精准到每一个人 |
| 精准性评估 | 难以评估 | 难以评估 | 可进行测量和验证 |
| 获取精准性的技术手段 | 利用广告调研和消费洞察知识 | 利用传统的营销定位和市场区隔手段 | 利用先进的后台数据处理技术 |
| 优劣比较 | 无法了解大类中的具体消费者个人的需求(每一个体消费者的需求可能都不一样) | 无法了解大类中的具体消费者个人的需求 | 可以了解到每一个消费者的独特需求 |
| 精准的特性 | 静态的精准 | 半动态的精准 | 动态的精准 |
| 精准性强度 | 精准性弱 | 精准性较强 | 精准性强 |

从表13-1中可以看出,我们可以区分广告公司、传统媒体和新媒体

在精准性上的优劣。从广告发展的未来趋势来看，在广告中将占据主导地位、并能引领广告未来发展方向的既不是广告公司，也不是传统媒体，而是那些以数据处理技术创造新媒体的网络公司。正因为拥有数据获得和处理技术这一强大武器，这些公司就可以凭借更敏锐的用户洞察力、更精准的用户定向能力、更强大的分众能力取得未来广告市场竞争中的优势。

# 14 流行的对话策略：如何利用社会化媒体开展对话

# 一、不期回报地对话

## 1．付出而非索取

笔者曾有一位学生毕业后应聘到一家从事社会化媒体营销的网络推广公司。有一次，笔者询问她对目前的工作有什么看法，开始时她侃侃而谈，过了一会儿，她很郑重地说："因为我负责网络推广的内容创作这一块，刚开始的时候很不适应网络语言的那一套。我平时写东西很'文艺'，但网上的文字却要求很'大众'，这是最大的不同。"随后，她向我提出一个问题："在社会化媒体上，我们应该怎么说？"

关于这个问题，那些对社会化媒体有深刻认识的人几乎都会不约而同地强调一点——对话。社会化平台集合了各种人群，人们可以在网上自由地表达意见和观点，还可以"互粉"，这就为对话和分享创造了条件。通过对话，人们可以更加深入地了解企业，也能和企业建立更为紧密、忠诚的联系。企业分享自己的故事，消费者分享他们对品牌的感受。对话的结果是分享，分享的结果是信赖，最终催生的是口碑传播效果。很多人已经越发地意识到分享和对话的重要性，但是他们困惑的是：如何对话？或者在社会化平台上，我们应该说什么？怎么说？

在畅销书《新规则：用社会化媒体做营销与公关》中，作者斯科特把社会化媒体的交流比作是城市中的酒吧、私人俱乐部和鸡尾酒会。在鸡尾酒会上，人们会很随意地侃侃而谈，所谈内容多是拉家常，是一些鸡毛蒜皮的事情，或者是一些有趣的见闻。所以，斯科特这样说道："尽管去参加酒会，但要把它看成一个单纯的娱乐之地，不要只想着索取，而应该更多地付出。"①

## 2．隐藏你的商业动机

在社会化媒体平台上，我们最好不要赤裸裸地进行广告宣传，这样做只会让大家都厌恶你，进而躲你躲得远远的。我们要隐藏商业目的，开展一场不期回报的对话。比如一个生产平底锅的企业应该怎样在网上开展对话呢？它不应只是喋喋不休地介绍平底锅，那只会让消费者感觉无趣。它还应该在页面上提供大量烹饪美食的信息。人们可以在这个页面上找到专门的分享空间，家庭主妇在这儿可以谈论她们最近烹饪美食的心得，分享她们新近发明的美食，还可以上传自己烹饪美食的照片。除了介绍世界各地的特色美食，网站还可以详细介绍健康饮食的理念，这样越来越多的美食爱好者和家庭主妇都会光顾这家公司的网页，因为她们发现，在这个网页上能够发现很多对自己有价值的信息。

---

**某矿泉水企业如何在社会化媒体上开展对话**

一家生产矿泉水的企业，致力于在社会化媒体上普及水资源的知识。该企业提倡水的循环利用和节约用水的理念。为此，企业不仅创建了一个水资源讨论区页面，还积极参与全国各网络媒体举办的大大小小的水资源活动，并在相关跟帖中频现身影。该企业有一个马甲叫"水密码"，经常利用其微博发布个性化的信息，还频繁出现在各大论坛上，它俨然就是一个"水的守护者"的化身。它还积极与网民开展对话，不仅

---

① 斯科特．新规则：用社会化媒体做营销和公关［M］．赵俐，等，译．北京：机械工业出版社，2010．

> 分享各种"水"的知识，对于浪费水资源的现象它也会站出来严词批评，此外它还会分享一些感人的与水有关的故事。曾经有一次，"水密码"发布了甘肃省一个村庄的孩子们要从十里外的小山沟挑水的故事，牵动了一大批粉丝的心，随即"水密码"在网络上发起了"请为孩子们送一瓶矿泉水"的慈善活动，获得了积极响应。2013年西南很多地区发生旱灾，"水密码"发布了一名年逾八十的老人上山寻水的一系列照片，并附上平实质朴的文字，讲述一名老人到深山寻水的故事。每天故事都在更新，粉丝们也追寻着老人的足迹一路关注，很多人争相留言祝福，这个故事最终获得了很多粉丝的共鸣。

上述提到的这两家企业都很少赤裸裸地宣传自己的产品，它们把商业目的隐藏起来，只提供对消费者实实在在有价值的消息。所以，它们不像是企业，反倒像是朋友一样，只谈朋友才谈的那些事儿。在对话过程中，它们还让消费者体会到了它们的谦虚和真诚。

## 二、真实而有态度地对话

### 1．奥巴马竞选团队如何与选民开展对话

在社会化媒体上，不要试图去隐藏什么。你只需要把生活中原本发生的事情拿来分享，他人就能从你那儿获得真诚、真实的感动。例如，利用社会化媒体与网民开展对话，就曾发生在奥巴马的选举团队身上。奥巴马是美国有史以来第一位"互联网总统"，他通过 Web 2.0 平台和美国近3亿民众面对面的在互联网对话，成功地利用互联网争取了很多网上选民。奥

巴马竞选团队的负责人是 ebay 网的负责人。竞选团队在网上开辟了专门的竞选网页，并积极利用各种社会化媒体开展对话。对于每一次区域投票的胜利，团队都会庆祝，并拍下照片上传到社交网站上。他们还会在网上公布每一天的行程和经历，如"在路上遭遇堵车"，"工作餐吃的是什么"，"与某一位选民的亲密拥抱"等都会如实地发布在社会化媒体上，粉丝们可以从网上全程看到奥巴马的"竞选之路"，分享奥巴马竞选故事中的点点滴滴。奥巴马团队还发起了一个"与奥巴马共进晚餐"的筹款活动。正是这些平常而又温暖的内容拉近了奥巴马与选民的距离，让选民感觉到他好像正面对面地和大家一起交谈一样。社会化媒体为美国人民还原了一个真实的奥巴马，让人民了解到原来奥巴马并不是那么高不可攀，他也有烦恼的时候，他也和常人一样渴望普通人的快乐和幸福。

## 2．李开复与粉丝真诚地对话

李开复是拥有1000万粉丝的超级"网络大 V"，他在网络上的影响力不亚于一份报纸、一个电台。那么这1000万粉丝究竟是怎么积累起来的呢。

> 2009年11月1日7点钟，前谷歌中华区负责人李开复在首都国际机场遭遇航班延误，不得不滞留机场10多个小时。其间他使用手机和平板电脑发微博实况转播了现场情况：
> 李开复：北京机场大雪，航班延迟90分钟。
> 李开复：国航航班已经延误8个小时，还在飞机上等。
> 李开复：国航航班已经延误10个小时，从窗外看到翅膀上的冰雪已经化得差不多了，还在等"除冰机器"。就算现在起飞，北京—台北花14小时，已经可以去纽约了。

> 李开复：以为带两块笔记本电池飞台北足够了，没想到等了11个小时。现在只有用手机发微博。飞机上怨声载道，有人饿得快晕了，我就当减肥。
>
> 李开复：等了12个半小时，已经缺食物9小时，缺水3小时，说无法补充。空气很差，原来抱怨的乘客都没力气了。
>
> 李开复：在飞机上严重缺氧，已经有一位晕眩了，现在正在广播，紧急问乘客中有没有医生？①

从他发的微博不难看出，他并没有像某些名人那样高高在上，让人觉得不可亲近，而是如实记录自己的经历和身边的事情，用一种坦然、诚实的态度和粉丝们对话，于是粉丝觉得他是诚实可靠的人。社会化媒体最大的魅力就在于它的真实，参与者分享他们亲身经历的事情，很少怀有那些功利的目的。传统的商业策划之所以被大众排斥，主要就在于大众明白：那些商业性的东西往往充满功利。社会化营销可以很好地规避这个问题。为了让社会化媒体上的对话更加真实，有必要记录下那些自然的、不经修饰的内容。这让人想到现在很多电视真人秀节目越来越注重那些原生态的东西。例如，有些电视真人秀节目从台前走向台后，在不经剪辑的情况下，完全把过去彩排或者花絮才有的东西当作正式节目来播放。湖南卫视的节目《我是歌手》除了播放歌手们在舞台上唱歌外，还把他们来节目现场的路上、彩排过程以及各种登台前的心情和插曲都如实地播放出来。由江苏卫视播出的商业明星公益真人秀《赢在中国蓝天碧水间》中有一期节目曾意外发生这样一段"不愉快"的故事：作为任务发起人及胜负裁决人的某商业大佬遭到了一些参赛者当场质疑，于是这位大佬忍不住当场发飙

---

① 李开复.微博改变一切［M］.上海：上海财经大学出版社，2011.

大吼:"我不玩了!我退出!",随之愤然离场。节目组工作人员针对这个"插曲"如是评论道:"这其实就是真人秀节目最大的魅力所在,我们这个节目就是要展示每位商界大佬最真实的一面,让人们看到他们的喜怒哀乐。"真人秀节目能够展示参赛者和评委真实的一面,这正是吸引观众的主要原因。现今,社会化媒体营销又何尝不是依靠"真实"这条基本原则来制造流行的呢?

### 3．有态度地开展对话

在社会化媒体中,仅仅真实还不够。特别是,如果企业想要拥有号召力和影响力,除了真实外,他们还要显示态度。潘石屹、任志强等地产大腕经常在微博上活动,他们的粉丝众多,读他们的微博,读者会有一个很深刻的体会——要有态度。

在社会化媒体上与消费者开展对话,你要试图使自己成为那个有影响力的人,成为思想领域或知识领域的权威。你不能人云亦云,而要就问题发表观点,表明立场。你应该永远记住:在社会化媒体上当一名追随者,只能让你做别人的粉丝。而当一名领袖式人物,你将拥有众多追随者。为了做到这一点,一方面,你要在社会化媒体上发布更多原创的内容;另一方面,对于非原创的东西,你要显示出自己的态度来。总之,你要表明好恶,支持什么,反对什么,对什么说是或不,都要泾渭分明,不能两边讨好,模棱两可。那些有态度的企业,往往会显示出对社会不良现象的坚决抵制姿态,在维护民族尊严、宣扬正气上可谓不遗余力,固然这些企业可能会遭遇一些不理解的声音,但正因为它们态度坚定,敢于表达,所以它们的支持者和追随者往往都非常坚定。

## 三、从四个层面选择对话的内容

作为企业，真实地分享自己的故事和有态度地表明意见是必不可少的。当它们与消费者进行对话的时候，又可以从四个层面开展对话：

### 1.第一个层面：个人对话

很多企业的营销都失败了，这让企业倍感尴尬，企业投入了大量的金钱，想了各种招数去提升企业或产品的知名度，人们却不领情，不理睬。与企业的传播相比，还有一种传播比较容易，那就是人的传播。一个人的言论和行动总是与周围其他人发生联系，总之"人"最容易成为话题的制造者，也最容易成为话题本身。所以，让企业"流行"的另外一个方法就是先让这个企业的创办人或相关责任人"流行"起来（这个人一般是企业的创始人或经理等），再由这个人带动企业或产品的流行，先建立个人品牌，再推动企业或产品品牌。我们经常看到这样有趣的现象：某个企业不温不火，少为人知，但是这个企业的创办人因为某个事件却成为了舆论的中心，比如他（她）或是因为自己的特立独行、出格的言论，或是因为卷入某次舆论风波之中而名声大震，随着这个人的被关注，他（她）那原本没有名气的企业或店铺也慢慢被人了解。比如有一位参加《非诚勿扰》的女嘉宾，因为节目的火爆，同时也因为她在节目中的精彩表演，被很多人知晓。这本来是一个很正常的个人化出名，但由于她开了一家客栈，随着人们不断搜索这位女嘉宾的相关信息，因此她的客栈名字、客栈位置也慢慢被人知道了。于是很多人都慕名到这家客栈来住宿，想一睹这位女嘉宾的芳容。这位女嘉宾就这样为客栈做了一个免费广告，成为客栈的代言人。而且，这个广告可比任何广告都要有效果得多。有一位穿着自己设计的T恤的男青年，参加了一个有名的选秀节目，他的歌声和造型都很不错，随之他的T恤也跟着火了，接着一家服装公司找到他签了设计合同，让他代言一款T恤，甚至还以他的名字命名T恤。事实上，这一切看似偶然，其实都可以幕后策划，而且可以策划得看上去一点都不像事先策划好的样子。

有一类企业家，他们辛勤耕耘、低调沉稳，默默无闻地创造并享受着财富，但还有一类这样的企业家，他们特立独行，经常出入聚光灯下，他们不时发出一些颠覆性的言论，或者做出一些出格的事情，让自己出尽风头。后者懂得怎样包装自己，让自己成为公众人物。他们会像那些娱乐明星一样经常拿自己来炒作，使自己成为争议性话题。很难说是企业品牌成就了他们的个人品牌，还是他们的个人品牌成就了企业品牌。王石登上珠穆朗玛峰看上去完全出自他个人对登山运动的热爱，完全属于私人领域的事情，但当媒体追逐他的时候，就对他创办的企业——万科公司变得非常有利了，因为人们在网上搜索王石的时候，也肯定会知道万科房地产公司及其他相关的信息。聚美优品的创始人陈欧总是以一副很酷很帅的样子出镜，还去拍电影，玩跨界，他在塑造自己的同时，也在塑造聚美优品，他让自己成了聚美优品的最好代言人。潘石屹、任志强利用自己的博客、微博发表关于楼市的意见，成为了楼市专家。这两位楼市专家还时不时爆出一些惊悚的、颠覆性的言论，时而引来网民一阵赞同，时而引来网民一阵臭骂。其实赞同也好臭骂也罢，这对他们的公司的宣传都是非常有利的。这些企业家个人的名气和企业的知名度形成了一种相依相生的关系，他们的个人化行为往往与企业存在着互相支持的关系。

在网络中，人们利用博客、微博建立起了自己的空间，人们通过这些社会化媒体与其他人进行互动，引起粉丝们的关注，这些人也就形成了自己的个人品牌。现代营销中个人品牌已经变得越来越重要，利用个人品牌来推动企业品牌成为了新的营销秘籍。有些个人品牌甚至超越了企业品牌，成为大众瞩目的焦点。人们可能对蒙牛的官方博客不感兴趣，但是对牛根生的个人博客十分关注。人们对潘石屹、任志强等企业明星的微博关注超过了对他们企业的关注，同样，对马云的关注可能也超过了对阿里巴巴的关注。企业的官方网站、官方微博往往是由企业的公关部维护的，而与之相比个人网页、微博账号更具有个人特点。从企业网站向个人网站的倾斜意味着个人品牌已经变得越来越重要了。

> 李开复在《微博改变一切》一书中区分了企业微博与个人微博的不同，他说："企业微博通常对言论发布十分谨慎，往往只有一种单一的声音；而个人微博发布言论时，相对随性一些，具有多元化的特点。"他还说道："企业微博往往以推广公司品牌、产品、服务为目标，而个人微博则多以表现自己思想、增加影响力为目标。因此个人微博相对于企业微博，受粉丝信任的程度通常会高一些。"

例如，截至2010年年底，360公司董事长周鸿祎在新浪微博上拥有50多万粉丝，而他的360卫士官方微博账号的粉丝则不足9万。周鸿祎个人发出的声音远远超过了360卫士官方微博发出的声音。在此，我们千万不要以为个人品牌和企业品牌两不相干，其实做大个人品牌无形中就能做大企业品牌，他们之间是一种共生关系。周鸿祎成为微博名人，于是他也成为360公司最好的代言人。周鸿祎在个人微博上怎样塑造自己，同时也就意味着他怎样在人们面前塑造360公司。李开复在书中提及："许多企业的领导通常都会选择经营个人品牌，再通过个人品牌提升企业品牌，即企业品牌的营销往往会通过个人品牌的经营来完成。"

有很多"守本分"的企业家认为自己只是一名商人，只做与经商有关的事情。但是还有一些懂得"流行"策划学的企业家，他们不仅是商业圈子中的话题中心，他们还努力让自己成为社会领域、文化娱乐领域、教育领域或其他领域的话题中心，他们不断利用自己聚集起来的个人品牌去延伸企业品牌。通过发表个人观点（不一定是针对企业的观点，也包括他对社会、文化等其他领域的观点）使自己成为舆论的焦点。有时他们在自己的个人网页上不谈企业，反而醉心于去谈社会，但是人们却因此知道了他背后的企业。

### 2. 第二个层面：品牌对话

为了让你的企业成为传奇，你可以着重分享品牌故事以及企业成长的故事。那些企业和品牌成长的故事往往充满吸引力。苹果公司始于史蒂夫·乔布斯父母位于加州Los Altos（洛斯拉图斯市）的Crist Drive（克里斯特路）的车库。据乔布斯的亲密伙伴沃兹涅克讲，他与乔布斯两人沿着Palo Alto（帕洛阿尔托市）和Los Altos（洛斯拉图斯市）之间的85号高速公路驱车行驶的那个下午，乔布斯就已经将新公司的名字想好了。沃兹涅克在一次演讲中说道："他（乔布斯）说我想到一个好名字：'苹果公司。'也许他曾在苹果树下工作过。我也不曾问过。也许这对他有其他意义。"不管怎样，苹果公司开启了一个传奇时代。就连"苹果公司"这个名字也被归入"改变世界的三个苹果"之列。第一个苹果是夏娃摘下的那个苹果，它开启了人类的起源。第二个苹果是击中了牛顿的那个苹果，由此万有引力定律诞生。第三个苹果是乔布斯的苹果，于是人们拥有了Iphone、Ipad。这样的归类，不知道最初出自谁的手。但毫无疑问，这使得苹果公司的"苹果"变得十分有分量。

其实，很多企业也和苹果公司一样拥有一个品牌创始和成长的童话。其故事越具童话性，就越能增加品牌魅力，也就越容易引爆"流行"。企业在社会化平台上应该与消费者分享这些品牌故事，而且应该不断就品牌的内涵和意义与消费者开展对话。可口可乐代表激情，耐克代表一种体育精神。这些精神刚开始对消费者来说还比较抽象，要想让消费者理解、认同与共鸣就必须长期对话，不断充实、延展品牌的内涵。企业在与消费者的对话中可用故事、形象、经历阐释品牌精神。

除了分享品牌故事外，企业还可以就产品信息、营销活动与消费者开展对话。比如星巴克中国区的微博在注册后的326天里，平均每条微博被评论170条，转发467次。以该微博的新品推介为例，从2011年3月30日至4月4日，发布原创微博和转发他人关于新品的推介微博达20余条，采用的情感诉求式展示、转发意见领袖看法、开展活动调动情绪、推出新的关注热点等手法，增加了新品的曝光度，在新品上市前吊足了消费者的胃口。在该微博日常的运作中，星巴克还举办了很多活动，如品牌知识有奖问答、实体店的活动宣传、品牌文化的展示与生活小知识等。微博文风富有亲和力，注重与粉丝交流与互动。

消费者可以通过社会化媒体表达他们使用品牌的体验和心得，分享他们与品牌共同成长的点点滴滴。企业要鼓励消费者这样做，因为那些在网络上谈到你的人，可以成为你最好的宣传员。利用社会化媒体，企业还可以第一时间了解消费者对品牌的批评意见，并迅速做出反应，改进服务，让消费者满意。可以说，社会化媒体既是消费者意见反馈的一个平台，又是交流与分享的一个平台。

### 3. 第三个层面：行业对话

很多人认为，有资格开展行业对话的企业，必定是行业中的大佬。其实,那些中小企业同样可以和消费者开展行业对话。比如有一家生产玩具的小企业,利用社会化媒体免费发布行业最新动态,分享行业知识,致力于推动整个行业的宣传。由于这家小企业长期致力于行业的发展,所以它给人们留下了"这是一家行业大佬"的印象。很多经销商和消费者都被它紧紧地团结在周围,人们通过它获得行业知识。这家企业的负责人表示:"分享行业知识,让我们俨然成为了行业中的思想权威。我们不仅分享所有能搜集到的行业信息,我们还发表最新的行业调研报告,公布市场中最新的行业动态。"互联网的"长尾理论"表明,我们应该扩大分享的内容来满足不同消费者的需求。一家企业不能只固守于分享自身品牌的信息,还要分享整个行业信息,通过长期对社会化媒体平台的经营,企业能够制造"思想领袖"的形象。在信息化时代,"思想领袖"所创造的品牌和经济效益是不可估量的。

## 4. 第四个层面:社会对话

　　社会化媒体是以关系和社会话题编织的网络平台,在这样的平台上主要进行的自然是社会化对话。一般来说,网络社区的成员对营销人员非常抵触,对于赤裸裸的商业话题十分厌烦,往往很反感自己成为别人推销的对象。在社会化媒体上,"流行"制造的密码告诉我们:要想不让社区成员反感,那么企业就不能只固守在商业圈子里面,还要融入社区和社会,与广大网民开展社会化对话。正如本书前面提到的那样,很多聪明的企业家并不甘心只作一名商人,他们还努力参与社会事务,使自己成为社会各领域——如文化娱乐领域、教育领域等领域的舆论中心,或成为其他领域的名人。一旦卷入其他领域的话题漩涡之中,企业家和企业就能够消除人们的抵触心理,赢得更大的关注度。有很多企业积极地参与社区建设和公益活动,弘扬主流价值观,就社会中的不良问题提出批评意见,对于社会中的丑恶现象显示一种对抗姿态。这些企业不拘泥于商业的话题，而是就更广泛的社会问题表明姿态，积极地与网民互动。结果，它们树立了一个"负责任、有良知的"企业形象。

### "标哥"如何参与社会化对话

陈光标是中国著名的慈善明星，被称为"中国首善"。5年来，他累计捐赠款物5.13亿元。汶川大地震发生后仅2个多小时，他就率领庞大的工程机械队伍出发，日夜兼程1000多千米。陈光标做慈善总是很高调，他的每一次捐赠行为都很特别，赚足了人们的眼球。他经常向人们展示他捐赠的钱物，有一次，他把捐赠款堆成了一座钱山。2013年6月15日，陈光标肩挑两捆百元钞票"大摇大摆"地走上李琳公益慈善基金会举办的慈善晚会。这种"招摇式"的慈善引发了很多争议，尤其不符合中国人的传统看法——做慈善应该低调。有些人认为陈光标沽名钓誉，有些人则对他充满理解。比如网络名人于建嵘在他的微博中这样说道："只要陈光标没有利用慈善进行经济或政治交易，只要陈光标的慈善行为没有伤害到受捐的穷人，就是他高调甚至吹牛，我们还是要善待他。诚实很重要，但不能把某些虚荣全当成是虚伪。何况许多虚荣正是别人强加给这些名人的。更重要的是，中国有那么多比他钱多得多的富人又拿出多少行善呢？"另一位做投行的网络名人王冉在自己的微博中这样评论"陈光标诈捐事件"："关于陈光标，以前媒体把他吹到天上，我始终觉得他仅仅是个有点蹩脚的半职业演员。现在就算媒体把他打进监狱，我也还是觉得他在慈善方面就算有过一些接近滑稽的表述和表演，但他做的仍然比很多企业家要多。我们不应该因为一个人有性格弱点和功利诉求就把他真实有过的贡献和付出统统抹去。"陈光标做慈善的方式争议不断，但是，还是有很多人肯定他在慈善事业上的付出。此外，陈光标还参加了明星跳水真人秀节目《中国星跳跃》等多档节目，他还设立了一个"陈光标年度新闻奖"。有一次，他看到《钱江晚报》刘雪松写的《吃剩饭陈光标倒了谁的胃口》和四川新闻网网友陈国琴写的《"陈光标吃剩饭"乃善意的提醒》两篇评论文章，便在其认证的微博上贴出消息，把年度新闻奖颁给了这两篇文章的作者。奖品是每人一部环保轿车，每人一套海南移动式环保别墅。获奖理由是：文章写出了"标哥"心里五分之二的想法，还有五分之三没有写出来。陈光标本人还是一名网络名人，他在腾讯微博上的粉丝有600多万，在新浪微博上的粉丝有430多万，在网易微博上的粉丝也有300多万。他经常在微博上与粉丝互动，评论的问题不仅涉及商业，还涉及很多社会话题，他本人也被网友们亲切地称为"标哥"。2013年年末，"标哥"声称要收购《纽约时报》，但他到了美国之后却连股东的影儿都没见到，一时成为笑谈，但正是通过这种争议引发的传播效应，使得陈光标再度成功上位，在美国一下变得知名起来了。总之，不管陈光标的社会化对话有没有功利性，它的直接效果还是大大提升了陈光标本人的知名度，也为他的企业发展提供了新的契机。总之，陈光标利用社会化媒体与网民开展社会化对话，使他当之无愧地成为中国企业家群体中的企业明星。

# 15 流行的叙事策略：如何应用社会化媒体进行书写

# 一、选择一个典型的叙事模式

## 1．叙事模式要体现反差

　　一句广告文案的"流行",或者一个营销故事的"流行",都必须依赖一定的叙事模式。这就好像写一部小说或电影,那些叙事独特、情节突出、充满悬念和戏剧性强的故事往往能够打动读者。以美国电影为例,多年来我们已经熟知"好莱坞式"的叙事模式——孤胆英雄式的主人公为了真善美与邪恶力量争斗,在克服重重阻力之后最终通往成功。这种"好莱坞式"的电影叙事充满了个人英雄主义色彩。尽管它早已被人诟病且老套,但是这种模式还是非常符合观众的口味,其流行程度经久不衰。事实上,社会化媒体营销的叙事模式也同电影的叙事一样。为了吸引消费者关注、参与及分享,营销人员在社会化媒体上策划一个话题或者创作一个故事的时候,叙事的方式是否独特,结构安排是否具有足够的张力,情节处理是否意外,往往是能否兴起"流行"的关键因素。

## 2．要具有剧情

　　在美国007系列电影诞生50周年之际,零度可口可乐与007新电影《天降杀机》合作,推出了一个营销活动"Unlock the 007 in you"。零度可口可乐事先在比利时安特卫普的中央车站大厅摆设了一台全触屏荧幕的贩卖机,旁边站着一位拉小提琴的美女。当顾客买了饮料后,荧幕上立刻显出一行字:"想要赢得唯一的《007天降杀机》电影票的机会吗?"接着荧屏显示:"在70秒内赶到第六月台解决任务"的指示。于是,在片刻迟疑后,这些路人便撒腿狂奔。当然,任务没有那么简单。参与者会遇到很多"人为障碍",比如在楼梯上遛狗的红衣女子,在自动扶梯慢跑的两位男子,在楼梯拽住搭讪的戴眼镜美女,故意碰翻一堆橙子的小贩,抬着一块长长的玻璃挡在路中的搬运工。随着参与者的奔跑,007系列电影中那熟悉的旋律也随之响起,将紧张刺激的气氛带入高潮。

像这种线下策划的活动,一个目的是要吸引现场互动,另一个目的是要吸引线上的人们观看(当活动被录制成视频被商家上传到社会化媒体上后)。前一个目的带来现场参与的热度,后一个目的带来病毒式的传播。既然要被人们观看,就需要有观赏趣味,要有剧情或者幽默。纵观零度可口可乐的整场营销活动,活像一个小型的现实版007,参与者克服一个又一个障碍物,直至最终获得奖赏,这种剧情模式大家是不是在好莱坞大片中非常熟悉呢?这种剧情满足了众多观赏者的口味,于是网民才有分享给朋友,转发视频链接的动力。

## 3.叙事模式中的过关斩将

在网络游戏的世界里面,过关斩将的游戏通常是最吸引人的。几乎所有的网络游戏都设置了关卡和等级。玩家好像投身于一场战斗,一路必须过五关斩六将,历经种种考验。大家会发现,这种游戏模式和很多影视剧的叙事模式惊人地雷同。我们知道,影响了整个西方文化的文学巨著《荷马史诗》中的《奥德赛》篇就讲述了希腊英雄奥德修斯"过关"的历险故事,奥德修斯在特洛伊战争取胜后归乡的历程并不顺利,他在海上经历了十年漂泊,一路劫难重重。独目巨人吃掉了他的同伴,神女喀尔刻用巫术把他的同伴变成猪,又要把他留在海岛上。他又到了环绕大地的瀛海边缘,看到许多过去的鬼魂。躲过女妖塞壬的迷惑人的歌声，逃过怪物卡律布狄斯和斯库拉，最后女神卡吕普索在留了奥德修斯好几年之后，才同意让他回去。他到了菲埃克斯人的国土，向国王阿尔基诺斯重述了过去9年间的海上历险，阿尔基诺斯派船送他回故乡。那些追求他妻子的求婚人正占据着他的王宫，大吃大喝。奥德修斯装作乞丐，进入王宫，设法同儿子一起杀死那一伙横暴的贵族，和妻子重新团聚。奥德修斯的冒险和过关故事惊险而又刺激，读者的心为之紧绷，为他的命运和能否最终回到家乡担心。

同样，在中国有一部剧情与《奥德赛》有相似之处的电视剧也经久不衰，每当寒暑假来临，荧屏上总少不了它的身影，它就是《西游记》。《西游记》拥有一个简单得不能再简单的故事结构，比起现代小说中那些三角、五角关系，它的剧情一点都不复杂。基本上，《西游记》的每一集都是一个套路：唐僧被妖怪抓到，妖怪要么想吃唐僧肉要么想与唐僧成亲。于是孙悟空来救。这时妖怪通常会拿出一件厉害的法宝，把悟空打退，营救行动遭遇挫折。最后悟空搬来天上的救兵降服了妖怪，解救了唐僧。《西游记》中唐僧师徒共经历了九九八十一难关，历经千辛万苦，终于取回真经。可以说，这既是一个魔幻主义故事又是一个过关历险的故事。今天看来，这种简单的叙事模式老少皆宜，这也是《西游记》流行的一个原因。

## 4．品牌和创始人叙事中的传奇性

社会化媒体上的营销叙事和这些文学名著或影视剧的叙事相差无几。营销人员经常会在活动中设置关卡和奖励，让活动具备与《奥德赛》或《西游记》相似的叙事模式，这样可以增加人们的参与度、体验度。如果活动拥有足够的观赏性，录成视频搬到网络上后，说不定还会引来口碑传播。同样，很多企业在讲述它们品牌诞生和成长经历的时候，往往充满了传奇性，其叙事模式基本上是相似的：在诞生之初，毫不起眼。但是创始人及团队却默默耕耘或执着追求，在经历了各种艰难危机之后，终于把企业一步步地做大。在这个过程中，甚至还充满了九死一生，一般来说还会有关键的转折点。企业创始人的历程也是值得关注的事情，很多企业这样描述创始人历程：偶然中充满了必然——一次偶然的机遇＋创始人敏锐的商业嗅觉＋坚持不懈的努力，其间创始人可能经历了从激昂到灰心再到振作的过程。从反思企业到反思人生的心路历程，他的团队也经历了分分合合。这些故事通过营销人员的包装、煽情变成了一部动人的品牌史诗，每当企业员工及粉丝们谈起品牌故事时都津津有味，倍感自豪。

## 5．流行现象中常见的叙事模式

我们还经常能在流行现象中看到诸如蛇吞象、"草根"战胜"高富帅"的逆袭故事，这符合了草根阶层及平民走向胜利的期望，而且这种"大跌眼镜"的反差更能引起人们的注意，这是典型的流行叙事模式。反差越大，越能吸引眼球，越是出其不意，就越能引爆流行，那些意外的情节往往能引人入胜。在很多流行的表述中，我们还会遇到"现实版的灰姑娘"的故事，这种童话剧情满足了很多女性的美丽梦想。我们还会遇到"兰博式英雄"的男性故事，正如《第一滴血》主演兰博的史泰龙表示："有关兰博的神话，是建立在一种'不情愿的英雄'的基础上，他几乎转瞬间就能为所有人传达一种英勇的感觉——邪恶和罪犯应该受到惩罚，弱者应该得到保护。我们回到了那些伴随人们长大的故事中，就是有关好人与坏人的神话传说。"凯文·金则补充道："兰博的故事还体现了一种以少胜多的传奇，他变成了一个国际化的人物。"几乎在所有的叙事模式中，我们都会遇到一种二元对立式的结构，即弱者与强者、白与黑、是与非、善与恶的对立。在社会化媒体上，广大的网民往往会自我期许地充当正义的一方,他们扮演了是非善恶的裁判者角色。

## 6．流行中的幽默剧和夺宝剧

社会化营销用得最多的有两类剧情模式——"幽默剧"和"夺宝剧"（悬念剧）。很多营销活动类似于国外"开心一笑"之类的节目,通过演员和参与者夸张的表情、滑稽的动作、巧妙的误会或出糗等制造喜剧元素。活动中的参与者或者演员成为了观赏者们的"开心果"。像这种"幽默剧"式的营销活动一旦搬到社会化媒体上,便能吸引人们观看和分享。还有一类"夺宝剧",商家开出极具诱惑力的奖品,吸引消费者参与夺宝活动。在闯关活动中商家会设置重重关卡,一路过关斩将的过程既充满悬念又惊险刺激,这也是吸引人们在网上观看的原因。有时,"幽默剧"和"夺宝剧"还会联袂演出。湖南卫视很火的闯关类水上竞技节目《智勇大冲关》,吸引大家的一方面是闯关的刺激,另一方面是据很多观众反映:他们喜欢看到人们冲关出糗掉入水里的一幕。很多观众都认为这一场景最为刺激,尤其是美女掉入水中的一刻最能吸引他们。

> **选秀节目中的四类剧情**
>
> 在选秀剧中,通常存在以下四种故事类型:
>
> (1) 童话剧。灰姑娘版的故事可以实现很多女性观众的梦想。
>
> (2) 苦情剧。参赛选手背后的苦情故事满足了小女生们对美好爱情的憧憬。那些充满爱恨纠葛的故事里面,忠诚、守候、背叛等元素让这场爱情大戏此起彼伏。
>
> (3) 励志剧。音乐选秀节目中经常有这样的选手分享他们故事:执着地追求自己的音乐梦想,尽管遇到各种阻难,历尽千难万险仍不放弃。面对家人的阻挠,朋友的不理解,一个人仍坚定地踏上孤独流浪的寻梦

旅程。最终执着地追求换来了今日舞台上的成功。

（4）逆袭剧。这类剧的剧情总是存在一个二元结构——弱者和强者之间的对决，最终弱者战胜了强者。比如很多选秀剧里面都有"丑小鸭"战胜"白富美"的故事；业余的战胜了专业的故事；无名小卒战胜业界大佬的故事。这种逆袭非常能满足草根阶层们的平民口味。快男广州唱区的一期节目被誉为"逆袭之夜"，同台竞技的选手，一个是酒吧服务员郑永单，一个是酒吧驻唱歌手陶俊熙，这种剧情式的相遇本身就颇能带动人们的情绪，强烈的对比被剪辑在同一画面里让励志、狗血、煽情等元素演绎得淋漓尽致。关键的是，酒吧服务员成功逆袭驻唱歌手，这种精心策划的冲突结构瞬间引爆高潮，让观众的神经一下子兴奋到了最高点。

同样，在上述选秀节目中常用的四种故事模式也非常适用社会化媒体的叙事。在社会化媒体上，我们经常能见到诸如苦情、励志、逆袭之类的故事令观众看得津津有味。它们犹如一本打开"流行"大门的密匙，要制造流行，就必须懂得这些叙事模式。

## 二、社会化媒体上的书写变化

### 1．从私人化写作到公共化写作

在现代社会，随着社交网络媒体的发展，写作发生了很大变化。在古代，叙事主要用于私人化写作。由于传播技术的限制，人们写出来的东西只能在很窄的范围内传播，比如只限定在亲朋好友这样的小圈子里面传播，更多时候，人们是在孤独地写作，在进行着内心的独白与倾诉。也因为私人化写作，人们写出来的东西才真实而有意义。随着大众媒体的发展，私人写作开始向公共写作转变。人们写的东西更加注重响应市场的需要，也更加考虑人们的口味和目光，比如报纸、电视新闻写作以及传统广告写作就被认为具有很强的操纵性，总是试图控制受众。现今很多大众媒体让人们的写作极容易公之于众，而公共化写作又让叙事蒙上了一层面纱，人们考虑到公开所以会试图隐藏自己。不过，随着社会化媒体的出现，私人写作又重新焕发出新的活力。按照著名的传播学者麦克卢汉的说法，现代网络技术让人们"重新部落化"，人们开始在社会化媒体上从事"小叙事"的书写，开始面对面的交流。博客、微博等让人们重新找回了写日记式的写作方式，人们在社会化媒体上分享着自己的亲身经历或听闻的故事，用极具个性化的语言，重新开始内心的独白，在微博上书写的"真实性"则成为这些媒体吸引人们的地方。

## 2．从精英写作到大众写作

现代社会写作的另一个变化是"精英写作"向"大众写作"的转变。过去文字和书写控制在少数精英分子手中。在原始社会，书写被祭祀和巫祝控制。在中国古代，书写被士大夫控制，而西方，则是被教士和贵族控制。到了现代，文字的普及率越来越高，文盲越来越少，于是开启了一个属于大众的书写时代。比如典型的微博，140个字的书写规定大大降低了写作门槛，人人都可以在微博上发一两句牢骚。在论坛及各种网络空间上，语言也越来越碎片化。论坛帖子的书写不需要什么文采，也不需要特别强的逻辑，更不需要精心布局文章的提纲结构。有的网民甚至会用一些简单的符号代替文字，或者用一些断断续续的句子来写作。网络的这种写作方式降低了书写的难度。

### 3．从整体化写作到碎片化写作

此外，碎片化写作也是Web2.0时代书写的典型特征。比如在美国红极一时的网络自制剧《纸牌屋》，由于该剧只在付费视频网站Netflix上播出，所以受众的收视习惯能实时通过点击率反馈。据说《纸牌屋》是用大数据分析的方式生产出来的，Netflix分析了用户的每一个动作，包括什么时候快进，什么时候回放，等等，然后总结出一套规律，并运用到《纸牌屋》的制作当中。《纸牌屋》的创作方式与传统的电视剧完全不一样，它在互联网上取材，根据网民碎片化的特性书写自己的剧本。懂得了Web2.0时代的书写方式，在社会化媒体上我们就知道怎样讲故事了。"段子"是最易"流行"的文本。私人化和碎片化的写作是社会化媒体的书写方式，利用这种方式，我们就能书写"流行"。

## 三、利用社会化媒体书写故事

### 1．我们都是讲故事的人

在社会化媒体上，关于怎样叙述是有很多技巧和方法的。很多社会化营销专家都强调在社会化媒体上讲故事。相较逻辑推理，人们似乎更善于领会故事情节。讲故事的方式也与"流行"的机理相符合，因为大多数流行是建立在感性基础而非理性基础之上的。故事是最能够打动人，也最能够调动听众感性情绪的，所以讲故事的方式不失为制造"流行"的好方法。无论是文学大师，还是电视节目编导，抑或是广告人与营销人员，他们都是讲故事的人。那些好的公关战略，总是暗含了一个值得报道的故事，而那些知名品牌或明星企业家背后，同样总是有一段被传颂的传奇故事。也许我们还有童年时代坐在父母或爷爷奶奶身边听他们讲故事的印象。那时我们听得津津有味，全神贯注，完全沉浸在故事的氛围之中。

## 2．如何做一个故事大王

珍妮弗·阿科尔和安迪·史密斯在《蜻蜓效应》一书中指出吸引人们参与社会化媒体的四条原则之一就是——做一个故事大王。他们提出讲故事的基本技巧如下：

（1）勾起观众的好奇心。

（2）迅速吸引注意力。

（3）要懂得吊足观众的胃口。

（4）突出主角。

（5）为主人公设置障碍。

（6）你想让观众做何反应？

《蜻蜓效应》还认为好的故事有三个组成部分：一个有力的开始，一个有力的结尾，以及一个紧张点。有力的开始吸引人们继续看下去，紧张点制造高潮起伏，而有力的结尾则让人回味并分享。一个好的故事可以引发流行，可以在受众之间广为传播。

---

**如何讲好故事**

《蜻蜓效应》一书的作者安迪·史密斯这样说道："故事本身是最重要的。为了讲一个好故事，你不必非得是名人。而对于讲故事的人来说，真正重要的是真实性。人们必须相信你。而且，为了打动别人，你自己必须相信这个故事。"

安迪认为在所有企业自己的故事组合中，至少应该有四个重要故事：

> 第一个是"我是谁？"的故事——我们过去是如何开始创业的？第二个是"愿景"的故事——"我们未来的目标是什么？"这个故事可能与"我们是谁？"的故事有联系，也可能没有联系。第三个是"悔悟与新生"的故事。在任何长期关系中，都不可避免地会有违规之处。但值得注意的是，只有为数寥寥的企业彻底想清楚了自己的错误是什么，以及它们如何去改正这些错误。最后一种故事类型是"个人"的故事，它对于那些有自己的人才库的企业非常重要。这些正在组织内部孕育培养的个人，他们的故事重点关注的是人，而不是组织。

### 3．如何在故事中制造悬念

（1）通过悬念吸引人们继续往下看。在故事的叙述结构中，一般要充满悬念、反差，要能感动人。以惠普公司的故事为例，惠普最先是在一个破旧的车库里面创立的，它成了"硅谷神话"的源头，而它的故事则几乎成为了所有硅谷的科技公司创业的原始脚本。其实，通过对所有流行的故事进行梳理，我们发现在社会化媒体上有两类故事是最流行的，一类是幽默故事，另一类是悬念故事。关于社会化媒体上的幽默或娱乐性本书已经讲了很多，我们不妨再看看怎样讲悬念故事。悬念就是吸引人们渴望继续往下看的急迫和期待心理。在社会化媒体上，营销人员的一个主要挑战就是如何吸引人们往下看。事实上，很多广告信息，消费者只要看一眼标题就不愿意往下看了，他们对那些推销信息十分排斥，于是设置悬念便成为了吸引人们关注的好办法。比如选秀节目就会经常制造悬念，主持人通常会向观众卖关子，而节目发展到高潮的时候便会戛然而止，或者节目录制一半的时候突然出现意外情况，把计划打乱，这种不按常理出牌的方式往往会激发观众的好奇心，观众会追问接下来会发生什么？这正是选秀节目要达到的效果。营销也是一样，一段"病毒"视频要广泛传播，悬念是少不了的。悬念式营销成为了营销人员常采用的营销手段。宝马公司便是使用悬念式营销的高手。为宣传宝马系列中的明星车型BMW-M系列在上海震撼上市，也为了制造悬念，吊足消费者的胃口，宝马组织了一次"空降行动"。活动举办方先让观众观看一段电脑特效视频，然后采取类似军方"调兵遣将"的方式分别从纽约布鲁克林、德国纽博格林赛道和英国伦敦将汽车"召唤"至现场，随后用震透背脊的引擎声浪和划破夜空的轮胎尖叫作曲，再以精准的路线滑出优美而充满力量的舞步。同时，宝马还通过非官方的微博播放四段极具心理和视觉冲击力的好莱坞式悬念大片。这四段视频同样讲述了"BMW-M空降行动——传奇战队绝地逆袭"的故事：战队驾机执行任务时险遭暴雨突袭，飞机左侧发动机起火，通信系统被破坏，地面形势复杂，没有可以紧急迫降的机场。在濒临绝境，十万火急之下机长下令打开舱门，空降了所有BMW-M型汽车，而这些空降下去的宝马汽车将要执行高难度的任务。

该视频在社会化媒体上一经播出，便赢得了极高的关注和转发度。其中第四段视频在短时间内被转发17 823次，评论3588条。通过线上的视频播放和线下的活动造势，宝马完美演绎了此次"BMW-M空降行动"，此次活动可以说是处处有悬念，让观众充满了期待和兴奋。

### 如何制造悬念

英国作家麦克唐纳德在《给男孩的危险手册》一书中指出制造悬念的方法，共有5点值得注意：

（1）结局不能过早点明。例如，听众还没进入状态，就把结局说出来，"突然间，枪弹齐发，所有的人都中弹身亡"，这样的结局会让听众感到失望。

（2）情节不能发展太快（当然也不能太慢）。要不时地卖关子，让

> 听众着急地问"然后呢?"
> 
> (3)要多线叙述。在情节变得越来越精彩的时候,插叙一些别的内容。例如,"眼瞧着鬼车就快轧到我们了,这时候,格兰正在家里给埃克丽丝做蛋糕,他对这可怕的事情还一无所知。"
> 
> (4)学会戛然而止。"突然,一个巨大的黑影就出现在他面前,咳,怎么打上课铃了,下回再说。"
> 
> (5)总之,要一点一滴地深化戏剧冲突,还要把最精彩的东西留到最后。

(2)利用悬念中的3S原则。一般说来,悬念设置主要依循3S原则——悬置(Suspense)、惊奇(Surprise)、满足(Satisfaction)。悬置(Suspense)是指我们要留出一些空间和时间让听众去体会、接受和想象,不能全盘托出。这是因为当悬置了一些信息后,反而会产生一种神秘感。这时,人们可能会去追问:为什么会这样?然后会发生什么?随着人们的胃口被吊得越足,人们的好奇心理就会越强烈。惊奇(Surprise)则要求我们做到出其不意,出人意料。通过悬而未决的情节和结局难料的安排,让观众知道剧中人不知道的一切内情,来期待剧中人的反应。满足(Satisfaction)则是最终结果须满足人们内心的期望。观众之所以会继续观看下去,是因为希望结局会像他们期望的样子。人们在观赏剧情的时候,展现出来的焦虑、急迫等情绪其实就是心理期望的一种反应。例如,当观众支持的角色身陷困境的时候,他们会充满牵挂和焦虑,这是因为在观众的内心深处,他们期望这个角色能够最终平安。在社会化媒体上,也必须坚持悬念设置的3S原则。

当网民在微博、博客、论坛、优酷等媒体上发布原创内容时,必须悬置信息、出人意料并满足粉丝们的期望。在具体的文本写作中,悬念创作的技巧是至关重要的。当网民发布信息的时候,有多种书写方式,但悬念的方式往往更能吸引住粉丝的目光。例如,"放学了,小明背着书包,站在校门口等妈妈来接他。"这句话几乎包含了所有的信息,明白无误,可以说没什么悬念在里头。但是如果改成"下午6点左右,天有点阴沉。一个小孩,背着书包,站在门口焦急地东张西望。"这句话就明显具有更多的悬念,我们看后禁不住会问:这个小孩是谁?他在望什么?当我们发出这样的疑问时,想知道答案的心理一下子变得急切起来了。

(3)利用悬念演绎新的话题。小说、广告、新闻、影视剧、小品、选秀节目以及营销活动等,任何一种言说方式其实都是在做一件事:讲故事。而我们就是讲故事的人。小的时候,我们经常听爷爷奶奶或者父母讲故事,他们都是讲故事的高手,懂得怎样抓住小孩的心。现在,我们就是讲故事的人,要懂得如何吸引听众。悬念便是俘获听众的一件重要武器。由于悬念的悬而未决,它让人物命运、结局产生多种可能性,会促使人们猜测,去试图回答故事的结局或原因是什么,这就为故事的演绎提供了多个版本。我们经常看到这样一种现象:一部收视率高的电视剧因为悬念,吸引人们纷纷猜测结局,于是产生了各种结局的版本,这些版本越多,就越能吸引人们关注,就越增加该剧的流行热度。有些电视剧事先就制作了多个版本的结局,它们会根据观众的需要选择其中的一个版本播放。总之,我们可以用一个路径表示悬念产生的效果:悬念—演绎(人们的猜测、多种版本的回答)—病毒式传播。悬念的不确定性为剧情发展和结局提供了多种可能,促进人们产生疑问,并由此引发人们的猜测,从而试图去主动解答这些疑问,于是故事被人们演绎,而这时听众的角色已经发生了改变,他们由"听故事的人"变成了"编故事的人"。当演绎的版本越多,吸引人的话题也就越多,这时就会产生病毒式传播效应。

## 四、社会化媒体上的四种写作策略

那么，营销人员在社会化媒体上的写作技巧应该是什么呢？

武汉大学的沈阳教授通过对大量网络事件和微博用户进行抽样研究后，将微博的内容分为四类：事件事实型，观点评论型，段子调侃型，提问互动型。这四类很好地概括了人们在社会化媒体上的叙事策略和技巧。对于营销人员来说，他们可以有侧重地选用这四种策略在社会化媒体上进行营销创作。

### 1．事件事实型

事件事实型描述在某时某地发生了某事。发布者以现场见证人或者听闻者的身份描述事实。例如，某微博这样写："经过船山大道的时候，见一个女子，一只手抱娃喂奶，另一只手握电瓶车车把手疾驰而过，女子很淡定，我表示惊魂未定。"对于那些热点新闻或者传闻，我们可以提供另外一些事实加以辅证，以便证明这个传闻的真假，或者说明这个事件的严重性。又如，日本福岛核泄漏事故发生后，社会上曾一度盛传盐能防辐射，于是在全国各地发生了抢盐风潮。某微博这样描述博主所在地发生的事实："大家都在抢盐，盐的价格翻了一倍，想买都买不到，我朋友家开超市的，刚进了4箱盐，一下子被抢光。"作为事件亲历者或听闻者，如果能图文并茂，就更显真实，也就更能引起流行。

### 2．观点评论型

观点评论型可对社会某一热点事件发表意见。很多时候，我们未必参与或者亲历某事，但对于社会上的热点，我们却可以发表个人看法。只要观点足够吸引人，就能引发他人的评论和转发。一般人对于某事件或许只是流于情绪上的宣泄，道不出个一二三来，而观点型的人则要求：理性分析、推理严密、观点犀利、立场分明、洞察深刻。他们的文字往往能入木三分，能够说清楚政治上的意义，并引起人们的反思或共鸣。这样的人一般都拥有较高的知识水准和专业素养。例如，针对日本福岛核事故引发的"抢盐风波"，某微博这样写道："北京也开始抢盐了。即使发生了泄露，也只是核电厂附近的海域受到污染，不可能整个海洋都受污染。核物质扩散到中国海域，早就被海水稀释得可以忽略了。退一步说，即使以后海盐都没法吃了，还有矿盐可备用，怕什么，如果有人想靠吃碘盐预防放射性碘，一天要吃上2~5千克盐才能达到所需要的剂量。"

观点型的人，主要是那些公共知识分子、民主斗士、专家学者，他们也是最有可能成为思想领袖的。现今很多网络名人在微博上的言论大都属于观点评论型。他们或来自媒体，或来自大学，抑或来自其他专业领域。这些人或针砭时弊，或冷静，往往能够指出问题所在，可谓一针见血。

### 3．段子调侃型

段子调侃型指对社会热点事件或话题进行改编，用一种戏谑或嘲讽的语言进行传播。比如很多严肃的政治话题，改编成段子后，就充满了娱乐性。某微博针对"抢盐风潮"是这样写的："当初是你要抢盐，抢盐就抢盐。现在又要告诉我，不能防辐射。食盐不是你想买，想买就能买。实在太咸，实在太咸，放手你的盐，狠心我把盐来买，一袋又一袋，管它含碘不含碘，吃了才明白。最后辐射没有来，白吃那么咸。还我的钱，还我的钱，再也不买盐。"这条微博模仿歌曲《爱情买卖》，达到了讽刺和喜剧的效果。

### 4．提问互动型

提问互动型多用于商业活动中，通过提问、号召的方式发起人们参与、互动。还是针对"抢盐风潮"，某微博这样写道："由于日本地震引发的核泄漏事件，加碘盐让中国人成了'盐荒子孙'，针对中国部分地区出现食盐抢购的现象，中国盐业公司发表声明：完全有能力保障食盐供应，望消费者不要信谣传谣，盲目囤盐抢盐。请参与投票'亲爱的微博用户，你抢盐了吗？'"

## 五、以小见大：从日常生活中发现有价值的故事

李开复在《微博改变一切》一书中讲到怎样写微博，他的建议是：有趣，不枯燥，不无聊，不人云亦云。他还建议我们：切勿记流水账。这恰恰是很多人容易犯的毛病。我们这些普通人不比明星，明星们吃喝拉撒、穿衣打扮、逛街购物等鸡毛蒜皮的小事都是新闻，所以他们在自己的微博、博客上谈些很平常的话题都能引起关注。普通人则不行，普通人要想拥有更多的粉丝，一方面要真实记录，另一方面又不能记流水账。而这对很多普通人来说是一对很难克服的矛盾。我们中多数人的经历其实都是平淡无奇的，也没什么重大新闻可写。这时，我们就需要懂得在平常处见到不平常，于平凡处见到不平凡，要学会捕捉生活瞬间并以小见大。比如笔者有一位大学同学收到来自日本朋友寄过来的礼物，他想在微博上讲述这件事情，这时他可以选择很多种表述方式，该怎么讲才能吸引更多人关注呢？他可以将其说成是一次真诚的跨国友谊，又或是详细地描述这件礼物有什么特别之处，并附上照片；他可以讲述一个人生哲理，又或是针对最近发生的中日争端来表达自己的态度，"其实，很多日本民众是友好的。

可恶的只是那些少数的阴谋家"。从不同的角度描述，引起的关注是不一样的。此外，我们还要懂得用写新闻标题的方式去写文案。多多学习新闻标题的写作手法，从平凡的生活中发现新闻点。经营社会化媒体要做好打持久战的准备。明星可以一劳永逸，发一句言就能有很多粉丝关注，我们普通人则需要长期经营自己的社交平台，积极地开拓人际关系网络，在社会化媒体上只有深耕细作，才能有所收获。对于普通人如此，对于营销人员开展社会化营销，也是同样的道理。

总之，在社会化媒体上如何书写至关重要，掌握一定的叙事策略，写出有吸引力的内容，是引爆流行的前提。通过讲故事的方式，可以引起人们聆听的兴趣。通过悬念及悬念的演绎，可以促使人们继续读下去。如果生活确实太过贫乏，感觉没什么东西可写，那么做一个热心的观察者，以小见大，从一件小事上发现生活中的美好或丑陋，同样可以引起人们的关注。不一定要亲自参与，作为一名旁观者，你也可以见证、记录，或者以锐利的眼睛洞晓世事，提出观点。用一种特别或有趣的方式书写话题，你也可能触发流行。

# 参考文献

[1] 莉娅娜·李·伊文思. 社会化媒体营销技巧与策略[M]. 王正林，王权，等，译. 北京：电子工业出版社，2012.

[2] 斯科特. 新规则：用社会化媒体做营销和公关[M]. 赵俐，等，译. 北京：机械工业出版社，2010.

[3] 威廉·劳伦斯. 当代广告学[M]. 丁俊杰，程坪，等，译. 北京：人民邮电出版社，2006.

[4] 刘兴发. 决胜网络营销[M]. 北京：人民邮电出版社，2010.

[5] 珍妮弗·阿科尔，安迪·史密斯. 蜻蜓效应[M]. 刁海鹏，赵俐，等，译. 北京：机械工业出版社，2011.

[6] 克劳德·霍普斯金. 我的广告生涯·科学的广告[M]. 邱凯生，译. 北京：新华出版社，1998.

[7] 丹尼斯·麦奎尔，斯文·温德尔. 大众传播模式论[M]. 祝建华，武伟，译. 上海：上海译文出版社，1987.

[8] 艾·里斯，杰克·特劳特. 定位[M]. 王思冕，余少蔚，译. 北京：中国财政经济出版社，2002.

[9] 奎尔曼. 颠覆：社会化媒体改变世界[M]. 刘吉熙，译. 北京：

人民邮电出版社，2010.

［10］陈先红，张明新.公共传播研究蓝皮书：中国社会化媒体发展报告（2013卷）［M］.武汉：华中科技大学出版社，2013.

［11］菲利普·科特勒.营销革命3.0：从产品到顾客，再到人文精神［M］.毕崇毅，译.北京：机械工业出版社，2011.

［12］沈健.浪潮求生：社会化媒体时代危机管理及网络营销［M］.北京：机械工业出版社，2012.

［13］乔治·费尔顿.广告创意与文案［M］.陈安全，译.北京：中国人民大学出版社，2005.

［14］H.库德.销售学与广告学［M］.范顺成，译.石家庄：河北人民出版社，1986.

［15］杰夫斯金.公关关系·广告·市场营销［M］.王凤瑞，译.上海：上海科学技术文献出版社，1989.

［16］唐·舒尔茨，史丹利·田纳本，罗伯特·劳朋特.整合营销传播［M］.吴怡国，等，译.呼和浩特：内蒙古人民出版社，1998.

［17］丹·E.舒尔茨，等.广告运动策略新论［M］.刘毅志，译.北京：中国友谊出版公司，1991.

［18］迈克尔·舒德森.广告，艰难的说服：广告对美国社会的影响扑朔迷离［M］.陈安全，译.北京：华夏出版社，2003.

［19］马克·波斯特.第二媒介时代［M］.范静哗，译.南京：南京大学出版社，1995.

［20］埃里克·麦格雷.传播理论史：一种社会学的视角［M］.刘芳，译.北京：中国传媒大学出版社，2003.

［21］温伯格.正在爆发的营销革命：社会化网络营销指南［M］.赵俐，等，译.北京：机械工业出版社，2011.

［22］李开复.微博改变一切［M］.上海：上海财经大学出版社，2011.

［23］梅尔文·德弗勒，等.大众传播学绪论［M］.杜力平，译.北京：新华出版社，1990.

［24］菲利普·科特勒.市场营销导论［M］.俞利军，译.北京：华夏出版社，2001.

［25］菲利普·科特勒.营销管理：计划、分析、执行和控制［M］.梅汝和，等，译.上海：上海人民出版社，2000.

［26］托尼·格伦迪.大师论战略［M］.王磊，等，译.北京：华夏出版社，2005.

［27］尼尔·波兹曼.娱乐至死［M］.章艳，译.桂林：广西师范大学出版社，2004.

［28］尼克·史蒂文森.认识媒介文化：社会理论与大众传播［M］.王文斌，译.北京：商务印书馆，2001.

［29］罗兰·巴特.流行体系［M］.敖军，译.上海：上海人民出版社，2000.

［30］约瑟夫·塔洛.分割美国：广告与新媒介世界［M］.洪兵，译.北京：华夏出版社，2003.

［31］加布里埃尔·塔尔德.传播与社会影响［M］.何道宽，译.北京：中国人民大学出版社，2005.

［32］陈刚.网络广告［M］.北京：高等教育出版社，2010.

［33］朱迪·斯特劳斯，雷蒙德·弗罗斯特.网络营销［M］.时启亮，等，译.北京：中国人民大学出版社，2007.

［34］韩小红.网络消费者行为学［M］.西安：西安交通大学出版社，2008.

[35] 王玉成，韩天雷. 广告心理战［M］. 北京：中华工商联合出版社，1996.

[36] 威廉·阿伦斯. 当代广告学［M］. 丁俊杰，等，译. 北京：华夏出版社，2001.

[37] 高萍，畅榕. 广告策划与整合传播［M］. 北京：中国传媒大学出版社，2007.

[38] 舒永平，陈少华，鲍立泉. 新媒体与广告互动传播［M］. 武汉：华中科技大学出版社，2006.

[39] 叶开. 社会化媒体运营［M］. 杭州：浙江人民出版社，2013.

[40] 戴夫·柯本. 超赞营销：社会化媒体擦亮品牌［M］. 刘霭仪，廖嘉莹，译. 北京：中国人民大学出版社，2012.